国家社会科学基金资助

区域国别
研究文库

鹰霾笼罩

美国国家特性及其 21 世纪战略影响

徐步 著

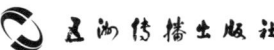

"区域国别研究文库"总序

当前,世界之变、时代之变、历史之变正以前所未有的方式展开,相信每个人都有许多切身感受。随着中国国际影响力持续扩大,在国际和地区事务中承担起日益重要的责任,与越来越多国家地区的联系愈发紧密,如何准确把握国际形势,系统全面认识外部世界,精准制定国际战略?这就需要我们对世界各国各地区进行深入、全面研究,建构认识世界、融通中外的知识体系,以服务于中国式现代化建设、中华民族伟大复兴的重大现实需求。

区域国别学就是因应这一重大现实需求而快速发展起来的一门交叉学科。2022年9月,区域国别学被正式列入交叉学科门类下的一级学科,这是我国人文社会科学发展史上一个重要事件,有力推动了我国区域国别研究的深入和人才队伍的培养。

可以说,当代的任何一个重大区域国别问题,都是极其复杂综合的,在其成因上可能涉及民族、宗教、历史、文化等多个基础因素,在其表现上则关联政治、经济、外交、安全、科技等多个领域,是多重基础因素和内外部条件长期共同作用的结果,很难以单一学科知识或单一学科思维来解答。中国的区域国别研究,首要任务是为中国服务,当然还可以扩展到服务世界。研究的目标应该是全面了解世界所有国家和地区的各种信息,包括政治、经济、社会、文化、历史、地理、自然环境等。研究者要深入理解各国各地区的复杂情况,综合利用多学科知识相互交叉融合所产生的新视角、新思想、新认知、新方法，在深入广泛研究的基础上，努力建构中国自主的区域国别学知识体系，为我们正确认识外部世界、促进自身与外部世界良性互动、推动构建人类命运共同体提供学术支撑。

区域国别研究不仅有助于我国了解世界，同样也有助于让世界了解中国。要让世界了解中国，前提是深入了解不同地区、不同国别的本土文化，只有真正深入了解当地人的所思所想，找到中国文化与当地文化对话的切入点后，中国文化才能真正融进去，实现文化差异下的求同存异。

区域国别研究并不是新生事物，它在国际学术界早已存在，特别是在美欧、苏联，第二次世界大战之后区域国别研究变得非常重要并且流行。事实上，区域国别学起源于大国崛起过程中对于其他文明了解的战略需求，以研究解决重大而紧迫的现实问题作为基本指向，从而成为一个特殊的学术领域。毋庸讳言，各个国家推动这个领域发展，都是为本国战略目标服务的。除上述大国之外，日本等国的区域国别研究也做得非常出色，比如日本学者对俄罗斯、中亚、东南亚等地区进行了长期、大量的研究，有深厚的知识积累。

区域国别研究对中国这样的大国来说，既是一种"必需品"，也是一种"奢侈品"。幸运的是，我们现在已具备开展这种研究的更多资源和能力。但同样要面对的客观现实是：虽然中国已成为一个世界性的大国，但我们对外部世界的了解还是相当有限的，在区域国别研究中还存在许多薄弱地带。举例来说，目前有些关于"一带一路"沿线国家的讨论往往还停留在表层，多集中于某个地区的重要性及其与中国关系等泛泛之谈，而缺乏对这些国家和地区的具体研究。这种不足就需要我们通过推动和发展区域国别研究来弥补。

"区域国别研究文库"总序

对于当下我国的区域国别研究，有三点希望与大家共勉。

一是希望更多的学者和公众能理解区域国别学究竟是什么。在我国，对区域国别学的理解仍然存在一些误区，比如很多人容易将其与国际关系或外交等学科混淆。实际上这样的理解是不够的。用最简洁的话来概括，区域国别学就是一门对世界各国、各地区进行全方位研究的学科，这项任务不是任何一个单一学科能够完成的，它是一项多个学科共同完成的学术任务。学术界应该形成共识，我们需要朝这个方向共同努力。

二是希望我们培养出一大批现在特别需要的、对特定地区或特定国家有全面深入了解的人才。区域国别学不仅跨学科，而且跨通识和专业知识；"区域国别学"这个名称规定了它的多重属性，通才加专才加地域属性三者合一，才是"区域国别学"。区域国别学的学科建设旨在培养能够深入理解和分析全球不同国家和地区的综合情况的专家，以满足国家和社会的迫切需求。这样的人在我国实在太少了，这就是需要区域国别学这一独立学科的原因。

我们应当培养既是通才又是专才的区域国别学人才。所谓的"通才"，意味着对每一个对象国或对象地区的基本情况有全面的了解；所谓的"专才"，意味着在通才的基础上，在某个学术领域进行专门研究，成为在这个领域对某一国家进行研究的一流专家。这种具有地域属性的通才加专才，是我们现有的任何一个学科都培养不出来的，所以跨学科的培养非常重要。如果我们能够对世界上重要的国家和地区，包括我们的周边地区，都培养出相应的"国别通"或"地区通"，在面对具体问题时，解决起来会更加精准和有效。

三是我们要向区域国别研究比较发达的国家学习，这些国家的研究者往往以实地调查，即所谓的田野工作为基础，进行了大量扎实的研究工作；在这方面，中国学界明显不足，我们必须努力补足这个短板。

无论是持续深化区域国别学研究，还是培养具有地域属性的通才加专才，都离不开优秀学术研究成果的支撑。为此我们应该积极推动学术交流与合作，鼓励学者与政府、企业等社会主体合作，将学术研究与社会实践相结合，为区域国别学的发展提供更为广阔的空间。

作为一个系统、复杂、长期的战略规划，区域国别研究涉及人才培养、科学研究、国际传播、建言咨政等方面，不仅要有大学、科研机构的积极参与，也要有出版社、图书馆、档案馆、博物馆等机构的深度介入。对加快中国特色区域国别学的学科建设、构建中国特色区域国别研究知识体系而言，区域国别研究成果的出版工作也是一个必不可少的重要环节。

五洲传播出版社长期致力于中外文化交流与国际合作，以"围绕中心，服务大局，联接中外，沟通世界"为宗旨，在讲好中国故事、传播好中国声音的同时，也同样注重与区域国别、国际关系等相关的出版工作，积累了比较丰富的出版成果。

在进行了大量调研准备工作的基础上，五洲正在有序推进"区域国别研究文库"的落地出版工作。这个文库切实针对当前区域国别研究覆盖面不广、精深度不够、系统性不足、实用性不强以及研究成果"出版难"等问题，其基本定位是：一、彰显学术价值，在内容深入、独到上下功夫；二、坚持问题导向，回答重大战略问题和现实问题；三、突出咨政作用，重点反映对象国（区域）历史文化、民族性格、风俗习惯和经济状况、政治情势、发展走向等方面的特性特质；四、急需急用优先，紧扣当前我国各类涉外工作的重点难点，尽快出版有关重点国家、重点区域、重要组织的研究成果。

"区域国别研究文库"总序

    总之,五洲版"区域国别研究文库"将与相关部门、相关高校和研究机构、智库、出版机构等通力合作,建立工作机制,深化协作协同,广泛征集遴选优质选题,发挥优秀学术论著的示范作用和虹吸效应,陆续推出系列图书,逐步形成成果体系。对于五洲版的"区域国别研究文库"的出现,我们寄予殷切的期待,期待它成为我国区域国别研究成果的重要展现园地。由此,我们期待学界与出版界通力合作,推动更多优秀研究成果进入"区域国别研究文库",使文库更为丰富、完善、系统,共同服务于国家战略,为加快中国特色区域国别学科建设、构建中国特色区域国别研究知识体系作出贡献。

北京大学博雅讲席教授、区域与国别研究院创始院长
钱乘旦
2025 年 3 月 26 日

目 录

序言 1

绪论 7

第一章 美国国家特性的形成 27

  第一节 美国国家特性问题的提出 29

    一、对美国国家特性研究的几个重要阶段 30

    二、美国国家特性的主要内容 32

    三、美国国家特性的矛盾性与分裂性 41

  第二节 美国国家特性的政治文化渊源 46

    一、"脱母国化"与美国国家特性的构建 46

    二、"脱地域化"与美国国家特性的构建 49

    三、在自治和统一之间寻求平衡 51

  第三节 "边疆假说"与美利坚民族的形成 54

    一、边疆对美国民族主义产生的作用 54

    二、边疆开拓与"去欧洲化"特征 57

    三、边疆扩张对美国外交政策的影响 60

  第四节 美国的扩张与国家特性的形成 61

    一、战争与美国的扩张 62

    二、战争与美国霸权的形成 64

第二章 美国国家特性要素分析...69

第一节 美国国家特性中的文化民族主义...71
一、美国国家特性的关键性决定因素...71
二、早期定居者与后来移民的文化影响之争...75
三、本土文化与外来文化的源泉之争...78
四、移民国家背景下的民族主义...82

第二节 美国国家特性中的宗教因素...86
一、宗教在美国社会中的地位...87
二、宗教因素与美国政治生活的关系...90
三、宗教对美国两党制背景下选举的影响...95

第三节 美国国家特性中的种族因素...100
一、美国移民种族图谱的变化...101
二、种族因素与美国两党政治...105
三、美国民主与"拼图式民主"...108

第四节 美国国家特性中的战争因素...112
一、战争是美国崛起的催化剂...113
二、战争特性与美国意识形态...116
三、战争特性与美国政治体制...119

第五节 美国国家特性中的经济因素...122
一、战争与美国经济的发展...123
二、霸权与美国经济的扩张...126

第三章 美国国家特性与"9·11"事件后的反恐战略 133

第一节 美国遭受"9·11"恐怖袭击事件 135
一、前所未有的大规模劫机恐怖事件 135
二、"9·11"恐怖袭击事件对美国的冲击 143
三、新十字军东征的内在含义 149

第二节 右翼保守派对美国军事决策的影响 154
一、伊拉克与新时期美国意识形态战争 154
二、右翼保守势力在战争决策中占上风 158
三、传教士情结与中东民主改造工程 161
四、奥巴马反恐政策调整及束缚 165

第三节 美国对衰落的恐惧明显加剧 169
一、美国对衰落问题十分当真 170
二、对衰落缘由的反思越来越深刻 174
三、反"衰落论"仍然有很大市场 179
四、美国政治生态愈益右倾 185

第四章 美国国家特性与"亚太再平衡战略" 191

第一节 奥巴马政府提出"亚太再平衡战略" 193
一、"亚太再平衡战略"出笼的背景 193
二、实施"亚太再平衡战略"着重军事手段 200
三、TPP与经济领域的"亚太再平衡战略" 206

第二节 "亚太再平衡战略"与中国 208
一、如何看待"亚太再平衡战略"的中国因素 209
二、在"寻求中国帮助"与"遏制中国"间摇摆 212
三、"亚太再平衡战略"在美国内引发争议 215

第三节 实施"亚太再平衡战略"面临诸多困难 218
一、"亚太再平衡"是否是逃避战略 218
二、中东民主化改造问题欲罢不能 220
三、亚洲国家中一味紧跟美国者不多 223

第五章 美国国家特性与对华战略竞争 229

第一节 从特朗普到拜登的对华战略调整 231
一、美国国家特性嬗变及其影响 231
二、美国确立对华战略竞争政策 235
三、美国的挑战主要来自内部积弊 239

第二节 中美应当通过相互适应寻求和平共生 242
一、在复杂激烈竞争中探索相处之道 243
二、中美元首会晤与两国关系前景 247
三、美国重拾冷战遏制政策行不通 250

第三节 美国国家特性与处于历史十字路口的中美关系 254
一、"扩张"是美国国家特性的核心要素 254
二、意识形态对美国外交政策有重要影响 257
三、美国对华战略竞争是长期博弈过程 263

参考文献 271

后记 283

序言

美国国徽中的白头海雕，又称秃鹰，是美国的国鸟。鹰的两爪分别抓着橄榄枝和箭，象征和平与武力。美国诞生于1776年，仅仅130年后就成为世界头号经济强国，并在第二次世界大战后取得全球霸权地位。然而，进入21世纪第二个10年，面对新兴大国崛起以及自身积弊凸显，美国深感困惑。政治精英明显保守右倾，内外政策更加激进冒险。美国鹰陷入空前迷惘和焦虑，给世界笼罩上浓重阴霾。

2023年6月，联合国秘书长古特雷斯在纽约联合国总部大楼与我会见时指出，国际社会面临的全球性挑战日益突出，而当今世界正变得越来越碎片化，以联合国为中心的多边主义受到严重冲击。他告诉我，正因为如此，他决定设立"有效的多边主义高级别咨询委员会"，并决定于2024年9月召开"联合国未来峰会"，以振兴联合国为中心的多边主义的作用。他感谢我接受邀请成为委员会12位成员之一，并在过去几年中积极发挥作用。自从20年前到纽约从事与联合国相关工作，我就一直在思考，联合国是在美国推动下成立的，然而美国越来越背离联合国宪章的宗旨和原则，这是为什么？

美国是一个移民国家。一直以来，关于美国国家特性的探索与争论从未停止过。美国作为一个国家，其立国的路径与世界上绝大多数国家有明显区别，缺乏其他国家立国所必需的因素，如：共同的祖先、共有的宗教、历史默认的领土、文化的独一性以及特有的语言、法律或者文学等。如今，美国的国家特性与其立国之初相比，有变的因素，也有不变的内核。随着美国的发展，特别是美国逐渐成为具有超强综合国力的超级大国，美国国家特性越来越多地被赋予对全球政治、经济、军事、文化等各方面具有重大影响的特点。要真正了解当今美国的大战略及政策特点，我们需要从源头上考察美国的国家特性及其对美国对外政策的影响。

美国的国家特性包含什么内容？缘何形成？这些特性与美国的国内外政策有着什么样的联系？这成为近年来美国学者研究的重要课题。中国应如何根据美国的国家特性及其变化来更准确地把握美国的内外政策，并更稳妥地应对美国内外政策对中国可能产生的影响，一直是笔者关注的课题。在中国学术界，有关美国国家特性及其对外政策影响的研究作品数量有限。虽然美国学者就相关问题研究成果不少，但国内翻译出版的中文译著数量不多。国内学者有限的研究主要集中在分析美国学者的著作及其相关资料的基础上，从政治文化、意识形态、民族宗教等不同的方面对美国国家特性问题进行某个领域的探讨。本书力求在国内外学者的相关研究基础上，比较全面综合地研究美国国家特性及其对外交政策的影响，更加突出理论与实践的结合、历史与现实的结合、研究与服务（我国对外战略）的结合。

本书正文分为五个章节，各章内容及中心观点概括如下：

第一章探讨美国国家特性的形成。针对什么是美国国家特性，学界并没有明确的概念。本书认为，美国国家特性尽管在不同时期有不同表现，但其内核基本是一致的，核心就是"美国信念（American Creed）"。"美国信念"这一概念起初由美国第三任总统托马斯·杰斐逊（Thomas Jefferson）提出，他是美国《独立宣言》的主要起草人。这一概念后来由很多人进行了阐释并最终形成。其主要内容包括：宗教是基督教；语言是英语；法律体系是英式法治理念；重视统治者责任理念和个人权利理念；推崇对天主教持异议的新教价值观，包括道德、个人主义、投身于创建尘世天堂即"山巅之城（City on a hill）"。美国信念的文化核心是盎格鲁—新教文化。

第二章探讨如何解读美国国家特性。构成美国国家特性的要素包括文化、种族、政治、经济及军事等。随着人口的变化和历史的演进，种族这一要素的重要性在进入19世纪以后逐步下降，有些人甚至认为它不复存在，但这些年有关问题重新突出。文化与政治是国家认同的核心要素，本书观察的着力点是美国文化政治的源头而非政治体制及其演变的本源。历史地看，美国核心文化的形成经历了一个长期的过程，来自不同国家、不同教会和不同文化背景的移民都对其形成作出了贡献。正是各种文化相互影响，美国核心文化才逐渐形成。在这一过程中，从宗教、教派的角度看，经历了不宽容到宽容；从政治思想和价值观的角度看，经历了冲突到理解再到融合和传播的过程。作为一个移民国家，文化的多样性和多元化使得美国的民族性变得十分复杂，但美国民族身份的困惑并没有阻止美国民族主义的形成。不仅如此，美国是一个民族情绪非常强烈的国家。在探讨美国国家特性时，不能不分析战争基因与美国国家特性的关系以及美国缘何动辄对外使用武力等问题。美国是一个在战争中诞生、成长、强大起来的国家。战争是美国开疆拓土、对外扩张和管控世界的主要方式，是美国国家特性的核心内容。

第三章探讨美国国家特性与反恐战争的关系。"9·11"事件给美国人带来了"历史上前所未有的惊恐和痛苦"。恐怖袭击事件发生后，美国白宫和国防部接连发布重大战略报告，推出重大战略决策。小布什政府相继推出"反恐战争""国土安全""邪恶轴心""先发制人""制止大规模杀伤性武器""核打击"等概念。美国新的国家安全战略彻底告别了建立在冷战结构上的战略，这是美国在第二次世界大战后最大的战略调整。在反恐战争进展不顺、中东形势更加混乱、其他大国迅速崛起的背景下，美国近年来对自身衰落的担忧加剧。世界银行等国际机构有关中国经济规模将超越美国的分析，进一步加重了美国人的恐惧，并驱使美国更加重视对中国的防范。美国称霸世界半个多世纪，且目前无论是经济、科技还是军事实力仍遥遥领先于其他任何国家。美国不愿承认自身正在衰落，不甘直面全球力量对比的变化。美国历史上每一次有关衰落的辩论基本上都引发了对外政策的重要调整，并对国际秩序的重构产生重大影响。鉴于陷入衰落的现实可能性以及为了抵制衰落可能采取的极端举措，美国在未来若干年的战略取向和决策选择，还将会对世界的和平、安全与稳定产生重大影响。

第四章探讨美国国家特性对"亚太再平衡战略"的影响。奥巴马上台后对美国的全球战略进行了重大调整，提出所谓"亚太新战略"。面对新兴大国的崛起，冷战后美国的霸权主义既继承了老牌霸权主义的传统，又呈现出一系列新的特点，更加谋求"硬权力"与"软权力"相结合，更加注重构建以超强综合实力为支撑的制度化霸权。"亚太再平衡战略"着力通过军事手段维护美国对亚太事务的主导，同时也谋求借助美国在经济、贸易及金融领域的优势压制竞争对手。这一战略是否完全针对中国而来，在美国和中国都有不少争议。美国学者大都否认这一战略旨在遏制中国，但不否认这一战略与中国有密切关联。中国很多学者则大都对美国官方的言论持怀疑态度，倾向于这一战略的实质在于防范并遏制中国。总体而言，奥巴马政府的"亚太再平衡战略"，从内容、形式到目标并不清晰。也可以说，它的内容太庞杂，形式太烦琐，目标过于宏大，实施过程中无疑面临诸多牵制，不少人怀疑其实际上所能达到的效果。

第五章探讨美国国家特性对从特朗普到拜登政府时期的对华政策的影响，重点分析美国对华"战略竞争"相关政策。如果说奥巴马政府时期推行"亚太再平衡战略"，在围堵中国问题上还遮遮掩掩，而到了特朗普和拜登时期，他们扔掉了一切面具，明确称中国是美国"最重要的地缘政治挑战"及"最严峻的长期挑战"。在中国崛起为世界主要大国后，美国出于维护自身霸权地位的需要，竭力围堵、打压中国，甚至极限施压，干扰中国的发展进程、破坏中华民族的伟大复兴。这是其信奉霸权主义、强权政治的固有本色。但是，美国有关政策违背时代潮流，违背全球化发展大趋势，也违背中美两国广大人民的共同利益。因此，美国的对华围堵政策既不得人心，也必定失败。中美两国应当以史为鉴，破解"修昔底德陷阱"，找到正确的相处之道。

美国建国的历史虽然仅有两百多年，但美国的国家特性是十分复杂的。本书重点结合美国全球大战略的实践，通过具体的重大事件及政策动作来揭示美国国家特性对其外交政策的影响。总体上看，美国国家特性是一个模糊的、缺乏明确界定的概念，其内涵随着美国综合实力、种族结构、国内政治及国际地位的变化而不断演化。长期以来，美国一手高举自由民主的大旗，一手挥动超强实力的大棒，维护美国主导的国际体系，扩张美国在全球的政治、经济及安全利益。美国的历史就是一部扩张史，其中既包含地理领土及经贸利益上的"硬"扩张，也包含意识形态价值观念上的"软"扩张。"硬"扩张增强了美国的实力，使美国的物质财富不断增长，也助推美国在世界上输出其价值观念及意识形态。美国标榜崇尚自由平等，但随着内外环境发生变化特别是取得世界霸权地位后，其精神内涵不断异化。美国国内不同阶层不同种族的人所感受到的自由与平等并不相同，一些少数族裔群体甚至发出了"我不能呼吸"的呐喊。美国在国际上更是以自由之名行霸权之实，把美国自身利益凌驾于其他国家利益之上，把美国自身安全建立在对其他国家的安全威胁之上。

历史地看，在大国力量对比经历重大变化并由此引发国际格局和世界秩序出现重大调整的时期，大国之间围绕政治权力和经济利益的争夺和较量必定尤为激烈。现存的霸权国家为了阻止崛起大国挑战自身霸主地位，往往在政策和行动上更加好斗，更具有危险性。经过四十多年来坚持不懈地走改革开放道路，中华民族前所未有地再次走到了世界舞台的中心。面对百年未有之大变局，我们要深刻认识到其中最大的特点是中国正以前所未有的磅礴之势屹立在世界的东方。我们既要看到所处外部环境的复杂性、严峻性，更要看到我们的综合实力以及战胜各种挑战的能力已经得到全面提升。我们要坚定战略自信，夯实战略定力，牢牢把握前进的正确方向。中美构建新型大国关系的道路不会平坦，必定充满曲折和斗争。美国应当与中方一道，致力于打破大国冲突对抗的历史魔咒，展示出开创大国关系发展新模式的政治担当，承担起推动构建人类命运共同体的历史责任。

徐步

2024 年 12 月 10 日

绪论

1991年7月8日,美国《时代周刊》的封面文章是"我们是谁(Who Are We?)"。文章指出,215年前,英国国王乔治三世(George III,全名George William Frederick)的臣民在费城通过《独立宣言》,宣告成立主权独立的美利坚合众国。当时所有参与签字的56人均是欧洲后裔的男性白人,且大都是富裕的财产拥有者。如今,美国的人口及财产结构已经发生了很大变化,因此人们便不得不问"这是谁的美国?"[1]

---

[1] Paul Gray and Sam Allis, "Cover Stories: Whose America?" *Time*, July 8, 1991.

美国国家特性源自"美国信念（American Creed）"。"美国信念"这一概念起初由美国第三任总统托马斯·杰斐逊提出，他是美国《独立宣言》的主要起草人。这一概念后来经由很多人阐释并最终形成，其主要内容包括：宗教是基督教；语言是英语；法律体系是英式法治理念；重视统治者责任理念和个人权利理念；推崇对天主教持异议的新教价值观，包括道德、个人主义、投身于创建尘世天堂即"山巅之城"。美国信念的文化核心是盎格鲁－新教文化。塞缪尔·亨廷顿（Samuel P. Huntington）强调，盎格鲁－新教文化对于美国国家特性始终处于中心地位，"正是它使得美国人有了共同之处，并使美国人区别于别国人民"[1]。

今天的美国国家特性与其立国之初相比，有变的因素，也有不变的内核。随着美国的发展，特别是美国逐渐成为具有超强综合国力的超级大国，美国国家特性越来越多地被赋予对全球政治、经济、军事、文化等各方面具有重大影响的特点。如何看待美国国家特性的变化？美国的变革之路又该走向何方？无疑，美国人对这些问题的探讨和争论还将长期持续下去。不论如何，要真正了解当今美国的大战略及其政策特点，我们仍需要从源头上考察美国的国家特性及其对美国对外政策的影响。

人们对美国的关注，往往把焦点对准美国的政治制度及其对内、对外政策的影响上。事实上，反映美国国家特性更本质、更内在的因素是美国人的特性。然而，恰恰由于"美国人"这个概念的复杂性，使得美国国家特性的内涵变得十分复杂。

美国是一个移民国家，一直以来关于美国国家特性的探索与争论从未停止过。美国的建立没有依靠其他国家建立时所必需的因素，如：共同的

---

[1] （美）塞缪尔·亨廷顿：《我们是谁——美国国家特性面临的挑战》，程克雄译，新华出版社2005年版，第57页。

祖先、共有的宗教、历史默认的领土、文化的独一性以及特有的语言、法律或者文学等。对于来到美国的移民而言，他们都有一个身份认同问题，是将自己视为美国人还是原祖籍国人？或者是两者兼有？他们始终受到这一问题的困惑。这些话题在美国人中也一直存在争议。随着种族及人口结构的变化，越来越多的自认为是正统的美国人，也对美国的国家特性日益担忧。

赫克托·圣约翰·克利夫科尔（Hector St. John de Crevecoeur）是一位从法国移民到美国的人。他早在1782年就提出这样一个问题，即"美国人，这种新的人种，到底是什么人？"美国独立战争期间，为了给新大陆的本质下个定义，克利夫科尔在其著作《一个美国农民的手札》中指出，对于究竟什么是美国人这种新人，实在是很难下定义。他举例说，美国人血缘混合之离奇，你无法在其他任何一个国家找到。在一个家庭里，爷爷是英国人，奶奶是荷兰人，他们的儿子娶了一个法国妻子，而她又生了四个儿子，分别娶了四个不同国家的妻子。几代人过后，显然祖先之复杂已经难以厘清。因此，克利夫科尔说，当一个人抛弃了祖先所有的偏见与习惯，从他所拥有的新的生活方式、新的法律和新的社会制度中找到了新的替代，当他被美国这所伟大的母校所接纳，他就成了美国人。"在这里，所有来自不同国家的人相互融合成了一个新的种族"[1]。他所描述的情况是美国国民构成的真实写照，也是造就美国国家特性的基础及产生美国国家特性困惑的缘由。

所谓特性，根据汉语词典的定义，是指"某人或某事物所特有的性质"[2]。在英语词汇中，最接近中文"特性"意思的单词是"identity"。

---

[1]（美）卢瑟·S.路德克主编：《构建美国——美国的社会与文化》，王波、王一多等译，江苏人民出版社2006年版，第3页。

[2]《现代汉语词典》（第7版），商务印书馆2016年版，第1282页。

根据《新韦伯斯特英语字典》，其意思归纳来讲主要是：1. 在不同的情况或条件下，都能保持自身的特点；2. 使自身区别于别人或别的事物的特点；3. 在本性及特质上使自身保持一致的要素。[1]沃伦·基德（Warren Kidd）在《文化与特性》一书中对"identity"一词作了这样的解释：所谓特性，"就是我们怎么看待我们自己作为一种人，怎么看待我们周围的人，以及怎么看待我们周围的人如何看待我们"。也就是说，它告诉我们，"我们是怎么样的一种人"。[2]塞缪尔·亨廷顿指出，"identity"的意思是一个人或一个群体的自我认识，"它是自我意识的产物：我或我们有什么特别的素质而使得我不同于你，或我们不同于你们。"[3]

在相当程度上看，一个国家主要民族的特性决定了这个国家的特性。虽然民族特性不等于国家特性，但民族特性是一个国家最核心、最根本的特性。对美国来说，来自不同欧洲国家的移民在美国立国之前就来到北美大陆，国家特性问题注定从一开始就是个问题。美国的开国先辈以及后来的政治领导人应该说都看到了这一问题。因此，他们一直强调国家特性，而不是各民族的特性。他们把"美国信条"放在优先位置，对源于各种文化的信念则加以贬抑。他们强调同化、融合各个民族，而不是突出各个民族的差别和分歧。阿历克斯·英克尔斯（Alex Inkeles）指出，看待民族特性传统上有三种方法：一是从国家典型的制度模式，如政治、经济及社会等方面考察；二是从举止行为的历史角度考察；三是从文化主题，如价值观、

---

[1] *New Webster's Dictionary of the English Language*, New York: Delair Publishing Company, 1981, p.475.

[2] Warren Kidd, *Culture and Identity*, New York: Palgrave Macmillan, 2002, p.7.

[3]（美）塞缪尔·亨廷顿：《我们是谁——美国国家特性面临的挑战》，程克雄译，新华出版社2005年版，第20页。

宗教、社会精神特质和艺术方面进行考察。[1] 塞缪尔·亨廷顿说，所谓国家特性，就是通过对个体特性、行为模式、社会群体及制度结构等进行比较研究，寻找一个在这个国家占支配地位并持久发展的价值体系。[2]

  关于美国国家特性，美国国内学者用不同的词汇表达有关概念，包括"美国特性（American Identity）""美国性格（American Character）""美国信条（American Creed）""美国精神（American Spirit）"及"美国品质（American Traits）"等。卢瑟·S.路德克（Luther S. Luedtke）认为，在今天的众多术语中，"美国性格"是用来概括美国国家特性最合适的词语。[3] 但美国多数学者选择用"identity"而非"character"这个词来论述美国国家特性，这其中包括名声显赫、更为人们熟知的亨廷顿。亨廷顿认为"identity"很重要，是个性和特性的形象，是遗传而继承下来的，但也随时代不同而变化。[4] 斯坦利·霍夫曼（Stanley Hoffmann）说，"美国特性是由移民造成的种族多样性这一物质特点和美国的自由民主信念这一意识形态特点二者结合而成的独特产物"[5]。总体来看，所谓美国国家特性，就是指能反映美国政治、经济、文化、社会、宗教、军事等各方面内在性格的突出特点。这是一个非常复杂的概念，应该说，就有关研究的本意而言，用词的差异并不影响研究者们所要表达的内涵相同性。

---

[1]（美）卢瑟·S.路德克主编：《构建美国——美国的社会与文化》，王波、王一多等译，江苏人民出版社2006年版，第8页。

[2]（美）塞缪尔·亨廷顿：《我们是谁——美国国家特性面临的挑战》，程克雄译，新华出版社2005年版，第19页。

[3]（美）卢瑟·S.路德克主编：《构建美国——美国的社会与文化》，王波、王一多等译，江苏人民出版社2006年版，第8页。

[4]（美）塞缪尔·亨廷顿：《我们是谁——美国国家特性面临的挑战》，程克雄译，新华出版社2005年版，第22页。

[5] Stanley Hoffmann, "More Perfect Union: Nation and Nationalism in America," *Harvard International Review*, Winter 1997/1998, p.72.

美国国家特性的一个突出特点是扩张性，即对边疆或边界的不断拓展。在美国人看来，美国的边界有两种：一种是国家领土边界线，是有形的；另一种是海外利益的边界线，是美国国家利益在全球的拓展。维护美国在全球的利益，将其"边界"扩展到世界每个角落，这正是美国国家对外战略的出发点。从这个意义上说，本书也是对美国"边界"问题的一种探讨。

关于美国国家特性的具体内涵，迄今尚无明确、统一、标准的定义。在美国之外的研究中，最著名的是法国历史学家和社会学家托克维尔（Alexis de Tocqueville）。他在《论美国的民主》一书中，从政治、社会及人文等领域全面论述了美国的特点。[1]托克维尔是最早探讨美国政治制度和社会文化的学者。他在19世纪初期游历美国，这一时期美国正经历重大的变化——自由市场革命迅速兴起，移民对西部不断扩展，民主意识和制度快速发展，美国人的生活水平出现很大改善。他以敏锐的观察力，对美国的民主制度进行了思考，认为美国的民主制度取得了极大成效。托克维尔指出，金钱在美国社会中具有特殊重要的作用，美国人甚至将赚取金钱视为是一种最主要的道德。他同时指出，由于美国的确到处都有赚钱的机会，广大美国人得以享受人类历史上空前的自尊和自由。在这种背景下，美国人普遍认为只要勤劳工作，他们就能变得富有并超越他人，以致即使是普通的百姓也不把精英和权威放在眼里。托克维尔说，到18世纪末期，崇尚赚钱、勤劳工作以及个人主义的民主价值已经支配美国。

美国历史学家约翰·库克勒（John Kukla）指出，1803年托马斯·杰

---

[1]（法）托克维尔：《论美国的民主》，董果良译，商务印书馆1989年版，第105页。托克维尔（1805—1859），法国历史学家、政治家，政治社会学奠基人，主要代表作有1835年出版的《论美国的民主》第一卷、《论美国的民主》第二卷和《旧制度与大革命》等。《论美国的民主》是世界学术界第一部对美国社会、政治制度和民情进行社会学研究的著作，也是第一部论述民主制度的专著。

弗逊为美国做了一笔巨大的交易，即购买了路易斯安那。[1] 为此，美国花了2300万美元，相当于每1英亩只花4美分。对美国来说，"这一交易的重要性不亚于《独立宣言》和美国宪法"。[2] 如果没有这笔交易，来美国的定居者就不可能取得密西西比河及俄亥俄河的航行权，就不可能不断地向西拓展，就不可能在这一进程中挤压先前已到那里的西班牙人和法国人。其结果是，不仅不会有现在的美国版图，最初的由13个殖民地组成的合众国也可能出现分裂。[3]

美国哲学家乔治·桑塔亚那（George Santayana）指出，人们不应在美国和其他国家之间进行比较，而是要忘掉自我，去感受美国生活的内在特征，去观察美国人如何自然地形成其情感与判断。从历史背景来看，美国与欧洲有着相同的新教神学和天主教神学，在哲学与文学方面一样奉行基督教的普遍传统，遵循英国走过的道路。"然而，遥远的距离和对古代及异域事物抱有偏见的革命态度却把它孤立起来了。它不知不觉地变得具有排他性，一个粗鲁却具有生机勃勃新形象的美国蓦然崛起。它破旧立新，不断壮大，使自己走出了旧的传统。"[4] 正因此，桑塔亚那说，"美国不单是个新国家挟着旧心理，乃是一个国家挟有两种心理：一为祖宗的信仰和准则之遗存；一为新时代的本能、作为、发明之表现"。[5] 他指出，"当

---

[1] 托马斯·杰斐逊，美国第三任总统（1801—1809），《美国独立宣言》主要起草人，美国开国元勋中最具影响力者之一。

[2] Jon Kukla, "The Louisiana Purchase," quoted from Booknotes on American Character, by Brian Lamb, *Public Affairs*, 2004, p.23.

[3] *Ibid*., p.27.

[4] （美）乔治·桑塔亚那：《美国的民族性格与信念》，史津海、徐琳译，中国社会科学出版社2008年版，第102页。

[5] 同上书，第1页。

人们感到失望时，对他人爱心的奢求就会导致怨恨和最终的卑鄙"。[1] 而美国人都是个人主义者，充满乐观主义精神，自强自立。美国人总是对现实怀有满足感而同时又对未来充满憧憬，他们与自然紧密相连的理想差不多总能实现，他们自信且满怀主宰意识，相信上帝和自然都在帮助他们。他们都拥有一个快乐工匠式的理想——当他是一个穷孩子时，梦想能够上学；后来他就上了学，至少得到了一个学位；他长大后，梦想腰缠万贯，后来真的就变得很富有。对美国人而言，"想用新奇的方法尽快处理问题的急切心情和赶紧收获成果的热情，使他不愿追求历经曲折才会得到的享受。取得成功的路必须是捷径"。[2]

美国思想与文明史学家威尔·杜兰特（Will Durant）强调，一方面要从美国与欧洲的联系中来看美国国家特性，另一方面要从美国与欧洲的分裂来看美国国家特性。在杜兰看来，美国分两个：一个是欧洲式的，一个是美国式的。欧洲式的美国主要指东部诸省，那里较早的居民崇尚外邦的贵族作风，较晚的移民则依恋故土的文化习俗。在这个欧洲式的美国，盎格鲁—撒克逊沉着而典雅的心灵与新民族好动而革新的精神之间有种剧烈的冲突。至于美国式的美国，它所包括的民族，无论是北方佬（Yankees）[3]还是西部牛仔（Cowboys），他们的根都在美国本土而不在欧洲。他们的习俗、见解和理想都是本地造就的。他们的心灵不曾受到波士顿、纽约或费城世家风范的影响，也不曾感染南欧、东欧多变的热情。他们在原始的环境及工作中练就了健康的体格和直率的心理。杜兰特指出，就是这个美国，产

---

[1]（美）乔治·桑塔亚那：《美国的民族性格与信念》，史津海、徐琳译，中国社会科学出版社2008年版，第122页。
[2] 同上。
[3] Yankees指的是美国北部各州的人，是美国早期南方人对北方人的侮辱性称呼，意为"北方佬"。

生了林肯（Abraham Lincoln）、沃尔特·惠特曼（Walt Whitman）和马克·吐温（Mark Twain）"。[1]

美国文化学者卢瑟·S.路德克指出，美国的公民身份与美国民族特性有很大关系。来自各国的移民由于宗教、政治和经济因素的压迫或诱惑，选择美国作为自己的新家。从19世纪20年代到20世纪20年代这一百年间，美国的移民人数达到3700万。即使在20世纪80年代，仍有210万移民加入美国国籍。美国同化了极具多样性的各地移民，给他们打上特有的烙印。"人们特性的形成通常远先于人们意识到它的形成。从17世纪初人们开始定居美洲大陆开始的100年中去探寻美国特性毫无意义。早年的定居者视自己为殖民者，仍是英帝国或其他欧洲国家的臣民。直到18世纪，他们才渐渐对生于此并养于此的新大陆有了感情，加上与欧洲在地域空间、商业利益和情感因素上的距离，使他们产生了独立的愿望。"[2] 路德克说，信奉本土主义的历史学家认为，盎格鲁—撒克逊人良好的种族遗传加上殖民地和边疆精神的影响，塑造了美国具有特色的个性品质，而新移民的涌入使美国从早年的理想主义转变成彻底的物质主义。这一派的反对者认为，对自由充满理想主义向往的新移民可以把视自由为理所当然的美国人从重商主义和物质主义中拯救出来。还有一些人认为，美国之所以努力追求金

---

[1]（美）乔治·桑塔亚那：《美国的民族性格与信念》，史津海、徐琳译，中国社会科学出版社2008年版，第2页。亚伯拉罕·林肯（1809—1865），美国政治家、思想家，第16任美国总统。其任总统期间，美国爆发内战，史称"南北战争"。林肯坚决反对国家分裂。内战结束后不久，林肯遇刺身亡，是第一位遭遇刺杀的美国总统。沃尔特·惠特曼（1819—1892），美国最伟大的诗人之一。他的诗带给人积极向上、生气勃勃的精神。代表作有《草叶集》。马克·吐温（1835—1910），美国批判现实主义文学家，代表作有《百万英镑》《哈克贝利·费恩历险记》《汤姆·索亚历险记》等。
[2]（美）卢瑟·S.路德克主编：《构建美国——美国的社会与文化》，王波、王一多等译，江苏人民出版社2006年版，第7页。

钱上的成功是为了克服他们在追求过程中所遇到的困惑和矛盾。美国人是被囚禁的，一边被理智主义和清教文化束缚了左手，另一边被反智主义和功利主义束缚了右手。虽然存在上述争论，但路德克强调，宣誓入籍的移民都要满足定居条件：道德合格、通过文化水平测试并且对美国宪法有基本的认识，"美国的公民教育和效忠意识的培养贯穿于整个教育系统和社会规范，使美国人把公民权视为个人的责任"[1]。

美国历史学家阿瑟·M.施莱辛格（Arthur M. Schlesinger Jr.）说，由于种族、部落、宗教等原因，我们生活在一个民族分裂和国家独立的时代，我们应该更加重视那些把美国团结在一起的因素。南斯拉夫的教训是，如果种族对立加剧，如果种族之间的不同性被不断加以固化，那么情况就会很危险。美国是个大熔炉，尽管有不足的地方，但是它所具有的熔炉功能必须强化而不是弱化。历史本身就是武器，问题是历史学家是他们自身经验以及他们所处的时代的俘虏。对过去的事如何选择、如何解释，应该有什么样的价值观和优先感，这对国家的理念是非常重要的。历史可成为民族主义的牺牲品，也可成为构建国家特性的重要武器。[2] 美国的多元文化主义是美国现实生活的写照，美国从一开始就是一个多元文化国家。在很长的一段时期内，少数族裔文化在美国没有立足之地，但美国历史的伟大之处在于少数族裔的文化由被排斥终于变成被接纳。[3]

阿历克斯·英克尔斯是美国社会心理学家，他把社会文化和个性结合起来研究并寻找美国人的基本个性结构。英克尔斯指出了三种看待民族特

---

[1] （美）卢瑟·S.路德克主编：《构建美国——美国的社会与文化》，王波、王一多等译，江苏人民出版社2006年版，第5页。

[2] Arthur M. Schlesinger Jr., "American Multiculturalism," quoted from Booknotes on American Character, by Brian Lamb, *Public Affairs*, 2004, p.187.

[3] *Ibid.*, p.189.

性的传统区分方法：一是作为国家典型的制度模式（政治、社会、经济）；二是作为举止、行为的一部历史；三是作为文化主题（价值观、宗教、社会精神特质和艺术）。作为一个现代的、科学的、行之有效的替代方法，他建议民族特性"应当等同于性格特性结构，也就是说，民族特性应当指一个特定社会中性格多样化的一种或多种分类"。现代行为科学的发展有了"可以记录个人观点、习惯、信仰、行为和心理倾向的办法。这样我们就可以先对美国人口有代表性的范例进行研究，从而使对美国民族特性的评估可以直接建立在该研究之上"。[1] 英克尔斯认为，美国民族的特性表现在：对美国政府和政治机构的自豪感；独立、自立以及相应必要的坚持不懈、努力工作、主动性；乐观向上、投身公共活动；对他人权利的信任和尊重；平等主义、实用主义、现实主义。所有这些都是"构成美国人性格的一部分，近来的经验主义心理测试可以证明这一点"。[2]

一些美国学者从价值分析的角度研究美国民族的特性。哲学家迈克尔·迈克杰夫特（Michael Mcgiffert）指出，寻找一个占支配地位并持久的价值体系，对于处在大众传播时代的多元化社会非常有意义。以前人们认为分析价值观是个体特性、行为模式和制度结构的补充研究，而现在它已被广泛认为是民族特性分析的另一同等重要的方法。20世纪60年代初，人类学家艾塞尔·阿尔伯特（Ethel Albert）和罗宾·威廉斯（Robin Williams）总结认为，美国传统的核心价值观主要包括以下内容：以积极的方式面对生活，做生活的主人而不是被动地任由现实摆布；以发展的眼光而非传统的眼光看待历史，乐观向上，对未来充满信心，坚信通过努力就能取得进步；强调成就和成功；道德上遵循清教徒的美德，如责任感、勤奋和节制；

---

[1]（美）卢瑟·S. 路德克主编：《构建美国——美国的社会与文化》，王波、王一多等译，江苏人民出版社2006年版，第17页。

[2] 同上。

笃信宗教；科学性和唯理性；以平等的眼光而非等级的意识看待社会关系；对人的个性而非集体的身份或责任给予高度评价；自立；人道主义；一致对外；认同多样性；效率和实用性；自由；民主；国家主义和爱国主义；理想主义和完美主义；流动性和多变性。[1]

美国宗教学家马丁·E. 马蒂（Martin E. Marti）从宗教层面研究美国特性。他指出，几乎没有人怀疑宗教是塑造品格与文化的主要因素。美国最高法院里有一句有趣的描写，即宗教就是绝对的美国文化。美国的开国领袖们对宗教的作用及如何看待宗教信仰做出了很好的榜样。乔治·华盛顿（George Washington）[2] 坚持宗教和道德是品格和文化赖以建构的一对社会支柱，詹姆斯·麦迪逊（James Madison）[3] 崇尚宗教宽容精神，本杰明·富兰克林（Benjamin Franklin）[4] 尊崇教堂的共同道德规范。美国宪法第一修正案中规定，国会不得通过立法建立或阻碍宗教自由。事实是，宗教在道德和民心中享有崇高威望，受到宗教影响的情绪和动机伴随着民众的品格一起发展。美国人想成为宗教性的或者他们认为自己是"上帝的选民"，把宗教看作是国家与个人品格和文化相关的东西。马蒂说，"新英格兰在美国品格和神话上盖上了最大的图章。清教徒们借助第一批到达殖民地的名字，树立了具有坚定品格和目标的形象。这些新教徒是基督教徒，也享有许多天主教的教规。他们相信死后的天堂和地狱的双重存在。他们有十字军东征的精神，对于组织和责任有种特殊的激情，但他们不反对穆斯林

---

[1]（美）卢瑟·S. 路德鲁克主编：《构建美国——美国的社会与文化》，王波、王一多等译，江苏人民出版社2006年版，第20—21页。

[2] 乔治·华盛顿（1732 — 1799），美国首任总统，被尊为美国国父。

[3] 詹姆斯·麦迪逊（1751 — 1836），美国第四任总统，被尊为美国宪法之父。

[4] 本杰明·富兰克林（1706 — 1790），美国著名的政治家、外交家、科学家及发明家。

异教而反对南部和北部的天主教反基督的人"。[1]

  美国思想家、政治哲学家艾伦·布卢姆（Allan Bloom）对美国精神的思考引起广泛关注。他在1987年出版了《美国精神的封闭》一书，对美国的特性进行了深刻的评论。他说，"我拥有自己的权利"这句话对于美国人来说就像是呼吸一样出于本能，"权利观念已经深深地渗透进美国公民的血液，这解释了美国人为何非常缺少奴性。没有这种观念，我们将一无所有，只能陷入自私自利的混乱之中"。[2] 他指出，综观美国历史，具有以下特质的人被认为是最适合美国政体：理性勤劳、诚信守法、忠于家庭。最重要的是，他得了解权利教义，了解体现这种教义的宪法，了解美国的历史，强烈信奉《独立宣言》，懂得这个国家孕育于自由并致力于实现"人人生来平等"的信念。布卢姆认为，人们对于"做个美国人意味着什么"的认识已经发生了变化。老的看法是，人们通过承认和接受人的自然权利，建立统一和共性的基础。"而近年来的开放教育摒弃了上述这一切。它不关注自然权利或我们政体的历史起源"，"它向各色人种、各类生活方式、所有的意识形态敞开大门"。布卢姆认为，如今公共利益已不知去向，宪政思想中多数与少数之间的微妙平衡被打破，保护少数成了政府的核心职能。于是，他焦虑地发问："如果没有公共利益的共同目标或观念，社会契约还能存在吗？"[3]

  美国民族思想及价值精神对美国外交政策的影响是深刻的，这方面的著作多不胜数。美国外交评论家吕贝卡·纳尔逊（Rebecca Nelson）指出，

---

[1] 马丁·E. 马蒂：《美国宗教》，转引自卢瑟·S. 路德克主编：《构建美国——美国的社会与文化》，王波、王一多等译，江苏人民出版社2006年版，第20—21页。

[2]（美）艾伦·布卢姆：《美国精神的封闭》，战旭英译，译林出版社2007年版，第121页。

[3] 同上书，第7页。

美国在1776年7月4日诞生之日，就在《独立宣言》中指出"人人生而平等"，这对美国外交影响深远。[1] 美国的开国领袖们认为，"外交谈判应当少而又少，对外关系本质上是一种商业关系，条约应当是为数不多的"[2]。"如果忽视了国家热心于推动个人主义这一事实，我们就无从解释美国的商业政策，无从解释闭关锁国的体制和中央集权式的控制明确地遭到谴责，以及为何门户开放政策得到青睐。美国一心要获取领土，在很大程度上是贪婪欲望的产物，其基本动力则源于文化价值观。它使得美国人自认为给路易斯安那、佛罗里达、俄勒冈、墨西哥等地区带去了进步和发展"[3]。美国历史学家沃伦·津默曼（Warren Zimmermann）在《美帝国主义》一文中说，美国通过在1898年对西班牙开战，踏上了成为世界大国的征程，而对西班牙发动战争的理由却是个莫须有的罪名，其目的在于"要使美国海军走出美洲，必须首先控制美国周围的陆地和海域。"[4] 美国政治学者安纳托·利文（Anatol Lieven）指出，"与以往的帝国不同，美国的国家特性以及美国的信念建立在对民主的坚持基础之上"[5]，而美国信念和美国民族主义的基本内涵就是"对自由、宪法主义、法律、民主、个人主义和文化及政治上的平等主义的信仰"[6]。美国著名战略家布热津斯基（Zbigniew Brzezinski）认为，美国独特的种族和人口特点增加了美国霸权的可持续性。

---

[1] Rebecca Nelson, *The Handy History Answer Book*, New York: Visible Ink Press, 1999, p.162.

[2]（美）沃伦·I. 科恩：《剑桥美国对外关系史》，周桂银、杨光海译，新华出版社2004年版，第61页。

[3] 同上书，第14页。

[4] Warren Zimmermann, "American Imperialism," in "Booknotes on American Character," *Public Affairs*, 2004, p.221.

[5] Anatol Lieven, *America: Right or Wrong, An Anatomy of American Nationalism*, London: Oxford University Press, 2004, p.3.

[6] *Ibid*., p.49.

人们往往并不认为美国霸权完全是单一民族的霸权，这使得美国更容易将其霸权国际化。例如，当中国努力获取全球优势时，其他国家会不可避免地认为中国正在谋求自身的霸权。"非常简单地说，任何人都可以成为一个美国人，而只有一个中国人能成为中国人。这就使其他国家在努力成为全球霸权时，面临额外的重大障碍"。[1] 布热津斯基同时也指出，美国日益呈现多元文化的社会特点，另一方面也使得美国在对外政策问题上更难形成共识，以致美国要在国外进行较长时期的、有可能是代价较大的军事行动，越来越难于动员国内民众形成政治共识。[2]

中国学界迄今还未对美国国家特性作出全面论述。不少学者在论及美国对外政策的渊源时，从不同侧面阐述了他们对美国国家特性问题的一些看法。资中筠教授在谈到美国国民特性时指出，美国人继承了欧洲文明的精华，又结合新大陆的特点，推陈出新，成就其繁荣富强。即使现在，也不能说美国人的优良精神已丧失殆尽，否则很难解释它仍然保持如此旺盛的创新能力，并在如此多元化的社会中维持和而不同。[3] 其代表作《冷眼向洋：百年风云启示录》对美国的霸权主义行径、政策和思想进行了全面分析。她认为，影响美国对外政策的因素很多，而美国国内的因素是最重要的。她指出，美国国内高度统一的意识形态是美国霸权主义的主要思想基础。美国的意识形态包括民主、自由、三权分立、公民权利、政教分离、以私有财产不可侵犯为基础的市场经济、宪法至高无上的法治等。[4] 在她看来，上述原则已经被美国社会成员一致接受，并且变得不容挑战。显然，对资教授而言，美国国家特性的核心是包含在美国意识形态中的政治理念

---

[1] Zbigniew Brzezinski, *The Grand Chessboard*, New York: Basic Books, 1997, p.210.

[2] *Ibid*., p.212.

[3] 资中筠：《士人风骨》，广西师范大学出版社 2011 年版，第 76 页。

[4] 资中筠：《冷眼向洋：百年风云启示录》（上下卷），三联书店 2000 年版，第 76 页。

和价值观念。根据她的阐述，在美国人观念中，没有个人自由和私有制的民主不是真正的民主，私有财产得不到保护的市场经济不是真正的市场经济。如果说美国思想家、理论家以及政治家有什么争论，那么他们争论的不是这些原则，而是如何解释和落实这些原则。

贾庆国教授指出，美国是一个由"叛逆者"建立的国度。美国优越的地理位置、光荣的发展历史、得天独厚的自然条件和卓有成效的政治制度都使美国人从内心里有着强烈的自豪感，并由此产生了将美国梦带给全世界的使命感。从门罗主义到威尔逊的十四点计划，美国的使命感随着实力的扩张而膨胀。新教的"救世"理想把美国变成了民主制度和自由思想的传教士。从第一次世界大战到第二次世界大战，经济发达和军事胜利给这位传教士的信心和观念提供了强有力的支持。冷战结束后，美国成为唯一超级大国，这又进一步助长了美国"救世主"不可一世的傲气。这种救世观使得美国把必然领导世界的意识作为其对外政策理想主义的精髓。美国人在政治思想上很少有共处和兼容的概念，而往往只是想遏制和取代。"然而，各个国家的经济水平、历史进程、政治特性、文化传统、社会结构如此不同，美国式的发展道路不可能在其他的土壤上生根结果。"[1] 陈乐民教授指出，由于基督教文化中非善即恶的二元划分，美国把自己视为先进文明的代表，把非西方文明所属的国家和民族视为西方的对立物和"异类"，而"救世"就是要把"非我族类"的一切消灭或者降服。[2]

王缉思教授对美国霸权的内在逻辑进行了分析，把美国对外推行霸权政策与美国的国民性格及制度特性联系在一起。在他看来，美国霸权主义的主要思想基础是以个人自由权利为核心的意识形态，这种价值观的发展

---

[1] 贾庆国：《棘手的合作：中美关系的现状与前瞻》，文化艺术出版社1998年版，第236页。

[2] 陈乐民主编：《西方外交思想史》，中国社会科学出版社1995年版，第401页。

逐渐超越了白人种族主义和基督新教的"天命观",在对外事务中演化成特殊形态的美国民族主义,造成了霸权思想的膨胀。王缉思认为,当道德与民族私利相冲突时,美国人在追求民族私利时很少有道德顾忌。而与此同时,由于美国存在权力制衡,并且受到其独特的决策机制、社会结构和文化传统的影响,美国在对外政策上往往会进行某些自我约束,也存在自我反省的因素。[1] 从上述介绍可见,王缉思重视研究美国特殊形态的民族主义对美国对外政策的影响,认为美国国家特性的一个重要特点就是美国特殊形态的民族主义。他一方面说美国对外看重的是利益,不会顾忌什么道德,但另一方面又说美国会作自我约束,这其中似乎缺少内在逻辑性。

朱锋教授对美国霸权的性质提出了自己的见解,对所谓"仁慈的霸权"提出了质疑。他指出,20世纪90年代以来,有关美国霸权的核心理论认为美国是一种良性的霸权或者是一种仁慈的霸权。这些理论认为,由于美国的民主制度以及自由价值观,美国总是不断地为推动世界各国的自由、民主和人权而努力。这种深深根植于美国人民自由信仰的外交传统总是让美国能够不断地去促进和发展世界各地的自由与和平利益。朱锋指出,这样的观点是站不住脚的,因为美国的民主制度中虽有国内政治中的三权分立、独立的舆论以及广泛的民主参与对美国外交政策的牵制,但这并不等于美国霸权的性质就是良性的或仁慈的。事实上,国际关系中任何权力的本质都是为了实现自身利益,并为权力的自私动机所驱动。美国在国际系统中受到的制衡越少,美国霸权政策的"狰狞面目"就会暴露得越多,美国就越难以抵抗自己超强实力地位的诱惑,越容易在国际关系中推行干预性和强制性的政策。布什政府的单边主义和"先发制人"战略,"就是美国今天在国际系统中超强的单极霸权缺乏实质性制衡的结果。伊拉克战争

---

[1] 王辑思:《美国霸权的逻辑》,《美国研究》2003年第3期。

充分证明，一个缺乏制衡的单极霸权距离让国际社会都认为无法忍受的帝国政策只有一步之遥。"[1]

王玮和戴超武两位学者对美国外交政策的思想逻辑进行了分析，指出美国的历史在一定意义上讲就是一部从一个海洋（大西洋）穿过一个大陆（美洲大陆）走向另一个海洋（太平洋）的历史。在这一过程中美国人完成了民族性格和形象的异化，即由海洋人到大陆人再到海洋人的变化。美国人来自大西洋，利益系于大西洋，独立后也曾为争取在大西洋上的航行权利和贸易权利而奋斗了四十余年（例如，同英国打了两次战争，后来又抛出门罗主义和美洲体系）。但是，流动的特性使他们并不留恋这片大洋，而是对陌生的太平洋情有独钟。"从19世纪20年代开始，美国一步步脱离了大西洋，向太平洋靠拢。这种脱离和靠拢并不是一刀切齐，而是一种相互交错的过程，并且脱离也并非绝对，而是一种'趋向'。如果说美国在大西洋上表现的是一种'离去'，而在太平洋则追求的是一种'趋入'。在大西洋由于'离去'而追求关闭，在太平洋则由于'趋入'而追求开放。这就是为什么孤立与开放集于美国一身的缘由。"[2]

中国学者对美国意识形态问题相当关注。除上述王缉思等教授外，周琪教授对美国意识形态问题有专门的研究。她指出，美国古典自由主义和例外论是美国两个最基本的意识形态。它们同美国外交政策的关系是，美国例外论要求美国人把自己的价值观念和政治制度推广到全世界，而它所要推广的就是以古典自由主义为标志的价值观念和建立在此基础上的民主政治制度。在周教授看来，古典自由主义既是美国立国的基础，也是美国国家特性的核心内容。它不仅体现在美国的外交政策中，同时也指导着美

---

[1] 朱锋：《国际关系理论与东亚安全》，中国人民大学出版社2007年版，第112页。
[2] 王玮、戴超武：《美国外交思想史（1775—2005）》，人民出版社2007年版，第46—47页。

国的国内政策。她特别强调美国例外论对美国外交政策的影响，认为例外论是美国外交政策特征的重要决定因素。对如何看待古典自由主义与新保守主义的关系，周教授认为新保守主义分子对国家利益的定义发生了变化，把在全世界推行美国的价值观和民主制度作为美国重要的国家利益。这样，"理想主义的外交政策同现实主义的外交政策在重要的方面就重合起来，剩下的差别只是追求目标的手段，例如是通过多边主义、集体安全，还是通过单边主义，自行其是。"[1]

关于美国意识形态与美国人的宗教信仰存在什么样的关系，一些学者认为，它们之间不断地相互强化。当人们分析美国外交政策时，不难发现其中独特的现实主义和理想主义相结合，扩张主义和"孤立主义"交替占主导地位，"美国例外论"和美国人的"天定命运观"同时对决策过程产生重要影响。由于美国立国的特殊性，美国意识形态构成美国特性的内核，并成为美国推行霸权政策的基础。刘军宁在《保守主义》一书中认为，美国政治思想斗争的主线是自由主义同保守主义之争。两者实际上你中有我，我中有你，传统保守主义所要保守的也是自由的传统。[2] 李强在《自由主义》一书中指出，美国的立国之本是以"自由"为核心的意识形态，而这一意识形态的内涵体现在《独立宣言》《美国宪法》《权利法案》（宪法前十条修正案）及《联邦党人文集》等经典著作中。美国的意识形态是美国的立国之本。没有美国的意识形态，就没有美国，更没有当今美国赖以称霸世界的实力地位。[3]

还有不少中国学者从文化、宗教、国家利益等角度探讨美国的对外政策根源。张春指出，美国文化生态的主要思想根源可归纳为普世主义、美

---

[1] 周琪：《"布什主义"与美国新保守主义》，《美国研究》2007年第2期。
[2] 刘军宁：《保守主义》，中国社会科学出版社1998年版。
[3] 李强：《自由主义》，中国社会科学出版社1998年版。

国使命感和美国例外论三个方面。美国人有着非常强烈的普世主义精神，认为美国在本质上是更为优越的国家，他们的使命就是引领人类进入一个全新的民主时代。上述美国文化生态三个方面相辅相成，并呈现出三个分支，即保守主义、自由国际主义和新保守主义。[1]阎学通认为，中国国家利益的重点在东亚，由于美国是全球唯一超级大国，美国的对华政策对中国利益有着全面的影响，中国战略安全利益基本上取决于能否避免在这一地区同美国发生军事对抗，政治利益取决于如何防止美国在这一地区建立霸权。[2]刘澎的《当代美国宗教》[3]、王晓德的《美国文化与外交》[4]、刘建飞的《美国与反共主义：论美国对社会主义国家的意识形态外交》[5]、王希的《美国历史上的"国家利益"问题》[6]等都对美国特性问题有所涉及。

美国是世界上综合国力最强、对全球事务影响最大的国家。随着中国国内生产总值（GDP）在 2010 年跃居世界第二位，美国对中国可能对其世界霸权地位构成的现实挑战越来越担忧。奥巴马总统任内提出了"亚太再平衡战略"，把美国对全球事务关注的重点转向亚太地区，把焦点日益对准中国。到了特朗普政府和拜登政府时期，美国对华政策进一步发生转变，更加突出竞争、防范、遏制，对华关系中的负面因素显著上升。研究美国的国家特性，观察美国发展的脉络，认识美国对外政策变化的动因，显然不仅仅是理论问题，而且具有重要的现实意义。

---

[1] 张春：《美国国会文化生态探析》，《美国研究》2007 年第 1 期，第 122 页。
[2] 阎学通：《中国国家利益分析》，天津人民出版社 1997 年版，第 113 页。
[3] 刘澎：《当代美国宗教》，社会科学文献出版社 2001 年版。
[4] 王晓德：《美国文化与外交》，世界知识出版社 2000 年版。
[5] 刘建飞：《美国与反共主义：论美国对社会主义国家的意识形态外交》，中国社会科学出版社 2001 年版。
[6] 王希：《美国历史上的"国家利益"问题》，《美国研究》2003 年夏，第 2 期，第 9—30 页。

第一章

美国国家特性的形成

当 1776 年美国作为一个国家诞生时，美国作为一个民族尚未形成。这是美国与世界上很多国家明显不同的特点。一个民族（nation）指的是具有共同渊源的一批人，一个国家（state）指的是基于法律管制的政治共同体。而一个民族国家则是在法律管制基础上由有共同祖先的人团结在一起的政治共同体。民族国家从城邦、王国、帝国脱胎而来，通过诉说它的渊源故事，书写他们的历史，把国家（state）蜕变成一个民族。到 19 世纪 40 年代，当欧洲群雄逐鹿、战乱四起，美国人的民族意识才开始觉醒，并认为他们有着一种其他民族所不具有的使命。[1] 美国作为一个国家出现在世界版图上，背景颇为复杂，也相当独特。从美洲大陆被欧洲人"发现"，到一批批欧洲人由于各式各样的原因漂洋过海来到北美；从美利坚合众国的建立，到美国不断扩张并最终取得世界霸权地位，美国发展强大的历程不算漫长，历史、经济及政治学者们一直在加以研究。要深刻理解致使美国称霸世界的种种动因，就不能不深入研究美国国家特性。

---

[1] Jill Lepore, "A New Americanism: Why a Nation Needs a National Story," *Foreign Affairs*, Feb. 2019, p.12.

第一节　美国国家特性问题的提出

来自法国的移民赫克托·圣约翰·克利夫科尔在1782年提出"美国人到底是什么人"这一问题，揭开了研究美国国家特性问题的序幕。[1] 后来，阿瑟·曼（Arthur Mann）于1979年出版了《一个与多个：关于美国特性的思考》，索恩斯特朗（Thernstrom）于1989年出版了《白与黑的美国》，迈克·威尔泽（Michael Walzer）于1992年出版了《做个美国人意味着什么》，小阿瑟·斯莱辛格于1992年出版了《美国的分裂：对多元文化社会的思考》，约翰·穆林（John M. Murrin）著述了《一个没有墙的顶：美国国家特性的困境》等。美国著名学者亨廷顿于2004年推出的著作《我们是谁——美国国家特性面临的挑战》[2] 是关于美国国家特性这一领域最令人瞩目的著作。阿历克斯·英克尔斯指出，看待民族特性传统上有三种方法：一是从国家典型的制度模式，如政治、经济及社会等方面考察；二是从举止行为的历史角度考察；三是从文化主题如价值观、宗教、社会精神特质及艺术方面进行考察。所谓国家特性，就是通过对个体特性、行为模式、社会群体及制度结构等进行比较研究，寻找一个在这个国家中占支配地位并持久发展的价值体系。[3]

---

[1] （美）卢瑟·S.路德克主编：《构建美国——美国的社会与文化》，王波、王一多等译，江苏人民出版社2006年版，第3页。
[2] （美）塞缪尔·亨廷顿：《我们是谁——美国国家特性面临的挑战》，程克雄译，新华出版社2005年版，第20—23页。
[3] （美）卢瑟·S.路德克主编：《构建美国——美国的社会与文化》，王波、王一多等译，江苏人民出版社2006年版，第19页。

一、对美国国家特性研究的几个重要阶段

对美国特性的真正研究开始于20世纪初,主要是两位历史学家的推动。亨利·亚当斯(Henry Adams)是第一位把认知国家特性作为正式研究课题的历史学家。他指出,在所有的历史问题中,对国家特性本质的研究是最困难也是最重要的。他认为,应更多从文化的角度而非仅仅从政治与外交的角度研究历史。另一位是与他同时期的 F. J. 特纳(F. J. Turner)。特纳于1893年在美国历史协会年会上发表《边疆在美国历史上的重要性》一文。他的"边疆假说"对美国国家特性的研究产生了广为深远的影响。1890年是美国历史上具有特殊意义的一年。美国政府这一年在人口普查后宣布美国西部至此不再有边疆。当时的全国人口统计局局长说,"未开辟的地区已经被众多定居点所分隔,边疆的概念从此不复存在"。[1] 欧洲人到美洲后,把他乡当故乡,所到之处圈地建舍。所谓边疆(Frontier)指白人与印第安人居住区的分界线。"边疆"不复存在,意味着美国人在北美大陆不再有可以拓展疆土的空间,实际上意思是指,美国自建国后在北美的疆域扩张已经完成。对于一个不断扩张、习惯扩张并且在扩张进程中塑造民族特性和国家特性的美国而言,无地可扩既不适应,也深感不安。移民迅速增多改变了人口的种族及宗教构成。美国人越来越感到,非常有必要弄清楚作为一个整体,他们是什么人以及有什么共同点,种族多样性与国家统一之间是什么关系,美国人及美国这个国家究竟有什么特性。[2] 另一方面,在边疆不复存在的情况下,美国的前途和方向在哪里,美国人急于得到答案。"边疆"及其所指的白人与印第安人区域划分,无疑是西方殖民者及后来

---

[1] (美)卢瑟·S. 路德克主编:《构建美国——美国的社会与文化》,王波、王一多等译,江苏人民出版社2006年版,第9页。

[2] 阿瑟·曼:《从移民到文化适应》,转引自卢瑟·S. 路德克主编:《构建美国——美国的社会与文化》,王波、王一多等译,江苏人民出版社2006年版,第62页。

的美国白人所使用的语言，他们无视印第安人固有的权益，把剥夺印第安人的生存空间视为天经地义的权利。

第二次世界大战的爆发使美国国家特性研究出现第一个高潮。20世纪初，特别是第一次世界大战及之后的经济大危机期间，美国社会怀疑主义、保守主义、排外主义及孤立主义一度盛行，美国甚至以立法形式关闭了美国作为全球避难所的大门。第二次世界大战爆发似乎唤醒了美国人的道德和意识形态。他们相信自己被赋予了一项特殊使命，深信美国的精神、美国的个性再加上他们的组织技巧、科学技术和物质财富必将把世界从法西斯的铁蹄下解放出来。当英国把世界头号强国的宝座让给美国，世界进入美国世纪之时，美国人开始迫切地希望将自己的民族特性介绍给全世界，也包括美国人自己。在这一时期，玛格丽特·米德（Margaret Mead）、奥斯卡·汉德林（Oscar Handlin）、艾丽·丝·费尔特·泰勒（Alice Felt Tyler）、F. O. 马修森（F. O. Matthiessen）、拉尔夫·亨利加百利（R. H. Gabriel）、佩里·米勒（Perry Miller）、路易斯·哈茨（Louis Harts）等一批学者从思想、文化及文学等各个方面广泛研究美国特性。20世纪40年代和50年代，美国学研究发展迅速。有关学者于1951年成立了"美国学研究学会"，以便加强联系。[1]

20世纪60年代和70年代，有关国家特性问题的争论在美国再一次掀起。涉及的问题非常多，比如种族优先权、英语在语言中的地位、多元文化主义、移民、国家历史标准和所谓"欧洲中心论"等。20世纪80年代末、90年代初发生的苏联崩溃和海湾战争等重大事件，又一次激发了美国国家特性问题的研究。美国在同苏联的对抗中取得冷战的胜利，又在1991年第

---

[1] 阿瑟·曼：《从移民到文化适应》，转引自卢瑟·S. 路德克主编：《构建美国——美国的社会与文化》，王波、王一多等译，江苏人民出版社2006年版，第11页。

一次用高科技手段赢得对伊拉克的战争。美国人对越南战争的惨痛记忆几乎完全褪去，对美国制度和国家特性的研究开始产生新的兴趣。"对许多美国人而言，美国再一次成为拥有神圣使命、共和制度、边疆精神和高科技的救世主国家"。[1] 然而，好景并不长。冷战胜利的红利并不能掩盖人口结构变化带来的诸多社会问题。2001 年 9 月 11 日，恐怖袭击事件使美国遭受前所未有的非传统安全打击。美国特性研究出现新的特点，即人们对美国特性的疑虑及担忧大为上升。这突出表现在塞缪尔·亨廷顿于 2004 年出版的《我们是谁——美国国家特性面临的挑战》[2] 一书。此前，亨廷顿曾出版《文明的冲突与世界秩序的重建》一书，在全球范围内引起极大轰动。在有关美国国家特性研究的著作中，亨廷顿把矛头和视角转向美国国内，惊呼文明的冲突不仅是一个国际问题，而且是一个美国国内问题。他呼吁美国社会大力捍卫和发扬盎格鲁－新教文化这一根本特性，否则美国就会有分化、衰落的危险。

二、美国国家特性的主要内容

一个国家的特性，除去国家政治体制的因素，相当程度上可以说是构成这个国家主要民族核心价值观的特性。美国国家特性尽管在不同时期有不同表现，但其内核基本是一致的。这一核心就是"美国信念（American Creed）"，或者说是美国价值观，也可以说就是美国意识形态。综合而言，美国的国家特性具有以下特点：

---

[1]（美）卢瑟·S. 路德克主编：《构建美国——美国的社会与文化》，王波、王一多等译，江苏人民出版社 2006 年版，第 13 页。

[2] Samuel P. Huntington, *Who Are We? The Challenges to America's National Identity*, New York: Simon & Schuster, 2004. 该书中文版 2005 年由新华出版社出版。

（一）个人主义和平等是美国特性最主要的两种价值观。它们既相互对立，又相互补充。托克维尔在其著作《论美国的民主》中首先提出了这些词。他认为个人主义是民主和平等不可分割的产物，是一种成熟而又冷静的情感。人们养成了一种习惯，总是把自己看作独立的人，并且倾向于这样一种设想，即命运掌握在自己手中。个人主义注重作为美国公民对个人权利的坚持，要求个人在开拓荒野的同时做一名义务警员在边疆社会中维护秩序。另一方面，由于在社会经济等各方面的法律法规越来越多，美国的个人主义也受到越来越多的限制。林肯和肯尼迪两位总统在相隔约百年后分别遇刺身亡，军事上长期陷入越南及伊拉克等痛苦的海外战争，以及水门事件、金融诈骗等一系列社会重大事件，都对美国的传统个人主义精神造成了沉重打击。美国像是个大熔炉，纳入的谬误与激情越来越多，它们相互中和的特点也越来越明显。"任何哲学体系都会遭到人们的质疑，人们似乎总要问：好啦，给我们展示一下你的用处。我们不听任何宣言，也不要什么保证，我们只是给你一次机会做给我们看。无论是柏拉图还是教皇，每个人都只有一次机会。"[1]

（二）着眼于未来的冒险精神是美国国家特性的一种特质。美洲的发现为欧洲人提供了一种新的迁徙选择，除了黑人以外，所有殖民者都是自愿放逐自己的。美国哲学家乔治·桑塔亚那指出，那些幸运者、守旧者和懒惰者难离故土，而具有不安分天性的人或者被他人排斥的人则很想去开辟新的天地。从这一点来看，美国人是最具有冒险精神的人，或者是欧洲那些最具有冒险精神的人的后裔。桑塔亚那认为，这些人骨子里未必明智，但一定是社会上的激进分子。在他们眼里，没有必要关注过去的东西，特

---

[1]（美）乔治·桑塔亚那：《美国的民族性格与信念》，史津海译，中国社会科学出版社2008年版，第106页。

别是久远的过去的东西。拿过去的东西说事,不仅没有权威,没有现实意义,而且是拙劣的、陈腐的。"美国人认为缅怀过去是对时间的浪费,但对未来则充满了热情……对传统的继承往往会使一个民族变得平庸,使那个民族屡屡出现返祖现象。美国人的特性得以保持且普国认同,源自社会的传播功能或民主制度中极大的社会压力。"[1]

康马杰(Henry Steele Commager)在论述19世纪的美国人时说,美国人具有异乎寻常的乐观精神,美国人总是属意于未来,主要梦想明天会怎样。他们很少有过去的意识,他们不关心过去,也不太关心今天怎样,即使是不久前刚刚发生的事也很快变成了传奇故事。美国人被认为没有历史观念,原因是在美国人看来,只有那些对未来不可能发生兴趣的老妇人们才对过去的事情感兴趣。美国这种着眼未来的性格,主要源自美国得天独厚的自然条件和发财致富的梦想大多能够实现。美国人用不着去回忆过去的美好生活,因为更加美好的生活即将到来,而且一定会到来。人们忙于获得更多的财富,也没有时间去回忆过去。美国人确信美国是世界上最好的国家,确信应当并且通过自己的努力可以发大财,"同时也感到有无穷的精力来完成某项事业,他们从每一个打赤脚的男孩身上看到未来的总统和百万富翁"[2]。20世纪60年代初,罗宾·威廉斯指出,美国传统的核心价值体现在以积极的方式面对生活,做生活的主人而不是被动地任由现实摆布。美国人特别强调成就和成功,坚信通过努力就能取得进步,以发展的眼光而非传统、静止的眼光看待历史,乐观向上,对未来充满信心。[3]

---

[1] (美)乔治·桑塔亚那:《美国的民族性格与信念》,史津海、徐琳译,中国社会科学出版社2008年版,第145—148页。
[2] (美)H. S. 康马杰:《美国精神》,杨静予等译,光明日报出版社1988年版,第6页。
[3] (美)卢瑟·S. 路德克主编:《构建美国——美国的社会与文化》,王波、王一多等译,江苏人民出版社2006年版,第21页。

（三）美国国家特性具有显著的宗教烙印。英国的清教徒来到美洲海岸，目的是想过一种精神上感觉更完美、更充实的生活。他们在荒野上建起了自己的教堂。然而他们的移民之路并未终止，他们要掌握自己的命运，追求精神的自由和永恒的真理。他们的精神世界总是包括那些未被发现过的、人烟稀少的大陆，这样的大陆总是愿意接受那些喜欢探索而不是墨守成规的人。桑塔亚那指出，美国人是著名的预言家，他们将道德标准应用于公共事务，他们脾气急、热情高，他们十分推崇自力更生及遇事自己拿主意，他们很大胆、激进，喜欢追求神秘经历。他们不愿受任何理论体系的束缚，即使是他们自己的理念体系。[1]

以美国例外论为核心的特殊使命观，在美国人心中占有重要位置。美国例外论的主要观点是，来到北美的欧洲移民是上帝选择的，他们被赋予了特殊使命。美国人在北美大陆逐渐扩张的过程中，形成了"山巅之城""新时代秩序""天定命运""美国梦"等基本信条和思维习惯。[2] 美利坚民族的信仰和价值观既是本土的，又是外来的。"美国梦"成为强化美国公众民族认同及美国意识形态的黏合剂。一代代拓荒者不断涌向西部的茫茫荒野，培养和造就了美国人粗犷豪放、富于进取的性格，显示出本土独特的特性。同时，来自欧洲大陆的加尔文教义和来自英国的清教主义对美国开国之初的政治家们影响巨大，他们把宗教自由、个人权利、重商主义等思想从一开始就融入国家行为之中。

1620年9月16日，"五月花"号从英国的普利茅斯（Plymouth）起航，船上载着149名乘客，其中大部分人是为逃避国内的宗教迫害才踏上移民

---

[1]（美）乔治·桑塔亚那：《美国的民族性格与信念》，史津海、徐琳译，中国社会科学出版社2008年版，第6页。
[2]（美）卢瑟·S.路德克主编：《构建美国——美国的社会与文化》，王波、王一多等译，江苏人民出版社2006年版，第31页。

美洲之路的。65 天后，除了 1 名乘客和 4 名船员，剩下的人在马萨诸塞州（MA Massachusetts）的科德角（Cape Cod）安全登陆。这些人远离了国内的宗教束缚，遵循少数服从多数的原则，签订了《五月花协定》。美国最著名的两所高校哈佛大学（Harvard University）和耶鲁大学（Yale University）办学早期都坚持正统的清教派观点。耶鲁大学的校长曾对集合起来的学生说，"做基督徒吧，做了基督徒你们就会成功"。[1] 哈佛大学当初建校时是培养清教礼仪和教义牧师的，校长职务通常由牧师担任。他总是把自己崇高的观点放进毕业典礼时的讲道中或者放进他平时的系列讲座中，讲座的对象是四年级学生，内容是基督教教义或者进化论。[2] 在宗教问题上，由于到北美的欧洲人自身曾经在宗教信仰方面遭遇不幸经历，而美国人往往比世界上其他民族都表现得更为宽容，认为宗教只要不走极端，就是必不可少的、神圣的。他们相信，宗教应当尽量与历史、权势和玄学脱离，应该真正落在人们美好的情感上，落在人们不屈不挠的乐观精神和对生活的信仰上。美国如今重要的报纸之一《基督教科学箴言报》的创始人艾娣夫人（Mrs. Mary Baker Eddy），就是美国基督教科学派创始人。[3] 她宣传基督能治病，自称发现"基督的科学"，还创建了基督科学教会。美国人认为，宗教如同妻子，每个人都有选择和珍惜的权利，同时不喜欢别人在

---

[1] 张金辉：《耶鲁大学办学史研究》，中央编译出版社 2009 年版，第 32 页。
[2] 哈佛大学是美国本土历史最悠久的高等学府，成立于 1636 年。为了纪念在成立初期给予学院慷慨支持的约翰·哈佛牧师，于 1639 年 3 月更名为哈佛学院。1780 年，哈佛学院正式改称哈佛大学。在很长一段时间里，学院的领导者都由神职人员担任，直到 1708 年第一个非清教徒校长上任，哈佛才从清教思想的管制中独立出来。
[3] 艾娣（Mary Baker Eddy，1821—1910）美国基督教科学派创始人。1838 年入公理宗教会，因读完《新约》后脊椎病痊愈而认为基督能治病，自认为发现了基督教科学，即靠意识而不靠药物来治病，1864 年开始为人治病。1879 年成立基督教科学教会，后又出版月刊《基督教科学报》，1908 年改成日报，更名为《基督教科学箴言报》。目前该报已成为全美重要报纸之一。

公开场合对自己的选择说三道四。[1]

（四）美国国家特性强调实用主义和物质主义。对物质的追求与美国人的乐观主义有很大关系。对不畏艰辛来到美洲的早期欧洲移民而言，对未来的乐观主义态度是开拓者的必备素质。美国文化学者路德克说，美国人是唯物主义者，对万能的美元无比热爱。他们总是提到钱，因为钱是他们能够很方便地衡量成功、智慧和能力的标志。"在美国，有进取心的穷人努力赶上或超过富人，而不是恨他们或为他们服务。消灭百万富翁等于毁灭自己的希望"。[2]美国人活力十足，但他们的活力并不总能找到合适的表现形式，这令美国人在表面上显得焦躁不安。桑塔亚那指出，美国人好奇心强，但如果有人试图让他们处理那些他们不感兴趣的事情，他们会格外抵触和健忘。因此，"美国人总是在一些方面非常在行，而在另一些方面则十分愚钝。他们并没把人类可悲的历史放在心上"。[3]

康马杰指出，美国人非常注重实际，这表现在政治、宗教、文化和科学等诸多方面。轧棉机、汽船、收割机、缝纫机、合成橡胶、电报电话、打字机等的发明都表明他们对技术十分重视。美国是首先在高等院校中开设技术课程的国家之一，著名的西点军校不但培育军官，也训练技师。美国不是最早的航海大国，但鲍迪奇（Nathananiel Bowditch，1773—1838，美国数学家和天文学家）的《实用航海学》和莫里（Matthew Maury，1806—1873）的《海洋自然地理》（该书是现代海洋地理学的第一本经典性著作）却是各国海员们的必读经典。发财致富的人是美国社会最大的英雄，柯立芝总统（John Calvin Coolidge，1872—1933，美国第三十任总统）

---

[1]（美）乔治·桑塔亚那：《美国的民族性格与信念》，史津海、徐琳译，中国社会科学出版社2008年版，第30—35页。

[2] 同上书，第145页。

[3] 同上书，第129页。

甚至说，"美国的事务就是商务"[1]。康马杰指出，美国人喜欢实实在在的财富，倾向于以数量来评价几乎所有的事物。"当他问到一个人的价值时，他是指物质价值，而且除了这个通常的标准外，他不管什么别的标准。外国人不了解它的根源和它同美国现实的联系，认为这很庸俗，因为他们很难用美国人的力量和数量的观念去想问题"。[2]

（五）美国国家特性着力宣扬自由，也重视合作精神。最早到北美的移民生活在人烟稀少的广阔土地上，他们远离欧洲的家乡，为的就是财富和自由。他们试图忘记以前戒律严格的道德规范，过上更愉快、更人性化的生活。这是最初的美国人，也是真正纯粹的美国人。随着一批批来自欧洲各国的移民涌入，自由仍然是大家神圣的追求。他们并不在意要建立一个神圣的国家。后来的移民或许是犹太人、意大利人、爱尔兰人或者德国人，当他们来到北美大陆时，那里事实上已经存在严格的道德规范，而他们又急于摆脱欧洲故国那些道德规范的束缚，因而欣然接受了美洲的生活环境和社会精神。"如果我们忽略了这两种美国人之间奇妙而复杂的关系，我们在判断上就会出现严重的偏差"。[3] 美国人是急性子，喜欢寻求捷径，急于把事情做完。康马杰曾指出，美国人总是选择走向自由的捷径，走向发财致富的捷径，走向天国乐园的捷径。在美国人看来，正是由于蔑视传统和权威，他们的国家才得以成为一个伟大的国家。平等观念渗透到美国人的生活和思想领域，而这种观念是环境造成的。因为在创业之初，几乎所有的美国人除力量和坚强的意志之外都一无所有。美国人是地地道道的功利主义者，"唯一可以称之为他们的哲学的乃是'有用即可'的工具主

---

[1]（美）H. S. 康马杰：《美国精神》，杨静予等译，光明日报出版社1988年版，第67页。
[2] 同上书，第8页。
[3]（美）乔治·桑塔亚那：《美国的民族性格与信念》，史津海、徐琳译，中国社会科学出版社2008年版，第103页。

义。"[1]

桑塔亚那指出，连同工作和发迹的愿望，合作精神也是美国风尚的精髓。到新大陆求生的移民不得不寻求合作，因为他们受悲惨命运的驱使，勇气十足地要按照新原则来开创新生活。合作精神充分反映在每个政治团体、每次公众集会、每个俱乐部、每所大学以及每个体育队中。每当大街上出现了事故、教会出现了分裂或者国家出现了诸如后来的战争那样的意外或重大紧急情况时，合作精神就会表现出来。人们本能地去帮忙，通过相互适应或采取最简便有效的措施以找到可行的妥协办法去渡过难关。在所有情况下，大家都有一种绝对的共识，即有争论的问题应该通过表决来决定，少数人应无保留地同意多数人的决定。这种做法似乎在美国已经成了很自然的事，因为它已经扎根在人们的心里并且形成了习惯，或者说已经成了正常的民主国家中不可抗拒的社会风气。这种合作精神源自英格兰式的自由精神。桑塔亚那指出，"英格兰式自由的实践有两个先决条件：一是所有相关的人要基本上保持意见一致，二是每个人都要有善于变通的性格以便随时可以变通。将事情付诸表决，然后无条件地接受多数人的决定，这是英国方式的基本特点。多数人的决定，必须让少数人也能生活下去，能得到发展，即便不是完全以他们原先所希望的方式去生活和发展。假如不是这样，通过表决所作出的决定，对少数人来说，就会像外来的暴君那样，是强加于他们的一种灾难"。[2] 由于美国自身的历史和地理特点，美国人对陌生人表现得更为热情，更倾向给予帮助，他们的合作精神比英国人或欧洲其他国家的人更为突出。

---

[1]（美）H. S. 康马杰：《美国精神》，杨静予等译，光明日报出版社1988年版，第25页。
[2] 同上书，第150页。

（六）美国国家特性的基础是以宪法为核心的意识形态。美国政论作家威廉·普法夫（William Pfaff）曾指出，"与欧洲人不同，美国人的命运注定是与政治相关的。这一点，美国是独一无二的。今天的美国建立在一份政治契约或条约之上，它使越来越多的不同祖先、不同宗教或者不信教的美国人能够共有一个政治理念和宪法体系，这也是美国存在的意义。如果美国宪法被废除，或者美国宪法下的政治体制失败或被推翻，那么美国就不再是美国"。[1] 1868 年，美国国会通过了宪法第十四修正案，正式宣布公民有权自由选择自己所效忠的政府。获取美国的公民身份与血缘和文化并没有必然联系，它只取决于是否出生在美国以及是否自愿。成为美国公民是一种契约关系，移民成为美国人都要宣誓真诚地效忠美国，完全放弃对以前所属任何外国亲王、君主、国家或主权之公民资格，并且要忠诚支持并保卫美利坚合众国的宪法和法律，对抗国内和国外的所有敌人。

美国公民教育和效忠意识的培养贯穿于整个教育系统和社会规范中，这使得美国人把公民权视为个人责任。当新移民承诺支持并保卫美利坚合众国的宪法和法律时，新美国人便宣誓效忠于以公正、公平、个人权利不可侵犯、民治、民享为根基的美国政治制度。[2] 美国犹太裔哲学家汉斯·科恩（Hans Kohn）在 1944 年论述美国民族主义时就曾指出，美国人建立自己的国家，并没有依靠其他国家建立时所必需的因素，如共同的祖先、共有的宗教、历史默认的领土、文化的独一性以及特有的语言、法律或文学等。美利坚各殖民地的由来各不相同，加上新出现的美国文化以及不停的流动性，这些都阻碍了美国的团结一致。然而有一根纽带把各个殖民地都联合了起来，同时也把他们独立于世界各国之外，它便是"在世界上建

---

[1] William Pfaff, "A Radical Rethink of International Relations," *International Herald Tribune*, October 3, 2002.

[2]（美）H. S. 康马杰：《美国精神》，杨静予等译，光明日报出版社 1988 年版，第 6 页。

设一个新的国家"的想法。[1] 20世纪40年代，康马杰就曾指出，尽管美国人很年轻，很不老练，但他们在政治上是成熟的。他们很早就显示了天生的政治才能，他们的政治机构就像他们发明的机器那样灵活而有效率，他们充分发挥了政党的作用。他说，有些人讥笑美国人没有政治哲学，而实际上，他们不受政治理论的约束并非坏事。美国人无法从哲学上分清两大政党的区别，他们对政党的忠诚不是那么强烈，这也避免了多党制可能引起的混乱，使两大政党都为自己的需要服务。[2] 很显然，在美国人看来，他们要效忠的不是某个政党，而是国家及其所代表的价值观。

三、美国国家特性的矛盾性与分裂性

美国国家特性有明显的双重性及矛盾性。美国是在反对意见中建立的，每一个背井离乡到边疆去开荒的人，既是对未来投信任票，也是对过去投反对票。新移民到北美大陆相当长的时期内，美国没有形成可以被广泛接受的传统。实际上，即使到现在，也很难说美国形成了被广泛认同并接受的传统。正因此，在美国人眼里，不一致是正常的。也就是说，突出个人及个性，在美国文化中是正常的事。

由于移民成分非常复杂，即使有人愿意遵循传统，美国人也会因为祖先文化的不同而对传统产生不同的理解。因此，对于反对意见或不同意见，美国人通常易于采取宽容的态度，他们也不会因蔑视传统和权威而受到惩罚。美国哈佛大学教授埃里克·H.埃里克逊（Erik Hombuxger Erikson）1950年在其著作《童年与社会》中指出，随意说出美国人的一种特性，总

---

[1]（美）卢瑟·S.路德克主编：《构建美国——美国的社会与文化》，王波、王一多等译，江苏人民出版社2006年版，第5页。
[2]（美）H.S.康马杰：《美国精神》，杨静予等译，光明日报出版社1988年版，第11页。

能在另一些美国人身上找到与之相反的特点。也许我们可以提出这样一个命题：一个民族的个性，来源于在其历史发展过程中，不同人的个性特点相互碰撞，最终形成一种独一无二的文明。[1]

美国人居住在美国的东西南北，有着不同的年龄、不同的种族、不同的职业和不同的信仰，因此当人们论及"美国人"这个概念时，所指的这样一个人物是虚构的。美国哲学家乔治·桑塔亚那于1918年指出，选择这样一个美国人，需要考虑方方面面的因素，因为不同的美国人之间总是有着巨大的差异。早年的定居者视自己为殖民者，仍是英帝国或其他欧洲国家的臣民。直到18世纪，他们才渐渐对新大陆有了感情，加上与欧洲在地域空间、商业利益和情感上的距离，使他们产生了独立的愿望。美国人充满自信，不多愁善感，而且乐于助人。但由于美国人同时又是个人主义者，他的友善也绝非无所图，他希望每个人都自强自立。在他向邻居提供了一次帮助之后，他认为这已足够，尽管提供一次帮助是责无旁贷的。[2]

相对来说，美国历史不长，可以说还很年轻。美国人也因此就像青春期的年轻人有点不那么稳重，常常表现出带有本性的冲动。乔治·桑塔亚那认为，人们在精神上都可以是很年轻的，"但美国种子落在了处女地上，可以在那里更勇敢地迅速成长，而不必顾虑参天大树的面子。当一个民族自然成长的青春期受到较多已经存在且先入为主的观念所束缚时，它就会显得比较老，会念念不忘那些自己失去的或者错过的东西。美国人则没有这种毛病"。[3] 在乔治·桑塔亚那看来，美国人的性情是温顺而不是暴虐的，

---

[1]（美）卢瑟·S.路德克主编：《构建美国——美国的社会与文化》，王波、王一多等译，江苏人民出版社2006年版，第23页。

[2]（美）乔治·桑塔亚那：《美国的民族性格与信念》，史津海、徐琳译，中国社会科学出版社2008年版，第125页。

[3] 同上书，第131页。

它并没有预先确定下自己发展的方向。[1]

美国人在精神上存在的两极分裂现象相当明显。经历越南战争的沉重打击后，在20世纪70年代表现得尤为突出。这一时期，一些批评家将美国描绘成一个迷惘的、精神分裂的国家，另一些学者则深入研究美国人生活中非常典型的二元性。心理学家埃里克逊认为，美国人的历史极端矛盾。美国人经历了许多沧桑巨变，因此美国人的机能建立在最终对于暂时联合与动态分化的自我认同上，例如移民与本土居民、个人主义与公共标准、竞争与合作、严守传统与自由思想、责任感和愤世嫉俗等。迈克尔·卡门（Michael Kammen）指出，"美利坚合众国很可能是第一个不断革新和改变文化的国家。其文化越来越多样化，这种创造性毁灭不断改变着美国人的生活面貌"。[2]

罗伯特·维贝（Robert Wiebe）认为，不能因不同背景的移民而说美国社会是分裂的社会，但有一点也很清楚，那就是美国社会是一个不断被分割的社会。从社会的外形上讲，小型的社会单元是美国社会的特点，人们因身份、价值观、各种关系和目标形成小圈子，其中都有某种权威力量主宰小圈子与外部世界的各种关系。社会的一个个组成部分可以建立在血缘关系、工作、地区、宗教、社区或种族划分的基础上，这些组成部分既与社会其他组成部分有着相互的联系，又在一个相对独立的系统中认同个人的角色。文化的多样性、开放的土地以及物质的极大丰富造就了这样一个社会。亨廷顿对美国政治的不和谐相当担忧，他认为美国注定会变得不和谐，因为美国有关自由、平等、民主和立宪等高尚的历史信条与美国政

---

[1]（美）乔治·桑塔亚那：《美国的民族性格与信念》，史津海、徐琳译，中国社会科学出版社2008年版，第155页。

[2] Michael Kammen, *People of Paradox: An Inquiry Concerning the Origins of American Civilization*, New York: Knopf, 1973.

治制度的现实之间存在着不可避免的裂隙。[1]

　　大卫·波特（David Potter）指出，在美国国家特性形成和发展的漫长历史中，存在两种截然相反的基本解释：一种把美国人描绘成个人主义者和理想主义者，另一种则把美国人描绘成循规蹈矩者和物质主义者。[2]鲁珀特·威尔金森（Rupert Wilkinson）指出，乐观主义和悲观主义的极化，即希望与恐惧同时存在，是美国国家特性的最主要矛盾。他在1984年出版了一本关于流行文化的书《美国的强硬：硬汉子传统和美国人的性格》，通过回顾自20世纪40年代以来对美国人性格的所有解释，提出了美国人性格中的"四种恐惧"：害怕被别人占有，害怕崩溃，害怕松懈，害怕背弃过去的道德和承诺。[3]路德克指出，"美国人的性格就像密西西比河一样，是一个汇集了支流、边缘河流和主干河流的复杂体系。体系中充满了大大小小的河堤，既为游人服务，也为商业运输服务；既浇灌了大片田地，也毁坏了不少土地，并且在不断改变、不断前进。许多人预言密西西比河将会淤积起来，而美国人性格的衰落也如同这个预言一样，被夸大了许多"。[4]

　　美国人的特性是多面的、复杂的，因而产生的问题非常之多。比如说，一个民族怎么可能同时既是理想主义者又是物质主义者，既循规蹈矩又突出个人主义，既遵纪守法又热衷使用暴力，既对工作非常狂热又贪图安逸，既对宗教如此信仰又对科学格外追求，既崇尚竞争又崇尚合作。仔细观察

---

[1]（美）大卫·波特：《对国家特性的质疑》，转引自卢瑟·S.路德克主编：《构建美国——美国的社会与文化》，王波、王一多等译，江苏人民出版社2006年版，第23页。
[2] 同上。
[3]（美）鲁珀特·威尔金森：《追求美国特性》，转引自卢瑟·S.路德克主编：《构建美国——美国的社会与文化》，王波、王一多等译，江苏人民出版社2006年版，第27页。
[4]（美）卢瑟·S.路德克主编：《构建美国——美国的社会与文化》，王波、王一多等译，江苏人民出版社2006年版，第25—29页。

美国社会会发现，公认的美国式价值观和特性被分装成看似一致的一个个独立小包装，在同一种文化内部被分成不同的群体。美国国家特性中存在明显的对立性，很多美国国家特性并不固定，而是以一定的形式游弋于不同的性格之间。美国政治哲学家艾伦·布鲁姆指出，美国人常常把政治当作正经事来做，他们相信自由与平等原则以及以此为基础的权利是理性的、放之四海而皆准的。第二次世界大战实际上就是迫使那些拒绝这些原则的人接受它们的教育工程。布鲁姆把这归结为美国人身上所体现的宗教理想主义，坚信"美国担负着上帝授予的特别使命"。布鲁姆对这一现象不无反思，指出这也许是一种自欺欺人、自负的道德感。[1]

汤姆·多克托罗夫（Tom Doctoroff）指出，美国固有的种种矛盾常常令人困惑，自由但不公平，富于创造力但欠缺时尚，喜欢运动却明显超重，制度健全而政治功能障碍，崇尚个人主义却又自欺欺人。美国式的自我表达分外时髦，人们迷醉于美国式的个人主义。比尔·盖茨（Bill Gates）和沃伦·巴菲特（Warren Buffett）是最高榜样，他们凭着个人远见和获得行业大师的地位受到尊敬，通过努力发财致富并最终获得自由，以实现所谓的美国梦。[2]

---

[1] Allan Bloom, *The closing of the American Mind*, New York: Simon and Schuster, 1987, p.153.

[2] Tom Doctoroff, "Freedom and American Dream," *The Atlantic*, May 24, 2011.

第二节　美国国家特性的政治文化渊源

作为美国国家特性最核心的内容，美国政治文化的形成与其他国家大不相同，呈现出一些相当独特的特点。从欧洲各地来到北美大陆，从自发的移民到有意识地建立国家，并不断构建和充实自己的文化价值观及意识形态，美国政治文化的形成历经变化。美国政治文化的基础和来源是欧洲特别是盎格鲁－新教文化，但又必须在相当程度上与原来的传统决裂，以构建自身独特的信念。

一、"脱母国化"与美国国家特性的构建

1776 年 7 月 4 日，北美 13 州殖民地代表在第二届大陆会议上通过美国历史上最重要的文件《独立宣言》。这一宣言的核心是"人人生而平等"，每个人都有生存权、自由权和追求幸福的权利，实质则是把矛头直指宗主国英国特别是大不列颠国王。宣言猛烈抨击英国国王"怙恶不悛、倒行逆施"，列数其种种罪行，最后宣布解除对于英王的一切隶属关系，废止与英国之间的一切政治联系。[1] 毫无疑问，《独立宣言》就是"脱母国化"的庄严声明。

"美国人"都有其"母国"，即来源地国或祖籍国。1790 年，美国举行第一次人口调查，在 393 万总人口中，英国人及其后裔约占总人口的一半，非洲裔人口约占 20%，其余均为来自欧洲其他国家的移民。当时法律规定，只有自由的白人可以归化入籍。大约一个世纪以后，美国总人口增至约 5000 万。据统计，1890 年居住在波士顿的外来移民占该市总人口的 68%，

---

[1] 托马斯·杰弗逊：《独立宣言》，1776 年 7 月 4 日，转引自邢贲思等主编：《影响世界的著名文献》（政治·社会卷），新华出版社 1997 年版，第 343 页。

居住在布鲁克林的外来移民占该市总人口的71%，居住在纽约的外来移民占该市总人口的80%。同大西洋沿岸许多城市一样，其他城市的外来移民也占当地人口的多数。旧金山的外来移民人口占其人口总数的78%，盐湖城的外来移民占其人口总数的65%，芝加哥的外来移民占其人口总数的78%。即使在小城镇和农村，移民人口也占到大多数。[1]

来到北美的欧洲移民首先在北美东海岸落脚。英国人最早来到这里，并建立了殖民地。第一个殖民地建立于1607年，以詹姆斯敦（Jamestown）为中心。后来大批英国人来到北美，并陆续建立13个殖民地。总体上看，最初到北美的英国人要么是为了财富不惜冒险的人，要么是为了躲避在英国受到宗教迫害的人。这些人到了北美首要的任务是生存，是适应北美的自然环境，并寻求生活的机会。他们不会去思考所谓自身民族性问题。因为对他们来说，自己只不过是来到北美的英国人，根本不存在什么民族认同困惑。随着13个殖民地的建立，特别是殖民地在经济和贸易领域与宗主国英国出现越来越多的矛盾，以及来自欧洲其他国家的移民大量增多，北美殖民地移民的身份认同问题逐渐变得突出起来。经济利益上的分歧导致政治上的隔阂不断增多，自己到底是英国人还是美国人，这就变成一个难以回避的问题。换言之，北美移民的民族意识在这一过程中不断累积，这是他们最终谋求独立的重要基础。当然，由于血缘、文化及语言等多方面因素，北美人对英国的感情是复杂的，也是特殊的。来自英国的移民在13个殖民地中约占移民总数的四分之三，英国对这些人来说是自己的"母国"，英国的文化、英国的生活方式和英国的政治制度在13个殖民地中占绝对主导地位。那些来自欧洲其他国家的移民由于人数不多，而且他们

---

[1]（美）阿瑟·曼：《从移民到文化适应》，转引自卢瑟·S. 路德克主编：《构建美国——美国的社会与文化》，王波、王一多等译，江苏人民出版社2006年版，第62页。

的文化与英国文化也较为相似，因此也易于受占主导地位的英式文化和生活的影响。[1]

　　来自欧洲的移民远涉大洋刚到北美时，面对全新而又陌生的环境，生活压力之大是我们现在难以想象的。这种压力既来自恶劣的大自然，也来自土著的印第安人，后来还来自欧洲其他竞争者。他们需要强有力的支持甚至是保护，以便战胜对手。对他们来说，英国是天然的保护者，因为英国是宗主国，它当时也具有强大的实力。而对于英国，殖民地给它带来巨大的财富，有助于其进一步增强实力，自然不愿意看到由英国移民占领的殖民地落入他人之手。移民与宗主国关系的互动是一个复杂的过程，一开始他们之间的关系并不密切。但随着来到北美的移民越来越希望得到宗主国的支持和保护，他们之间的关系才变得日益密切。而当这些移民在北美站稳脚跟以及印第安人和法国人对他们不构成威胁了，他们对英国保护的需求就减少了。在这种背景下，一方面是殖民地上的人自我意识增强，另一方面是英国不断地想给殖民地上的人加以限制，两者之间的矛盾不断上升，最终导致殖民地谋求独立。从这个意义上看，北美殖民地与英国宗主国的战争主要是利益之争，很难说北美独立战争是一次民族独立战争。按照英国辉格党的观点，这是第二次内战，是一场将1689年光荣革命的原则扩大到美洲，并使之地方化的战争。[2] 尽管如此，美国独立战争是北美移民脱离"母国"的重大步骤，也是他们在强化美国民族意识和构建美国国家特性进程中迈出的最重要一步。这之后的第二次美英战争以及1861年的美国内战是美国独立战争的延续。经过这两次战争，美国基本上完成

---

[1] （美）安·哈利斯·莱夫：《美国民族百衲图》，邹笃钦译，商务印书馆1995年版，第5页。

[2] （美）丹尼尔·布尔斯廷：《美国人：建国的经历》，谢延光等译，上海译文出版社1989年版，第623页。

了与英国关系的转型，也基本上完成了自身国家特性的构建。

二、"脱地域化"与美国国家特性的构建

美国人对自身身份的认识经历了一个长期过程。第一次美英战争后，一直到 19 世纪中叶，美国人的民族意识是有限的。北美不同殖民地上的美国人更看重自己所在地的身份，而不是美国人这个身份。例如，如果你来自弗吉尼亚，你更愿意视自己为弗吉尼亚人；如果你来自宾夕法尼亚，你更愿意视自己为宾夕法尼亚人。这与每个殖民地的独立、自治的特性有密切的关系，也与来自相同背景的移民相对集中居住有关。因此，美国人一开始的民族意识具有相当明显的地方民族主义特色。人们更重视本州的地位，而不是整个国家的地位，各州之间在经济、贸易及边界等方面也存在不同的利益和纠纷。

美国移民语言风俗习惯各异，宗教信仰五花八门，这就形成了各民族分别聚居的特殊现象。美国的开国领袖们从一开始就注意到这一现象，并对由此产生的政治影响深为担忧。美国开国总统乔治·华盛顿在他著名的"告别演说"中多次提到地方主义问题，并对此表达了忧虑。他说，"大家应当正确地认识到，国家统一对集体和个人的幸福具有巨大的意义"。[1] 他强调，"美国这个名称，属于那些把自己看作是美国一分子的人，必须永远歌颂爱国主义的荣誉感。对源自地域歧视的言行，必须加以抵制"。[2] 他明确反对以地理区域为基础建立政党，认为这样的政党是很危险的。[3]

---

[1] George Washington, "Farewell Address, Sept. 17, 1796," in Gregory R. Suriano ed., *Great American Speeches*, New York: Gramercy Books, 1993, p.17.

[2] *Ibid.*

[3] *Ibid.*, p.19.

历史学家丹尼尔·布尔斯廷（Daniel J. Boorstin）说，美国的早期立法中强调各个州的地位，而不强调美利坚合众国的概念。美国发生内战之前，美国人常以州人为同胞，各州之间关系紧张，许多州有退出联邦的举动。[1]

地域上的分割不可避免地造成感情上的分裂。各州之间时常发生冲突，有时甚至是武装冲突。一直到爆发内战时，美国人视州为国，州就是自己的归属。"State"这个英文单词虽然被翻译为"国家"或"州"，实际上在英语字典里，其核心意思是有政府管理的一块地方。这个词到底是什么意思，连英国人或美国人也解释不清。很显然北美最早的 13 个"State"，就是 13 个互不隶属、各自独立的政府，也可以说是 13 个国家。正因此，美利坚合众国成立后，各个州政府仍然具有相当的独立性，包括选举自己的州政府，拥有自己的财政税收权。州长与华盛顿白宫的主人并不一定来自同一个党，也不必要听从总统的指令。在独立战争前，各州人往往不会把自己的命运与联邦的命运紧密联系在一起。相反，他们首先想到的是作为某个州的人，应当服务于自己州的利益，即使当时名声显赫的高官也不例外。杰斐逊在 1818 年写信给威廉·弗来明（William Fleming）时，仍然把弗吉尼亚说成是他的"国家"。在给自己题写墓志铭时，杰斐逊提到了他的三项成就，分别是起草《独立宣言》、起草《弗吉尼亚宗教自由法则》和创建弗吉尼亚大学。这其中除了起草《独立宣言》，其他两项都是他为弗吉尼亚州做的事情。在他眼里，他来自弗吉尼亚，弗吉尼亚就是他在北美最初的国家。[2]

美国在建国之后相当长的一段时期内，地域化最突出的现象是北方与

---

[1]（美）丹尼尔·布尔斯廷：《美国人：建国的经历》，谢延光等译，上海译文出版社 1989 年版，第 629 页。

[2]（美）吉贝尔·希纳尔：《杰斐逊评传》，王丽华、李澍泖、张玉根译，中国社会科学出版社 1987 年版，第 75 页。

南方的明显差异。这种差异对美国国家特性的构建形成了极大的障碍。独立之后,美国北方的工业化进程快速发展,机器的使用越来越多。制糖业、纺织业、面粉加工业等机器化生产大大提高了劳动生产率。工业化进程对全国统一性市场的需求增大,北方的资本家希望打开全国市场以获取更大的利润,这也对国家的强大与统一提出了新的要求。与北方不同的是,美国的南方在内战之前主要是奴隶制种植园经济。种植园主雇佣大量的奴隶种植烟草和棉花,并把这些产品主要出口到英国。北方资本家要求提高关税,从而保护自己的工业制成品。而南方种植园主反对提高关税,也不在乎形成全美统一的大市场,因为他们的贸易对象主要是英国,而不是美国国内。经济上的差别也使得北方与南方在文化及生活习惯等方面的差异日益明显,南方的种植主与英国的联系十分密切,而北方的资本家则与英国的利益冲突不断加剧。在这种背景下,美国南北两方的矛盾日益突出。如果不能摆脱南北割据的局面,美国的经济发展、社会和谐以及国家作为一个整体运转的有效性都将受到严重影响。正因此,美国北方与南方的战争变得不可避免。后来的美国内战不仅统一了市场,也为北方与南方共同构建美国国家特性扫除了障碍。

三、在自治和统一之间寻求平衡

在美国历史发展的进程中,南北内战是重大事件。这场战争不仅事关美国的经济发展,也事关美国作为一个国家的统一性。由于地理等方面的因素,北方和南方在各自发展过程中形成了不同的经济结构、制度体系和对外关系格局,他们在文化上的差异和对英国宗主国的感情也越来越不一致。北方希望用工业资本主义的模式统化南方,而南方的种植园主则希望保留他们自身的经济模式和生活方式。北方人与南方人逐渐变成两种不同民族意识和民族特性的人，美国统一民族的塑造面临极大危机。

人们现在所看到的"北佬"（Yankee）、北方"Yankee Dom"、"北佬气的"（Yankeeism）等词汇，就是当时南方人对北方人特别是新英格兰地区人的蔑称。这从一个侧面反映出内战之前南方人对北方人在心理上的排斥已经达到何等地步。是谋求并强化国家的统一？还是听任南北方之间的差异继续发展？这是当时摆在美国人面前的重大课题。美国内战的爆发以及战争的最终结果表明，美国人选择了统一，选择了统一的民族意识的构建。丹尼尔·布尔斯廷（Daniel Boorstin）在他的《美国人：建国的经历》中指出，"为建立一个新国家而进行的斗争要到1865年或者更晚一些时候才告结束"。[1]伍德罗·威尔逊（Thomas Woodrow Wilson）总统评价认为，内战"在美国创造了一种前所未有的东西——国家感。联邦不是得救了，而是复活了"。后来在美国南部重建时期，美国人开始意识到自己是美利坚人。

美国南北战争在一定程度上也是美国自治制度的产物，而自治制度又是美国国家特性的重要体现。美国的制度是美国人所独创的，它的建构以两个观念为基础：一个是独特的自治观念，这种观念以分散的地方责任为基础；另一个是自由平等的观念，即通过向个人提供符合规章的自由权、自由以及平等的机会，让每个人充分发挥其主动性和创造性。[2]在美国政治体制演变的进程中，人们对政府扮演的角色一直存在争议。胡佛（Herbert Clark Hoover）在1928年竞选总统期间指出，政府从经济活动参与者的位置回到仲裁者的位置对美国发展至关重要，这是一个基本的原则性问题，

---

[1]（美）丹尼尔·布尔斯廷：《美国人：建国的经历》，谢延光等译，上海译文出版社1989年版，第513页。

[2] Herbt Hoover, "The American System of Self-Government, 1928," in Diane Ravith, *The American Reader*, NewYork: Harper Collins Publishers, 2000, p.433.

商业官僚化将动摇自由的基础。[1] 他还强调，"机会均等和美国个人主义的本质是，无论在商业上还是政治上，这个共和国都不存在任何集团或联合体的统治"。[2] 1932年，胡佛在竞选连任时被富兰克林·罗斯福（Franklin D. Roosevelt）击败，其有限政府的理论也被否定。罗斯福上台后，面对经济危机带来的严重破坏，他大力强化联邦政府在经济社会发展领域所能发挥的职能，采取了与胡佛明显不同的政策。罗斯福新政在经济上取得了巨大的成功，同时也并未像胡佛担心的那样损害了自治和个人积极性。但在20世纪80年代后期，随着市场经济在全球范围内掀起新的浪潮，胡佛的思想再一次受到重视。

自治与统一之间的矛盾表现在美国社会的很多方面。人们通过各种手段表达自己的观点和立场，争取自身的利益，而这对另一些人则可能形成不公平或利益上的损害。美国的"游说集团"及相关现象就是美国文化传统特有的畸形产物。伍德罗·威尔逊总统曾经指出，美国的富强存在于普通人的希望、普通人的福利、普通人的事业心以及普通人的积极性之中。"美国不是由名字见报的人组成的，美国不是由政治上梦想成为政治领袖的人组成的，美国也不是由夸夸其谈的人组成的"。[3] 然而，这位总统在100多年前就曾指出，"今日，我们的政府已经沦入特权人物的手中；今日，有一种默契，即只有少数被遴选出来的上层阶级才拥有执政的必备条件"。[4] 艾森豪威尔（Dwight David Eisenhower）总统在1961年告别演说中特别提

---

[1] 赫伯特·克拉克·胡佛，美国第31任总统（1929—1933），24岁的胡佛曾作为美国矿业工程师被派往中国河北唐山的煤矿"打工"。

[2] Herbt Hoover, "The American System of Self-Government, 1928," in Diane Ravith, *The American Reader*, New York: Harper Collins Publishers, 2000, p.427.

[3] 富兰克林·罗斯福，美国第32任总统，美国历史上唯一蝉联四届的总统（1933—1945），也是美国迄今为止在任时间最长的总统。

[4] Woodrow Wilson, "The New Freedom, 1912," in Diane Ravith, *The American Reader*, New York: Harper Collins Publishers, 2000, p.361.

到了军工集团的影响问题。[1] 他认为，"一支庞大的军队和一个大规模军事工业相结合，这在美国是史无前例的。它的全部影响——经济的、政治的，甚至是精神的，在每个城市、每座议会大楼、每一个联邦政府机构内部都能感觉得到"。他对此忧心忡忡，"我们必须警惕军事—工业联合体，不应当让它们取得不正当的影响力"[2]。艾森豪威尔是美国历史上著名的军事领袖，在第二次世界大战期间曾出任盟军最高统帅，他对军工利益集团对政治的影响应该说是敏锐的。然而，当他说决不能让军工联合体势力危害自由或民主进程时，他很难料到这在几十年后确实成为了现实。

第三节 "边疆假说"与美利坚民族的形成

美国地理特点对美国国家特性有着重要的影响。从很大程度上讲，美国民族的认同意识与美国民族的觉醒以及美国地理有着密切的关系。美国著名作家华莱士·斯泰格纳（Wallace Stegner）曾经说过，"荒野本身便是一种资源，一种无形的、精神的资源。它曾有助于形成我们的特性，塑造了我们作为一个民族的历史"。[3]

一、边疆对美国民族主义产生的作用

美国的国家特性固然与对英国文化和制度的传承有着特殊关系，但它

---

[1] 德怀特·戴维·艾森豪威尔，美国第 34 任总统（1953—1961），第二次世界大战期间担任盟军在欧洲的最高指挥官。
[2] Dwight D. Eisenhower, "Farewell Address, Jan. 17, 1961," in Diane Ravith, *The American Reader*, New York: HarperCollins Publishers, 2000, p.361.
[3] Wallace Stegner, "The Wilderness Idea," in Diane Ravith, *The American Reader*, New York: HarperCollins Publishers, 2000, p.565.

同时也是美国特定地理环境作用的结果。事实上,在继承方面,美国的文化、艺术、宗教、制度等不仅源自英国,也与欧洲其他国家有着很大的关联。美国人基本的价值观念以及美国的文化和制度渊源可以追溯到希腊、罗马和巴勒斯坦。[1]然而,如果仅仅是继承英国或欧洲的文化和制度,则不可能形成具有独特特点的美利坚民族性格,也不可能形成美国的国家特性。在美国国家特性形成的过程中,地理环境因素发挥了重要作用。康马杰强调,"美国人种族血统异常复杂,气候和土壤条件各地不同,却容易形成鲜明而稳定的民族性格。这不仅使批评家难以预料,而且整个历史和经验也无法解释"。[2]

美国边疆学者认为,边疆对于美国民族主义的产生具有至关重要的作用。边疆养育了来自五湖四海的美国人,使他们互相融合形成了新的人群,并且使所有美国人对于建设自己的帝国感到骄傲。多数迁往西部定居的人都是富有冒险精神的人,他们或是为了追求快速致富,或是为了追求自由而舍弃了原有的传统和习俗。具有同等重要意义的是,美国的西进运动还使人们认识到,美国与欧洲存在本质上的不同。美国将自己的后背朝向了大西洋,而将面孔转向了太平洋。桑塔亚那指出,"广袤的土地给精神和身体都带来了一种自由。你可以随心所欲地在任何地方支起帐篷。或者如果你想搭建点什么,你可以随意地把它建成任何你喜欢的风格。你有足够的空地、现成的材料,而且不受任何固定模式的约束,也不会遭到任何批评。对于美国人而言,想用新奇方法尽快处理问题的急切心情和赶紧收获成果的热情,使他不愿追求历经曲折才会得到的享受。取得成功的路必须是捷

---

[1](美)H. S. 康马杰:《美国精神》,杨静予等译,光明日报出版社1988年版,第4页。
[2] 同上书,第5页。

径"。[1]

1890年，美国人口普查局发表一份公告称，"直到1880年，我国还有一片待开发的边疆地带。而如今，这片原本无人定居的区域，已经被一些各自为政的定居点所占据。所以我国已经不能说还有什么边疆了"。[2]这则简短的官方声明意味着，持续数百年的美国人对大西部的移民及拓殖已经走到尽头，实际上等于宣告了美国一项伟大历史运动的结束。美国西部至此不再有边疆，这就引发了特纳（Frederick. J. Turner）对于边疆问题的思考。特纳认为，美国社会制度的独特之处在于，它要一直不断适应人口膨胀带来的变化，而这些变化是在移民穿越大陆、改造旷野、让边疆从原始的经济政治状态向复杂的城市生活蜕变进程中发生的。美国社会向西部不断进行拓殖的历史，就是边疆反复进行由原始状态进步到现代文明状态的历史。

美国历史协会于1893年7月12日在芝加哥举行年会，特纳在会上发表了《边疆在美国历史上的重要性》的讲话。他指出，"这种不断的重生、生活流动、新的机会以及与简单原始社会的一再碰撞，培育了主导美国性格的力量。要真正理解美国的历史，关键在于理解伟大的西部和边疆"。[3]特纳的这篇文章及其提出的"边疆假说"，被公认为是对19世纪美国的国家特性和国家发展进行的最有深度的剖析。当来自欧洲不同国家的移民向西部不断扩张时，他们不断重复生活上的流动、对机遇的追求以及对未来的乐观，这一过程就是美国化的过程。这一过程使来自不同背景的人有

---

[1]（美）乔治·桑塔亚那：《美国的民族性格与信念》，史津海、徐琳译，中国社会科学出版社2008年版，第125页。
[2]（美）弗雷德里克·杰克逊·特纳：《美国边疆论》，董敏译，中国对外翻译出版有限公司2012年版，第1页。
[3] 同上书，第2页。

了特有的民族性，也助长了美国的民主精神和个人主义。特纳提出了一个明确的观点，即美国人对西部的不断开拓以及在这一进程中对广袤荒野的征服，塑造了美国政治制度和国民性格，也推动了美国历史的发展。正是在这样的过程中，美国人变得很实用主义，对自由非常向往，对创新和开拓充满进取意识。应该说，一直到今天，这些特点依然是美国社会的主流意识，并且成为美国国家特性的重要内容。"边疆"推进损害了土地上原有的印第安人的利益，却也造就了独树一帜的美国文明。美国人通过西进不断取得财富，这使得他们相信只要努力就一定会得到回报，明天一定会比今天更好，这是"美国梦"的重要基础。"边疆的拓展不仅极大地扩大了美国的疆土，获得了丰富的经济资源，而且更为重要的是，它对美国精神的铸造起到了非常重要的作用"。[1]

二、边疆开拓与"去欧洲化"特征

什么叫边疆？在特纳看来，美国边疆最显著的特色就是，它位于自由区域的边缘上，即在人口普查报告中被视为人口密度为每平方英里两人及以上定居点的边缘地带。在他看来，边疆是个动态的概念，"最开始指的是大西洋沿岸，这时边疆的欧洲特性还很明显，越往西推进，边疆的美国特性就越明显。可以说，边疆的开拓意味着摆脱欧洲的影响，并逐渐增强美国的特征"。[2]

在美国人眼里，所谓边疆，其实并不是一个固定的、有所指的地方，而是动态的、变化发展的。莉莲·施丽瑟（Lillian Schlise）在《边疆家庭：美国式的经历》一文中对"边疆"一词给出了颇具代表性的定义。她指

---

[1] 徐新：《西方文化史》（第二版），北京大学出版社 2007 年版，第 386 页。
[2] 同上书，第 4 页。

出，美国西进运动的最前线被称为边疆。从阿巴拉契亚山脉（Appalachian Mountains）到太平洋沿岸，边疆的面貌不断改变着。它既可以是浓密的森林，也可能是绵延的草地；既可以是红土铺地的平原，也可能是直插九天的山地。她强调，不同的边疆却有着唯一的共性，那就是即使环境再恶劣的边疆，也能在一代人不到二十年的改造下，成为人们定居生活的乐土。边疆是美国民族个性和政治平等的温床。[1]

向西部迁移的运动是自发的，美国联邦政府没有给一个又一个西迁的家庭提供过帮助。人们没有地图，缺乏生产资料，更没有医疗服务和安全保障，有的只是狂野而严峻的大自然的考验以及对未来美好生活的追求。美国国会于1862年通过《宅地法》，将西部属于联邦的土地分配给各个家庭，这是政府对17世纪以来民众自发性西扩运动的正式承认。莉莲·施丽瑟指出，美国就是这样一个由边疆定义未来的国家，美国所特有的就是这种崇尚动态和创新的文化。[2] 由于西进，美国人形成了不拘陈规、不依赖别人和家庭的习性。在这样的进程中，美国人深信只要敢于冒险，敢于挑战狂野的大自然，就可以获得财富。因此，向西部不断扩展的过程，就是寻找"美国梦"的过程。[3] 从这一层面也可以说，扩张是渗透在美国人血液里的基因。

特纳是美国史学界的重要人物。由于他最早对边疆问题进行研究，并提出边疆开拓对美国民族性格的塑造产生了极为重要的影响，因此被认为是美国史学特别是边疆史学的奠基人。他提出的"边疆假说"影响之深远，也为他自己所始料不及。在他众多著作中，有三部著作即《美国历史上的

---

[1]（美）莉莲·施丽瑟：《边疆家庭：美国式的经历》，转引自卢瑟·S.路德克主编：《构建美国——美国的社会与文化》，王波、王一多等译，江苏人民出版社2006年版，第76页。

[2] 同上书，第86页。

[3] 同上书，第78页。

边疆》《新西部的兴起》和《边疆在美国历史上的意义》最受人关注。特纳的观点有如下几个值得特别重视：

一是白人至上主义的种族观。特纳认为，美国早期移民对"边疆"的拓展，就是对文明的推广，边疆所到之处就是文明所到之处。在他看来，欧洲白人来到北美大陆之前，那里是野蛮和不开化的地方。应该说，美国历史的发展和经济社会的进化是推动美国人西进的核心动力，白人的到来使西部很快呈现新的经济和社会发展面貌。然而，从历史角度来看，特纳所谓的西部空旷地带并不是无人之地。在欧洲殖民者进入美洲之前，印第安人早就已经生活在美洲大陆了。特纳回避白人对土著印第安人的掠夺和侵害，强调所谓边疆是野蛮和文明的汇合处，明显带有种族主义色彩以及白人至上主义的思想。

二是边疆的不断拓展反过来对美国政治制度提出新的要求。美国的文化和制度脱胎于英国及欧洲其他国家，如果没有建立国家后从大西洋沿岸向太平洋沿岸持续不断的"西进"，美国的社会状况、经济建设和政治生态就会大不一样。美国的地理疆土不断扩大，为经济迅速发展提供了最基础也最重要的资源，经济的发展又对政治制度提出了新的要求。经济、社会与政治之间相互促进，使得美国社会和政治越来越远离欧洲影响，并日益具有美国自身的特点。可以说，没有长期持续的"西进"运动，就没有"美国梦"，也不会有后来美国的国家特性。

三是在美国于19世纪末宣布边疆消失后如何看待美国的走向。特纳提出了在当时非常现实也是美国人极为关注的问题。边疆问题是美国特有的问题，是西方殖民者在北美不断扩张而产生的历史现象。这不仅是一场经济运动，也是一场社会变革运动。当边疆不复存在，也就是说美国人没有边疆可以拓展了，这对美国人的冲击是非常巨大的。习惯于拓殖垦地，并以此不断增加财富的美国人突然感到茫然不知所措。在这种背景下，特纳创立所谓"边疆假说",提出所谓"活动边疆"的概念,无疑为美国人寻求新的边疆提供了理论依据,从而对后来美国在从美洲到全球范围内实施扩张政策产生了重要影响。

三、边疆扩张对美国外交政策的影响

边疆假说对美国外交政策的影响是非常巨大的。按照特纳边疆假说的理论,美国的扩张是美国与生俱来的权利,是"天定命运"。既然如此,美国的扩张当然是正当的,别的国家没有理由反对。他给美国人带来这样一种启示,即使北美大陆"无主土地"已尽,"边疆"的拓殖也不会终结,这就为帝国主义列强实施对外扩张找到了理论依据。许多美国政治领导人受到其理论的影响,威廉·麦金莱(William Mckinley)[1]、西奥多·罗斯福(Theodore Roosevelt)[2]、伍德罗·威尔逊[3]等采取拿来主义的做法,在制定对外政策时都使用了这一理论。

边疆假说为西方文明的扩张提供了航标灯。就在1890年美国人口普查局宣布美国不再有边疆的同一年,美国著名海洋历史学家、两次担任美国海军学院院长的马汉(Alfred Thayer Mahan)整理出版了著名的《海权对历史的影响:1660—1783》一书,也被称为《海军战略论》。[4]这部书记述了从17世纪中叶至拿破仑战争结束期间英国海权建立和扩展的历史。马汉强调指出,一部海权史实际上就是一部国民政治军事史。无论什么国家,若想在世界事务中发挥重要作用,就一定要控制海权。他同时指出,

---

[1] 威廉·麦金莱(1843—1901),美国第25任总统,在任时发动美国对西班牙的战争,夺取了原本属于西班牙的古巴、波多黎各、菲律宾、关岛,并且吞并了夏威夷。
[2] 西奥多·罗斯福(1858—1919),美国军事家、政治家,第26任总统。
[3] 托马斯·伍德罗·威尔逊(1856—1924),美国第28任总统,曾任普林斯顿大学校长。
[4] 阿尔弗雷德·赛耶·马汉(1840—1914),美国海军指挥官、军事理论家,主要著述有《海权对历史的影响》《海权对法国大革命及帝国的影响(1793—1812)》等。

一个重要的大国必须具备六方面的条件：自然环境、地理位置、领土面积、人口、民族素质和政治机制。他在书中鼓吹人人以向海洋寻求财富为荣，海商与海军相结合，政府必须对取得海权作出明智而坚毅的努力。值得注意的是，到马汉的时代，整个地球已经瓜分完毕，在人类技术能力所能达到的世界范围内，已经没有什么可供"发现"的了。如果再想开疆拓土，就必须攻城略地，那所面对的敌人便不再是未开化的土著，而是和自己一样强大先进的国家。其结果很可能就像拿破仑一样，随着一场场血流成河的战争，最终在全世界的重压下走向失败。马汉提出新的海权理论时，全球贸易已经大幅增长。他及时认识到控制海洋的重要性，并且指出控制了海上交通，就控制了海上贸易，这样就掌握了他国经济命脉。

马汉的海权思想对美国的战略家们产生了重大影响。美国与欧亚大陆有宽阔的大西洋和太平洋相隔，如果不能建立一支强大的海军，美国显然不可能与欧洲列强争夺世界霸权。即使在飞机、核武器以及远程导弹攻击能力越来越先进的今天，远洋海军实战能力仍然是一个国家维护海外贸易利益、控制世界能源通道、保护国家本土安全必不可少的依靠。正因此，美国长期以来谋求限制其他国家海军力量的增长，不断强化自身海上军事实力，竭力把美国边界推向别国门口。如今，美国海军控制着全球几乎所有最重要的海上通道，地球的每一寸公海几乎都在星条旗的覆盖下。可以说，美国拥有优势显著的全球制海权。

第四节　美国的扩张与国家特性的形成

美国登上全球舞台后的对外战略实践表明，在美国人眼里，边疆是可以不断扩展的土地，边界不是一个有清晰界限的概念。更准确地说，美国不允许自己的土地被别的国家拿走，但别的国家的边界应该如何确定，则需要由美国来裁定。"门罗主义"是美国对边疆及边界概念的一种理解，"门户开放"是另一种理解，"人权高于主权"也是一种理解。不论是何种理解，其本质都是为了服务于美国的战略扩张，为了有利于美国取得并保持其世界霸权地位。

一、战争与美国的扩张

美国经历的大的战争都对其国力的发展产生了直接而重要的影响。1776年7月4日美国独立时，总面积只有13个州，132万平方千米。通过独立战争和驱赶印第安人，美国于1783年获得英国承认时，领土增至230万平方千米。此后到1899年美西战争结束的116年间，美国通过购买、战争及谈判等手段，将领土扩大到今天的937.26万平方千米，其中通过战争扩张的领土约为300万平方千米。美国独立战争（1775至1781年）催生的《联邦宪法》（1787年）确立了联邦政府的权威和法律体系，奠定了经济发展的基础。18世纪末，美国开始进行工业革命。美国的领土到19世纪中叶已经从大西洋沿岸扩张到太平洋沿岸。

第二次美英战争（1812—1814）是美国独立战争的继续，它真正确立了美国的独立地位。这场战争还使得美国打破了英国的海上封锁，实现了与欧洲大陆的自由贸易。此后，美国开始由半殖民地经济向资本主义经济发展。1815年美国进口额从上一年的1300万美元增至1.47亿美元。战争对美国制造业起到了极大的推动作用。英国在战争时期对美国港口进行封锁，造成美国纺织品短缺，美国因而发展起自己的纺织工业。美国从此战中认识到英国军事力量的强大，放弃了兼并加拿大的野心，转而向西南方向发展。在从法国购买路易斯安那地区大片领土后，美国就长期准备对墨西哥的侵略战争。到19世纪中期，美国的工业发展水平已经仅次于英国、法国和德意志，名列世界第四。

詹姆斯·门罗（James Monroe）总统于1823年提出"美洲是美洲人的美洲"。这一政策的确立使美国走上了称霸美洲的道路，近邻墨西哥很快便成为美国首先侵略的对象。1846年4月24日，美墨战争正式爆发。5月13日，美国国会宣布向墨西哥开战。事实上，美军的军事行动在此之前早已开展，所谓宣战不过是蒙蔽世人的把戏。墨西哥被打败后，美国正式吞并了现在的得克萨斯、新墨西哥、加利福尼亚等在内的大片土地，领土扩大近300万平方千米。这场战争是历史上罕见的土地抢夺行为，墨西哥丧失将近50%的领土。这场战争的结果是，美国在西南部获得了广阔的土地、丰富的资源，西进运动得以大幅推进，促进了美国经济大发展，加快了工业化进程。美国一跃成为地跨大西洋和太平洋的大国，从此成为美洲的主宰。

南北战争（1861—1865）是美国内战，是美国内两种发展模式的较量，为美国称雄世界奠定了国内政治和经济基础。这场战争是美国北部诸州同南部发动叛乱的各奴隶制州之间的战争，是资本主义北部同奴隶制南部之间对抗性矛盾激化的结果。经过这场战争，美国避免了国家分裂，代表北部工业资本主义的资产阶级战胜了落后的南部种植园奴隶主集团。400万黑奴获得解放，并进入劳动力市场（在美国工业化阶段，劳动力因素对经济增长贡献率曾高达近50%）。耕地面积由4.07亿英亩增至8.79亿英亩，农业资本主义形成。不久后美国建成四条横贯北美大陆的铁路，扩大了国内的统一市场，加速了工业化进程。1870年，美国国内生产总值占世界8.9%，1894年工业产值跃居世界首位。国家实现真正意义上的统一，黑人奴隶制度被废除，这是南北战争的重大成果。同时农民的土地问题得到较好解决，美国资本主义得以实现迅速发展。

美西战争（1898年）是美国在世界范围内扩张和走向全球称霸道路的重大事件。1898年2月15日，派往古巴护侨的美国军舰"缅因"号在哈瓦那港（La Havana）发生爆炸。尽管事件的原因并没搞清楚，但美国却以此事为借口，对西班牙采取军事行动。19世纪末，美国出于自身需要，要求重新瓜分世界殖民地。但那时的美国力量仍然较为有限，还不具备同英国和法国等欧洲强国抗衡的实力。面对美国垄断资本财团迫切需要开辟新的市场、投资场所和原料产地等需求，美国开动宣传机器宣扬对外扩张的舆论。而西班牙当时已是日薄西山，美国便决定首先拿它开刀。战争的胜利使美国把加勒比海变成了"内湖"，在太平洋获得了重要的战略基地。美西战争期间，美国还正式吞并夏威夷并占领太平洋上的威克岛（Wake Island）。1959年，夏威夷成为美国第50个州。美西战争之后，美国开始积极参与列强对远东及太平洋地区霸权的角逐。

二、战争与美国霸权的形成

美国通过参与第一次世界大战（1914—1918），基本确立了自身作为世界最强大国家的地位。1914年8月4日一战全面爆发后，美国开始考虑同交战双方进行贸易。1916年4月6日，美国在一战爆发近两年后决定正式对德宣战。美国不是一战的战场，正式参加战争的时间又晚，其自身经济并没有受到战争的破坏。不仅如此，美国在欧洲国家陷入战争之初的一段时间里，通过与交战双方的贸易大肆发财，况且军费开支又相对不大，这就使得它在一战中迅速崛起成为世界主要强国。从1914年6月到1917年6月，美国外贸顺差从4.3亿美元增加到35.6亿美元。美国经济从1915年起进入了长达五年的繁荣期。与1914年相比，欧洲的制造业生产在1920年下降了23%，而美国的制造业却增长了22%。与1919年相比，美国的汽车工业在 1929 年增长了 255%。1929 年国内生产总值首次超过 1000 亿美元。美国在战前欠欧洲外债 55 亿美元，战后欧洲协约国欠美国 100 多亿美元，美国由此一跃成为债权国。1913 年，美国的黄金储备只有 7 亿美元，到 1930 年已增加到 45 亿美元。那时，美国的黄金储备占世界总量的 40%，伦敦的世界金融中心地位发生动摇，华尔街的金融地位迅速上升。美国开始了现代化进程，并打下了资本主义头号强国的物质基础。

后来美国通过参加第二次世界大战（1939—1945）完全确立了自己作为世界霸主的地位。当欧洲战争阴云越来越浓时，美国国会于 1935 年 8 月 31 日通过了中立法。美国的做法与第一次世界大战之初颇为相似，在很长时期内同交战双方都有生意往来。在 1941 年 12 月 7 日日本偷袭美国太平洋军事基地珍珠港之前，美国向日本输出了大量军需物资，其中很大一部分被日本用于侵略中国的战争。由于珍珠港事件，美国才不得不下决心对日本宣战。在战争需求的刺激下，美国生产迅猛上升，再次出现了战时经济繁荣。1937 年，美国的工业产值在资本主义国家工业产值所占比重为 42%，这一数字到 1945 年上升为 60%。同样，1937 年美国对外贸易占资本主义国家外贸总额的比重为 13%，1945 年上升到 32%。美国通过战争获得了世界上重要的原料生产基地，并且垄断了世界原料市场。美国在全球建立了近 500 个军事基地，还通过"马歇尔计划"向欧洲提供了 131.5 亿美元，拓展了欧洲市场。1944 年的《布雷顿森林协定》还确立了美元在国际金融体系中的霸主地位。第二次世界大战结束初期，美国国民生产总值占资本主义世界的 65%，世界黄金储备的 75% 被美国控制，美元与黄金直接挂钩成为世界货币，美国毫无疑问成为世界金融霸主。美国掀起并主导了以原子能、微电子、信息、生物、新材料和航天技术等为代表的第三次产业革命。美国在第二次世界大战后确立了全球超级大国地位，取得了在国际事务中的主导权。

第二次世界大战结束后，美国的战争机器继续不停运转，在世界各地的军事行动持续不断。冷战期间，美苏两极对峙，世界大战一触即发。美国大力强化军事能力，并在全球以公开、隐蔽以及代理人战争等多种形式与苏联抢夺势力范围。1945年第二次世界大战结束到1991年冷战结束这段时期内，美国采取的对外较大规模的军事行动约125次，平均每年2.8次。20世纪90年代以来，美国大约进行了40多次海外军事行动，平均每年4次左右。冷战结束后，美国参与或发动了多次大规模局部战争，主要有1991年海湾"沙漠盾牌"战争[1]、1992年索马里战争[2]、1992年波黑战争[3]、1998年对伊拉克"沙漠之狐"战争[4]、1999年科索沃战争[5]以及后

---

[1] 1991年1月17日，美国领导的多国部队向入侵科威特的伊拉克军队及伊境内军事目标发起军事行动，代号"沙漠盾牌"，当年2月28日结束。
[2] 1992年12月3日，联合国安理会通过决议，授权成员国对内战中的索马里采取大规模军事行动，以建立人道主义救援所需要的安全环境。美国随即向索出兵2.8万人。其间包括一些美国士兵在内的维和部队被打死、打伤，美军士兵被索武装分子侮辱的情景在电视广为传播，美国国内要求撤出美军的呼声日渐高涨。维和行动陷入困境后，美国首先撤出维和部队，此次行动给美国留下惨痛教训。
[3] 1992年4月，前南斯拉夫的波黑爆发内战。1993年6月，联合国安理会通过决议，同意北约使用空中支援和空袭手段，协助联合国保护部队保护安全区。1995年7月，美主导北约开始进行大规模空袭，以迫使波黑塞族停止对萨拉热窝和其他安全区的进攻。空袭后美国开始积极介入波黑危机，独揽解决波黑危机的主导权。1995年11月，美国促成前南地区三方领导人通过谈判达成代顿和平协定。
[4] 1998年12月，美国以萨达姆（Saddam Hussein）拒绝与联合国武器核查小组合作为由，伙同英国对伊采取代号为"沙漠之狐"的军事行动，对伊军事目标实施了为期4天的导弹打击。此次行动未经联合国安理会授权。
[5] 1999年3月24日，以美国为首的北约以制止所谓南联盟对科索沃阿尔巴尼亚族的"种族清洗"和制止"人道主义灾难"为由，未经联合国同意和授权，对南联盟进行了历时78天的大规模空中打击。南联盟最终接受俄国、芬兰和美国提出的政治解决方案，同意从科索沃撤出军警，接受以美国为首的北约维和部队进驻。这场战争开创了人道主义军事干预的先例。尤其是北约这个地区性军事组织，未经联合国授权便以"国际社会"名义对一个主权国家动武，这对联合国的权威和国际关系的基本准则构成了挑战。

来在反恐战争旗号下进行的对阿富汗和对伊拉克战争。

战争是美国国家特性中的冒险精神、实用主义以及宗教情结等因素综合作用的产物。从物质层面看,战争给美国带来了财富,推动了美国的发展和壮大,使美国人看到了国家及政治人物发动或参与战争的现实利益。从精神层面看,由于战争带来了财富和荣誉,美国人对自己所信奉的价值观、世界观和政治制度通过一次次战争得到一次次深化,从而使得美国的国家特性不断得到强化。以1991年海湾"沙漠盾牌"战争为例,美国高举解放科威特的旗号,摆出替天行道的气势,领导多国部队向入侵科威特的伊拉克萨达姆[1]军队以及伊境内军事目标发起军事行动。在短短一个多月的军事行动中,美国在战争中大量使用"智能"武器,表现出强大的军事实力,震撼了世界。这场战争在一定程度上进一步推动了美国新一轮的技术革命,使美国步入信息新时代,经济也随之进入历史上最长的繁荣期,连续增长120个月。这场战争极大鼓舞了美国,老布什(George Bush)总统也因此宣称,越南战争的幽灵已经被永远埋葬在阿拉伯半岛的沙漠中了。这场战争大大增强了美国对以军事手段解决地区冲突的信心,极大强化了美国作为唯一超级大国长期称霸世界的欲望。

美国国家特性是一个非常复杂的概念,它并没有明确的定义。在不同的历史时期,美国国家特性的表现不尽一致,但其内核基本相同。其主要内容包括:英语、基督教、英式法治理念、统治者责任理念、个人权利理念、对天主教持异议的新教价值观(包括道德、个人主义、投身于创建尘

---

[1] 萨达姆·侯赛因(1937—2006),1979年至2003年任伊拉克总统,在位期间先后发生两伊战争、海湾战争、伊拉克战争。2003年伊拉克战争中,其政权被美国推翻。2003年12月13日,萨达姆被美军抓获,2006年11月5日被判绞刑,同年12月30日执行。

世天堂即"山巅之城")及盎格鲁－新教文化。以美国例外论为核心的特殊使命观在美国人心目中占有重要的位置。美国例外论的主要观点是，来到北美的欧洲移民是上帝选择的，他们被赋予了特殊使命。美利坚民族的信仰和价值观既是本土的又是外来的，"美国梦"成为强化美国公众民族认同及美国意识形态的黏合剂。来自欧洲大陆的加尔文教义和来自英国的清教主义对美国开国之初的政治家们影响巨大，他们把宗教自由、个人权利、重商主义等思想从一开始就融入国家行为之中。美国人在构建自身国家特性的过程中，经历了"脱母国化""脱地域化""去欧洲化"等阶段。他们从自发地移民到有意识地建立国家，并不断构建和充实自己的文化价值观及意识形态，其基础和来源是欧洲特别是盎格鲁新教传统，但又必须在相当程度上与原来的传统决裂，以构建自身独有的特性。这样一个探索的过程是很不简单的，历经困苦和磨难。同时，在这一过程中，美国通过不断对外侵略扩张自己的土地来壮大了自身的实力，但这也给别的国家和人民带去了战争的伤害。

第二章
美国国家特性要素分析

从政治和文化层面看，美利坚民族意识形成的过程也是美国国家特性形成的过程。这一过程大体上可以用六个阶段来概括：一是从最初的欧洲移民抵达北美，到美国独立。这一时期，美国人更多视自己为在美洲的英国人。二是从美国独立战争开始，到第二次美英战争。这一时期美国人开始思考民族意识问题，但仍处于相当模糊的阶段。三是从美英第二次战争开始，到美国南北战争也就是内战结束。这一时期美国人对美利坚民族意识的认识日益强烈。四是从美国内战结束，到在内战中损毁严重的南方重建时期。这时美国人的整体民族意识基本形成。五是从19世纪末美国对西班牙战争开始，到美国参加第二次世界大战。这一时期美国通过美西战争、第一次世界大战和第二次世界大战成为世界主要强国，美国的民族意识进一步强化。六是从第二次世界大战结束到现在。第二次世界大战后至今，美国作为无与伦比的超级大国，在全球范围内实施霸权政策，致力于维护并巩固美国对世界秩序的主导权。

第一节　美国国家特性中的文化民族主义

文化是把每一个个体联结在一起的纽带，由普遍认同的符号、特征及规则组成，塑造并约束我们的生活，构建我们周围的世界。文化决定不同的人群为什么不同，"我们"为什么不是"你们"，以及"我们"与"你们"的区别是什么。正因此，文化既是国民特性的核心要素，也是国家特性的核心要素。与此同时，"文化"被认为是英语语言中为数不多的最复杂的单词之一。它既是一个历史发展的概念，也是一个内容极为庞杂的概念。什么是文化？简单而言，文化指的就是"一群人的生活方式，换句话说，就是这一群人是如何生活的"。[1]那么"这一群人的生活方式"要能被称得上是文化，应该包含什么共性的内容？在美国这样一个移民国家，文化及文化民族主义问题尤为复杂。

一、美国国家特性的关键性决定因素

美国学者沃伦认为，文化应该包括以下要素：一是共有一个社会的主导性价值观念；二是共有引导社会变革走向的价值观念；三是共有一种语言；四是共有宗教信仰；五是共有在日常生活中被认为是正确的行为举止；六是共有在科学、艺术、文学、音乐等方面最高的知识和艺术成就；七是共有正式的传统和礼仪；八是共有生活的方式，包括建筑风格和土地使用模式。[2]

美国国家特性主要包括四个组成部分：人种、民族属性、文化以及政治。随着人口的变化和历史的演进，人种和民族这两种要素在进入19世

---

[1] Warren Kidd, *Culture and Identity*, London: Palgrave Macmillan, 2002, p.5.

[2] *Ibid*., p.9.

纪以后重要性日益下降，有些人甚至认为这两种要素可以忽略不计，文化与政治上升为国家认同最重要的内容。亨廷顿认为，文化所包含的最突出内容是语言和宗教，政治实质上就是意识形态，也就是所谓的"美国信念"。在亨廷顿看来，一个人是否认同美国文化，关键在于他是否认同基于17—18世纪的英国殖民者带来的盎格鲁-新教文化，这其中包括基督教、英语、英式法治理念、个人权利理念以及对天主教持异议的新教价值观，如个人主义、工作道德以及相信人有能力、有义务努力创建尘世天堂，即"山巅之城"。亨廷顿解释说，他所说的"文化"具有民族主义的特性，"信念"则是意识形态层面的概念。[1] 事实上，决定美国国家特性诸要素的重要性并不是一成不变的。如今，人种和民族或种族问题又变得相当突出，亨廷顿自己也因此提出了"我们是谁"这样的疑惑。

探讨美国文化与国家特性的关系，有一个问题必须要解答，即究竟是"信念"还是"文化"决定美国国家特性？关于二者谁是决定美国特性的核心要素，美国学者对此存在不同的看法。美国社会学家艾伦·沃尔夫（Alan Wolfe）认为，一种民族文化就是由一个种族集团或者种族决定的生活方式，它要求所有人都顺应它。但国家（National）信念只是一套关于美国应该是什么的观念，它是向所有人开放的，无论其信仰、民族或者种族如何。他指出，对信念的认同在美国特性中居于中心位置，在盎格鲁-新教文化精英变得反动和缺乏进取精神时，它通过吸收新的移民团体来增强其活力。[2] 在沃尔夫看来，美国信念显然是界定美国特性的核心因素。

对美国信念的重要性，美国学者有不少认识。亨廷顿认为，美国信念

---

[1] （美）塞缪尔·亨廷顿：《我们是谁——美国国家特性面临的挑战》，程克雄译，新华出版社2005年版，第183页。
[2] Alan Wolfe, "Native Son: Samuel Huntington Defends the Homeland," *Foreign Affairs*, May/ June, 2004, Vol.83, No.3, p.120.

就是美国意识形态,而美国就是基于意识形态而非强调民族特性的国家。由于来到美国的移民都向往美国的生活方式及价值观念,美国的意识形态具有吸纳和同化这些移民的强大力量。他在20世纪80年代前对美国的前途和未来十分乐观,深信不同背景的移民以及他们给美国社会带来的多元化是积极的因素,这些都将给美国带来活力和创造力。他认为,美国在文化上越是变得具有多样性,在确立美国人的共性时,"美国信念"的政治价值就越重要,多样性正是其力量之源泉。[1] 然而,自20世纪90年代以来,亨廷顿的观点发生明显变化,越来越倾向认为对美国国家起决定性作用的是盎格鲁-新教文化,而所谓"美国信念"只是这一文化的产物。

在农业主导阶段以及工业化时代,美国出现了大量的移民,包括在南方从事农业生产的被贩卖的黑奴以及在北方工作的劳工。移民带来多元的文化。在由农业国向工业国的过渡阶段,国内制造业的大发展需要大量的劳动力,于是大批的移民纷纷涌入。在移民过程中,欧洲移民成为信奉盎格鲁-新教的美国人,这在很大程度上是由于来自进步政治家、知识分子以及像亨利·福特(Henry Ford)这样的工业界领袖等组成的庞杂联盟的压力。罗斯·杜索特(Ross Douthat)指出,这个联盟努力对移民在语言、道德观念以及市民观念等方面进行教育。不仅如此,移民还面临来自移民社会内部的压力。他们的种族和宗教领袖——主教和犹太传教士以及政治人物和老板经常带头鼓励同化,号召他们顺应美国的文化,颂扬美国的民族主义。[2]

随着全球化进程不断加快,美国经济进入非工业化阶段。在交通、信息等技术迅速发展的全球化背景下,国家与国家之间在各个领域、各个层

---

[1] Daniel Lazare, "Diversity and Its Discontents," *The Nation*, June 14, 2004, p.18.
[2] Ross Douthat, "Who We Will Be," *Policy Review*, Oct / Nov. 2004, Vol.127, p.78.

面的交流空前活跃。美国作为全球化进程的领导者，无论是个人、企业，还是政府或非政府组织，都成为国际交往和跨国流动的带动力量。然而，全球化的发展使美国的国家认同问题也面临新情况和新挑战。国家、国界等概念变得模糊起来，特别是美国精英人士对国家的认同观念变得淡薄。在相当一段时期内，美国大公司把自身利益与国家利益紧密结合在一起，他们常常出资协助国家对移民进行同化。然而，当那些大公司变成跨国公司后，他们的利益范围已经不再局限于国内，哪里有利可图哪里就是他们的去处。亨廷顿说，福特、安泰、摩托罗拉等大公司都强调其跨国身份，不少著名的学者常常攻击民族主义，他们对国籍的观念发生变化，自视为"世界国民"。[1]

威廉·普法夫认为，美国建立在政治契约或条约之上，它使越来越多的不同祖先、不同宗教或者不信教的美国人能够共有一个政治理念和宪法系统。信奉本土主义的历史学家强调农业的作用和以个人主义、独立主义和自力更生为内涵的边疆精神。他们声称盎格鲁－撒克逊人良好的种族遗传加上殖民地和边疆精神的影响等，这些都塑造了美国人具有特色的个性品质。他们指责新移民，认为是他们的涌入使美国从早年的理想主义转变成现在彻底的物质主义。反地方主义者则认为，对自由充满理想主义向往的新移民可以把美国人从重商主义和物质主义中拯救出来。[2]

---

[1]（美）塞缪尔·亨廷顿：《我们是谁——美国国家特性面临的挑战》，程克雄译，新华出版社 2005 年版，第 7 页。
[2] William Pfaff, "A Radical Rethink of International Relations," *International Herald Tribune*, October 3, 2002. p.38.

二、早期定居者与后来移民的文化影响之争

如何界定美国文化，一直是美国人面临的困惑。来自世界各地的移民带着自身不同的国家背景、民族背景和文化背景，汇聚到美国。什么是美国文化的核心要素？应该由谁来裁定何为美国的核心文化？这些问题从美国立国伊始就一直存在。争论的焦点在于，美国文化核心要素的决定者究竟是早期的定居者还是后来的移民。亨廷顿认为，"美国的核心文化向来是，而且至今依然主要是17—18世纪创建美国社会的那些定居者的文化"。[1] 他所说的定居者文化，指的就是最早由英国移民带来的盎格鲁－新教文化。在亨廷顿看来，来自英国的早期移民并不是"移民"，而是迁徙到北美的"定居者"。这样一来，定居者对美国文化形成的重要性当然就远在移民之上。他认为定居者和移民有根本的区别，定居者是离开一个现有的社会，通常是成群出走，以便建立一个新的群体，建立"山巅之城"。按照他的解释，定居者的目的地通常是一个新的、遥远的疆域，他们往往充满一种集体目的感，他们以不同方式遵守一个协约或章程，与原籍国保持何种关系是一种集体行为。与定居者不同的是，移民只是从一个社会转移到另一个不同的社会，他们不建立新的社会，他们只是作为个体或家庭进行人口流动，并根据个人的意愿决定其与原籍国的关系。[2] 亨廷顿所认为的早期定居者决定了美国文化要素的观点，在美国具有相当的市场。

然而，以亨廷顿为代表的上述观点并不被美国人所一致接受。美国由不同种族和不同文化背景的移民组成，应当说，美国文化是由所有来到美国的"美国人"一起创造的。经过约三百年人口结构的变化，真正祖籍是

---

[1]（美）塞缪尔·亨廷顿：《我们是谁——美国国家特性面临的挑战》，程克雄译，新华出版社2005年版，第36页。
[2] 同上书，第35页。

英国的移民已经不占美国人口的多数。这自然也给早期定居者是美国文化的主要创造者这一观点提出了越来越大的疑问。人口结构的变化，必定带来文化要素的变化。后来的移民抵达美国之后，面临两方面选择：一是将自己融入到美国社会已经存在的文化中去；二是保留自己原有的文化，并把自己的文化与已经存在的文化融合起来，这实质上就对已经存在的文化进行了改造。在这一过程中，他们的经历并不总是快乐的，甚至往往是痛苦的。一来后来的移民对故土难以分割，二来他们到美国后通常被视为二等公民，这就影响了他们对美国的认同感。这就是为什么来自亚洲、非洲及拉美的移民与欧洲裔的白人社会很难真正融为一体，很难真正打成一片。尽管美国社会推崇人人平等，但事实上的不平等才是美国社会不同文化及种族背景的移民所面临的活生生的现实。

由于上述原因，美国虽号称"民族大熔炉"，但不同种族之间的分歧却不时显现，矛盾有时表现得相当突出。20世纪60年代出现的移民浪潮中，一个十分引人关注的现象便是一些非白裔移民拒绝融入以盎格鲁－撒克逊文化为核心的美国社会。在这些人中间，来自拉美的讲西班牙语的移民最为典型。他们来到美国后，不愿放弃原来的语言、文化和习俗，这使得他们的同化问题变得十分突出。比较显著的一个例子是，大批来自墨西哥的移民集中居住，形成很多西班牙社区。无论是在纽约，还是在加利福尼亚，人们在商店、超市及旅馆会经常遇到许多讲西班牙语的人。如今，西班牙语是美国的第二大语言，不少电视台及电台都有西班牙语节目。如果墨西哥移民继续涌入，将会对美国社会的同化产生很多负面影响，这也成为很多美国精英担心的问题。而如果他们的数量持续增长，势必会形成美国社会中的奇特现象，即美国大社会中形成小社会，最终可能导致社会分裂。亨廷顿十分警惕地指出，若长此以往，美国将会被分裂成为一个两种语言、两种文化的国家。[1] 而一旦美国变成这样一个国家，这将意味着已经存在了三个世纪的美国的终结。[2] 约翰·沙利文（John Sullivan）也指出，一个没有共同文化的社会根本就不是一个社会，一个移民大规模持续涌入的社会将慢慢不再拥有共同的文化。[3]

针对盎格鲁－新教文化是否是美国文化的核心这一问题，美国一些学者持有不同的看法。约翰·兹米拉克（John Zmirak）和杰里米·布莱克（Jeremy Black）认为，美国独立之前的定居者也存在多样性和分裂性，美国的诞生是分裂和冲突的结果，而在冲突的两边都是盎格鲁新教徒（Anglo-Protestantism）。既然如此，到底什么是盎格鲁－撒克逊文化的核心要素呢？这很难下定义。从这个意义上看，说早期定居者的盎格鲁—新教文化就是美国的核心文化这一观点，无异于一种神话。与此同时，对殖民地时期其他移民所发挥的作用，也不应该低估。他们指出，亨廷顿忽视了盎格鲁－新教世界内部分裂的程度及其影响[4]，过多地强调了现代美国的基督教特性。他们认为，亨廷顿这样做可能是为了强调当前的威胁，特别是来自多元文化主义、拉美裔移民和双语主义的威胁。但这样一来，亨廷顿贬低了盎格鲁－新教文化受早期移民以及移民所给予的密切关注所造成的影响。[5] 艾伦·沃尔夫（Alan Wolf）举例说，新教徒之间对于盎格鲁－新教文化的理解有很大出入。美国立国之时，弗吉尼亚有新教圣公会，苏格兰地区有长老会，罗得岛是浸信会教徒，宾夕法尼亚主要是德国人和英国教友会信徒，马里兰主要是天主教徒。新教徒在英格兰曾经是持异见者，但他们在

---

[1] Samuel P. Huntington, "The Hispanic Challenge," *Foreign Policy*, March/ April 2004, p.44.
[2] *Ibid*., p.45.
[3] John O. Sullivan, "American's Identity Crisis," *National Interest*, April 2009, p.41.
[4] John Zmirak & Jeremy Black, "Problems of Identity in America: Two Views," *Modern Age*, Summer 2005, Vol.47, No.3, p.281.
[5] *Ibid*., p.282.

马萨诸塞、纽约和新泽西不被排斥。[1] 由此可见，美国核心文化的形成是一个历史过程，来自不同国家、不同教会和不同文化背景的移民都做出了自己的贡献。

三、本土文化与外来文化的源泉之争

由于美国移民及人口构成的特殊性，对什么是美国文化的源泉，美国人一直存在争论。本土文化和外来文化，究竟谁才是构成美国文化的主要来源？近年来，伴随着通信技术的普及、交通的发展、大众文化的同质化以及大工业生产的标准化，美国人各不相同的行为习惯正在逐渐减少。美国知识界及社会精英对社会多样性和文化多元化普遍持积极态度，加上政治人物出于选举的需要竭力迎合选民，对新移民保持他们母国的语言和文化习俗加以鼓励，这就使美国的国家认同问题变得突出起来，由此导致本土文化与外来文化的碰撞相对激烈，也引发人们更深层次地思考外来文化与本土文化的关系。

事实上，我们很难将美国文化分为本土的和外来的，因为很大程度上可以说美国文化都是外来的，从世界各地移植到美国去的。尽管如此，一些学者仍然试图将本土的和外来的加以区分，尤其是亨廷顿在这方面下了很大功夫。他对美国国家特性形成的历史过程进行了较为全面的梳理并指出，欧洲人特别是英国人在17—18世纪陆续到达北美大陆，带来了他们母国的宗教理念和文化价值观，并逐渐形成了独特的所谓"定居者文化"。这一文化的核心原则是自由、平等、民主、个人主义、人权、法治和私有

---

[1] Alan Wolfe, "Native Son: Samuel Huntington Defends the Homeland," *Foreign Affairs*, May/June, 2004, Vol. 83, No. 3, p.122.

财产制。[1] 在亨廷顿看来，这一文化价值观一旦形成，就成为美国社会的主导性文化，以后的移民可能会在这一文化的补充和修改方面发挥作用，但不可能在根本上改变它。亨廷顿把移民分成定居者和后来的移民，并人为地把他们分成本土派和外来派，这本身很难说是科学的、合理的。但不可否认的是，直到现在，美国社会的核心价值观和文化传统依然是从欧洲特别是英国传承而来的。

以"定居者文化"为核心的美国文化的影响是广泛的。英国文学评论家悉尼·史密斯（Sydney Smith）在1820年曾经说道："放眼全球，谁会去看美国的书？或者去欣赏美国戏剧？"事实上，后来美国文学艺术的发展是史密斯不曾预料到的。两个多世纪以来，美国民主共和主义、文化殖民主义、种族多元主义、个人对政府干涉的抵制、围绕边疆开拓经历建立起来的神话、欧洲文明遗留的影响等等，这些都成为美国文学艺术表现的重要内容。不断努力争取现实与理想之间、当前与永恒之间的最佳平衡，成为美国文学的主要旋律。尼娜·贝姆（Nina Baym）在《构建民族文学》一文中认为，"一部作品优秀与否取决于它的道德观，美国文学应该突出反映民族性格的范例并激发对民族主义的认同。为此，必须将美国作为文学的主题。美国作家关注的主要问题是美国的民族身份。例如，是什么样的性格特征使美国人与其他民族的人有所不同？到底谁可以被称为美国人"等。[2] 理查德·莱汉（Richard Linehan）在其文章《文学和价值观：美

---

[1]（美）塞缪尔·亨廷顿：《我们是谁——美国国家特性面临的挑战》，程克雄译，新华出版社2005年版，第41页。
[2]（美）尼娜·贝姆：《构建民族文学》，转引自卢瑟·S.路德克主编：《构建美国——美国的社会与文化》，王波、王一多等译，江苏人民出版社2006年版，第185页。

国鲁滨逊与西部理念》中也指出，美国文学展示了美国的国家特性。[1] 在美国人看来，英国作家丹尼尔·笛福（Daniel Defoe）笔下的鲁滨逊·克鲁索（Robinson Crusoe）集中体现了美国人的特性，因此在许多美国作家笔下便出现了众多的"美国版鲁滨逊"。[2] 马克·吐温1889年在《亚瑟朝廷里的康涅狄格州美国人》中，发挥其超常的想象力，塑造了汉克·摩根（Hank Morgan）这一美国式鲁滨逊的故事。而他在《密西西比河上的生活》中又展现了对过去生活的怀念，显露出人在改变自然及改变生活后的惆怅。

马克·吐温是"定居者文化"的代表人物，他的作品反映了典型的美国精神。马克·吐温在1884年完成《哈克贝利·费恩历险记》，小说以美国内战前密西西比河流域的风貌为背景，展示了当时美国社会的生活画卷。它描绘了对自由的追求、对良知的歌颂、对奴隶制的批判、对个人英雄主义的赞美、对田园生活的向往和人们在工业发展和回归自然之间的内心挣扎。哈克贝利·费恩这个人物形象充分表达了美国人所具有的自由、决心、毅力、良知、乡愁及个人主义等性格特点。可以说，这些性格特点既是哈克个人的特点，也是美国文化价值观中的核心要素，它反映了美国国民的特性及美国国家的特性。正因此，这部小说被认为是美国文学史上的重要作品，是一个辉煌的里程碑，无论是对美国文学还是对世界文学都产生了深远的影响。美国著名作家海明威（Ernest Miller Hemingway）甚至称："一切现代的美国文学都来自一本书，即马克·吐温的《哈克贝利·费恩历险记》。这是我们所有书中最好的。在它之前，或在它以后，都不曾有过能与之相

---

[1]（美）理查德·莱汉：《文学和价值观：美国鲁滨逊与西部理念》，转引自卢瑟·S.路德克主编：《构建美国——美国的社会与文化》，王波、王一多等译，江苏人民出版社2006年版，第201页。

[2] 丹尼尔·笛福（1660—1731），英国小说家，英国启蒙时期现实主义小说的奠基人，代表作是《鲁滨逊漂流记》。

媲美的作品"。[1]

第一次世界大战之后，美国文化呈现新的复杂局面，开始转向现代化、城市化和国际化。如今，娱乐、体育和大众传媒是美国最大的商业。娱乐业越来越代表金钱、资源和房地产的巨大集中。无论是在加利福尼亚或佛罗里达的迪斯尼乐园，还是在纽约的百老汇大街，人们都可以明显感受到这一点。不少美国评论家对这种现象也提出了批评。罗伯特·奥斯本（Robert Osbourne）指出，无聊的泡沫文化正在将美国淹没。诺曼·库辛（Norman Cousin）也指出，"低级庸俗的东西已经侵蚀了这个国家的文化，似乎大家都在激烈地竞争，特别是在娱乐界，看谁的品味更低一些"。亨利·斯高尼亚（Henry Skornia）感叹整个国家对名人、金钱和物质的迷恋让人感到非常迷惑。[2] 富兰克林·罗斯福疾呼，"幸福并不是建筑在仅仅拥有金钱上，它建筑在取得成就的欢欣和创造性工作的激动上，切莫在疯狂追逐瞬息即逝的利润中忘记工作所带来的欢乐和精神鼓舞"。[3] 约翰·F. 肯尼迪（John F. Kennedy）在1961年就职演说中大声疾呼，"我的美国同胞们，不要问你的国家能为你做些什么，而是应该问问你自己能为你的国家做些什么"。[4]

《经济学家》文章认为，文化同化在美国历史上是非常复杂的现象。

---

[1]（美）尼娜·贝姆：《构建民族文学》，转引自卢瑟·S. 路德克主编：《构建美国——美国的社会与文化》，王波、王一多等译，江苏人民出版社2006年版，第187页。欧内斯特·米勒尔·海明威（1899—1961），美国作家和记者，代表作《老人与海》获得诺贝尔文学奖，被认为是20世纪最著名的小说家之一。

[2]（美）诺曼·科温：《娱乐与大众传媒》，转引自卢瑟·S. 路德克主编：《构建美国——美国的社会与文化》，王波、王一多等译，江苏人民出版社2006年版，第241页。

[3] Diane Ravith, *The American Reader*, New York: HarperCollins Publishers, 2000, P.433。作者引用的是1933年富兰克林·罗斯福第一任就职演说中的内容。

[4] John F. Kennedy, "Inaugural Address, January 20, 1961," in Gregory R. Suriano ed., *Great American Speeches*, New York: Gramercy Books, 1993, p.220.

后来的移民既要适应美国社会已经存在的主流文化，又要试图保持自己原籍国的文化特性，如此使得美国文化更具多样性、更加丰富。随着时间的推移，这些移民的认同肯定会发生变化的，这些移民能够同时接受不止一种文化。[1] 从总体上看，不论是最早移居美国的人还是后来的移民都怀着一个美国梦，为的是"更加民主的公共生活、更加安全的经济环境以及让他们的子女生活得可能更好等"[2]。他们大多愿意按照法律行事，在监督、制衡和分权的政府体制下生活。[3] 因此，移民的进入对美国的国家特性产生了很大的影响。但由于美国本土的政治、经济和文化的影响力，他们对美国国家特性的影响还是有限的，并不能从根本上改变美国国家特性，只是使得美国国家特性日趋国际化而非独一化。

四、移民国家背景下的民族主义

作为一个移民国家，文化的多样性和多元化使得美国的民族性变得十分复杂，是否存在美国民族主义也成为一个疑问。正因如此，"我们是谁"等问题纷纷出现。事实上，美国民族身份的困惑并没有阻止美国民族主义的形成。一个奇特的现象是，美国是一个民族情绪非常强烈的国家，但它并不觉得自己是这样。美国的政策制定者们也非常不赞成其他社会存在民族主义势力。这种自相矛盾给美国的对外政策带来了很大影响。

一些民意研究机构发现，美国人表现出的民族自豪感程度比其他西方

---

[1] "United States: A Question of Identity," *The Economist*, Mar. 6, 2004, Vol. 370, Iss. 8365, p.54.
[2] Miguel A. Centeno, "Who Are You?" *Contexts*, Winter 2005, p.56.
[3] Lawrence H. Fuchs, "Mr. Huntington's Nightmare," *The American Prospect*, Aug. 2004, Vol. 15, No. 8, p.71.

国家都要高。芝加哥大学的研究员们在报告中指出，在"9•11"恐怖袭击事件以前，接受调查的美国人有90%的人认同"我宁愿当美国公民而不当世界其他国家的公民"的说法；38%的人承认"如果其他国家都像美国那样，这个世界会变得更好"的说法。然而"9•11"事件之后，这两个数字分别为97%和49%。《世界价值观调查报告》也表明了类似的结果，即超过70%的被调查对象称他们为自己是美国人感到"非常自豪"。相比之下，在包括法国、意大利、丹麦、英国和荷兰在内的其他西方民主国家进行的调查显示，不到50%的被调查对象为自己的国籍感到"很自豪"。

美国人不仅对他们自己的价值观感到非常得意，而且还认为它是"放之四海而皆准"的真理。根据《皮尤全球态度调查报告》的统计，在接受调查的美国人中，有79%的人同意"美国的观念和习俗在全世界普及是好事"之说法；70%的人说他们"喜欢美国的民主观念"。然而，这些观点即使是在西欧这个自由和民主的另一个堡垒，也并没有被完全普遍地接受。皮尤调查报告显示，在进行调查的西欧国家中，赞成推广美国观念和习俗的人不到40%，喜欢美国民主观念的不到50%。[1] 而在美国的社会、文化和政治实践中，很容易就可以找到体现美国人坚信他们自己的政治观念和制度比别人优越的现象，如学校日常的宣誓仪式、大型体育赛事开幕前的国歌演奏以及无处不在的美国国旗等。

为什么一个民族情绪非常高涨的社会坚持认为自己不是那样的呢？裴敏欣认为，这种自相矛盾的根源在于支持美国民族主义持续存在的力量。毫无疑问，科学技术方面取得的巨大成就、强大的军事实力、经济财富和无可匹敌的全球政治影响力，这些都可以产生强烈的民族自豪感。但是，

---

[1] Pei Minxin, "The Paradoxes of American Nationalism," *Foreign Policy*, May/June, 2003. pp.42-48.

日常生活中许多不同的表现方式使得美国的民族主义非常特殊。美国民族主义最强大的源泉是公民的自愿主义，即普通公民愿意通过个人行动或社团的形式为公众事业出力。外界的一些观察家，从19世纪早期的法国哲学家托克维尔开始，从来就没有停止过对美国这种民族主义源泉的困惑。托克维尔说，"美国人，不管年龄大小，不管地位多高，也不管个性如何，他们都参加社团"。[1] 托克维尔赞赏美国人依靠自己而不依赖政府解决社会问题。

美国的社会生活深受基层群众推动，这使得美国民族主义在表现形式上颇有特点。传统上看，促进和支撑美国民族主义的制度和做法大都不是政治性的，参加仪式是自愿的而不是强制的，反复宣扬的价值观是人们自愿接受的而不是"硬灌"的。美国人通常认为，在世界其他地方，国家在宣扬民族主义这方面发挥着不可或缺的作用，而民族情绪常常是上层人物操控政治的一种产物。但在美国，尽管个别政客常常试图利用民族情绪来达到自己的政治目的，可是国家并不插手。譬如，美国没有任何联邦法律规定在学校必须参加宣誓仪式，在重大体育赛事的开幕式上要唱国歌，或者强迫在私人楼舍上挂国旗，等等。试图利用国家权力使美国民族主义制度化的任何努力都会遭到强烈抵制，因为人们普遍担心政府可能会因此侵犯美国人的个人自由。

美国的民族主义是客观存在的，而且很引人注目。但颇为奇怪的是，美国人并不注意他们有民族主义。即使注意到了，他们也不承认那就是民族主义。他们相信，那只是他们的政治信念。这在很大程度上是因为美国民族主义是以政治理想，而不是文化理想或民族优越性为基础的。小布什总统（George Walker Bush）2002年7月4日在纪念美国独立226周年讲

---

[1] Pei Minxin, "The Paradoxes of American Nationalism," *Foreign Policy*, May/June, 2003.

话中曾经指出，"不存在美利坚民族，只有美利坚信念"。在美国人看来，这种信念的优越性是不言而喻的。美国的政治制度和理想加上在实践中取得的成就等使得美国人坚信他们的价值观应该是普遍性的。相反，当美国人受到威胁时，他们认为对他们的攻击主要是对他们所持价值观的攻击。美国的上层人物和公众对"9•11"恐怖袭击事件的解释就很清楚地反映了这一点。大多数人都很干脆地接受了这种观点，即恐怖袭击是对美国民主自由和制度的攻击。由于美国的民族主义以政治理想为基础，美国仍然被看作是一个文化和民族大熔炉的社会。[1]

美国民族主义的核心理念是其带有普遍性的政治价值观和对美国实力抱有必胜的信念。这与其他国家的民族主义观念有着很大的区别，这也使得美国很难理解其他国家的政策。华盛顿官员不能理解对美国利益追求保持中立的国家。正因此，小布什总统在反恐斗争中认为"你如果不支持我，就是反对我"。裴敏欣指出，鉴于美国民族主义的特点，美国在国外的行为在其他国家看来往往是虚伪的。当美国以捍卫自己主权为名破坏国际制度（譬如《京都议定书》、国际刑事法院和《全面禁止核试验条约》）时，这种虚伪性尤为引人注意。这种破坏多边协议的做法或许在国内会赢得分数，但在美国之外的人们看来，美国人一方面信奉带有普遍性的价值观和理想，另一方面美国政府在国外努力寻求狭隘的国家利益，这两者不相符合。

随着时间的推移，美国自相矛盾的做法对美国国际威望和合法性的损害日益明显。观察家们指出，政治理想、民族自尊和相对孤立集于一身，美国民族主义往往在国外会令人产生复杂的情感。许多人羡慕它的理想主义、普遍性和乐观主义，承认美国的实力和主导地位对全球和平与繁荣有着不可或缺的作用。但有些人反对美国民族主义，认为它是专横、伪善、

---

[1] Pei Minxin, "Paradoxes of American Nationalism," *Foreign Policy*, May/June, 2003.

霸道的表现。当美国民族主义推动国家的对外政策时，它就会激起广泛的反美情绪。[1] 2001 年发生的"9•11"恐怖袭击事件，是伊斯兰世界反美情绪的极端表现。美国以军事打击、武力高压的手段在广大伊斯兰国家发动反恐战争，一方面激发了美国自身民族主义，另一方面招致更多非议。2017 年 1 月 20 日，特朗普就任美国总统，通过宣扬"美国优先""让美国再次伟大"等口号大肆煽动民族主义甚至民粹主义，给美国政党政治、社会包容、种族融合等带来严重影响。

第二节　美国国家特性中的宗教因素

宗教在美国国家特性中具有非常独特的地位，它被认为是文化的灵魂。克里斯托弗·道森（Christopher Dawson）曾经指出，"如果我们把一种文化作为一个整体来研究，我们会看到，在它的宗教信仰与它的社会成就之间就有着一种内在的联系"。[2] 从美国强大的深层次社会影响来看，社会稳定及秩序与宗教有着密切的关系，遍布各地的教会组织和教堂实际上成了维系社会的、在国家机构之外最重要的机制。[3]

---

[1] Pei Minxin, "The Parodox of American Nationalism," *Foreign Policy*, May/June, 2003.
[2]（英）克里斯托弗·道森：《宗教与西方文化的兴起》，长川某译，四川人民出版社 1989 年版，第 5 页。
[3] 关于宗教对美国社会、政治及选举的影响，笔者曾陆续发表过多篇文章，主要有：《宗教、族裔与美国总统大选》，《国际问题研究》2012 年第 3 期；《美国 2010 年人口普查反映出的一些重要动向》，《国际观察》2012 年第 3 期；《种族，奥巴马无法摆脱的竞选障碍？》，《世界博览》2012 年第 8 期；徐行（笔名）：《宗教、道德与美国国家特性危机》，《华夏时报》2008 年 2 月 4 日。

一、宗教在美国社会中的地位

约翰·亚当斯认为，一个共和国必须由纯宗教或严格道义来予以支持，美国的宪法是为讲道德和信教的人们而制定的。美国人将宗教精神与自由精神结合在一起，宗教在美国被视为政治体制的第一项。在美国，权力分散的社会深深根植于基督教关于共同体和德性的理念里。林肯对宗教尤为虔诚，他认为每个国家和个人都应当有依靠全能上帝之心和谦卑痛悔之灵，应当坚信对上帝真诚的忏悔会带来怜悯和宽恕。他告诫美国人，《圣经》里宣告的东西已经被历史所证实，是至高无上的真理，尊崇上帝的国家必蒙恩祝福。[1] 美国人赞成开国先辈的观点，即美国的共和制政体需要有一个宗教基础。在美国，如果一个人明确宣称自己不信上帝或者不信教，他将很难在社会上立足，也很难被周围的人所接受。正因此，很多移民移居美国后，都会改为信教。

约翰·温思罗普（John Winthrop）是北美大陆的清教领袖，他于1630年首先提出"山巅之城"的概念，为未来诞生的美利坚合众国打下了深刻的宗教烙印。他指出，"我们将成为山巅之城，全世界人民的目光都在注视着我们。因此，如果我们在实现这一事业的过程中辜负了我们的上帝，并致使上帝不再像今天这样帮助我们，那么我们终将只给人们留下一个故事并成为全世界的笑柄"。[2] 温思罗普对马萨诸塞和新英格兰的建设做了

---

[1] Diane Ravitch, *The American Reader*, New York: HarperCollins Publishers, 2000, p.167. 作者引用的是亚伯拉罕·林肯总统1863年发表的《感恩节宣言》。
[2] 约翰·温思罗普（1588—1649），英属北美时期马萨诸塞湾殖民地的重要人物，1588年生于英国萨福克郡爱德华斯顿的格罗顿庄园。其建立"山巅之城"的理想和纲领，见于温思罗普1630年题为《基督教仁爱的典范》的布道演说中。

很多事情，但最有影响的一点是，他提出并实践了在新大陆建立一座"山巅之城"的理想和纲领。事实上，他提出的思想及其实践所产生的巨大影响远远不限于马萨诸塞和新英格兰，而是及于整个美利坚文明并超出美国的范围。自《圣经》提出建立"山巅之城"以来，世界上还没有别人将有关理想和实践如此结合在一起的范例。

关于宗教在美国的社会地位，国内外很多学者都进行了研究。董小川教授在深入研究后总结了五点：第一，从人的精神世界出发，宗教是美国人个人的心灵慰藉；第二，从社会政治出发，宗教是美国国家的意识形态；第三，从群体心理意识出发，宗教是美国民族统一的道德观和价值观；第四，从社会价值出发，宗教是美国政治生活的添加剂；第五，从民族精神出发，宗教是美国事业的精神支柱。[1] 尽管美国自20世纪以来世俗化现象增长，但宗教在美国社会生活和政治生活中仍然占据极为重要的位置。[2] 2007年皮尤研究中心的统计显示，美国信奉基督教的人口占51.3%，信奉其他宗教人口的比例分别为：天主教23.9%，摩门教1.7%，犹太教1.7%，佛教0.7%，伊斯兰教0.6%，印度教0.4%，其他宗教1.5%。调查显示，美国人口中约92%的人表示相信上帝，即使在那些自称无神论者的人中也有21%表示相信上帝。[3] 在美国第112届国会众议员中，56.8%是新教徒，29.2%是天主教徒。[4]

美国是一个宗教国家，宗教种类繁多。社会学家罗伯特·贝拉（Robert Bellah）曾指出，在美国有一种"精微的、得到充分制度化的公民宗教"，

---

[1] 董小川：《20世纪美国宗教与政治》，人民出版社2002年版，第4页。

[2] 据统计，美国近年来宗教倾向较小的人口从1972年有相关数据统计以来的29%增加到42%。

[3] http://religions.pewforum.org/reports#，检索日期：2014年10月。

[4] http://www.usnews.com/news/articles/2011/04/20/religion-and-party-affiliation-go-hand-in-hand。

它拥有自己的一整套"信仰、象征和仪式"。然而，美国与伊斯兰国家的性质又不同，美国宗教最显著的特点是"多种虔诚"，即宗教的多样性和多形式。这些宗教包括新教、天主教、犹太教以及其他非基督教的宗教，甚至还包括不可知论者。但从人们信奉的基本教义和对社会生活影响最深的宗教观念看，基督教教义在美国占据最重要的思想地位。在欧洲移民到达西半球之前，美国土著居民有着自己的宗教，但这些宗教要么不被承认，要么被基督教传教士遣散。基督徒们四百余年来一直在成功地改变着当地人们的信仰。理论上，美国主张宗教自由，并没有规定何种宗教处于主导或核心地位。从这个意义上讲，所谓"美国信念"只是不提上帝的新教，美国公民的宗教则是不提基督的基督教。换而言之，"美国信念"是用一种世俗的概念来呈现新教的教义，是有着教会灵魂的国民的世俗信条。[1]

按照美国宪法规定，政教必须分离，任何宗教团体或宗教活动不应得到政府的支持，宗教团体对公共设施的利用不能得到许可。美国联邦法院甚至作出这样的裁定：如果在公立学校的仪式中提及上帝，那是非法之举。法律也不允许在公立学校的课堂上做祷告或在校内诵读圣经。美国有许多私立学校或教会学校，它们的宗教活动则不受上述限制。第二次世界大战以后，美国政府竭力避开与宗教进行任何接触，教会对公共生活的影响明显减弱。尽管如此，在美国国内，教会与国家的分离并未抹杀"政治领域的宗教维度"。宗教信仰和宗教活动虽属个人事务，但绝大多数美国人的宗教倾向中仍然具有某些共同的元素。这些共同的宗教元素既体现在对新教、天主教的总体认同上，也体现在对宗教文化的共同认知上。这不仅在美利坚制度创立的过程中发挥了关键作用，而且为包括政治活动在内的整

---

[1]（美）塞缪尔·亨廷顿：《我们是谁——美国国家特性面临的挑战》，程克雄译，新华出版社2005年版，第59页。

个美利坚人的生活提供了一种宗教维度，赋予政治权威以宗教上的正当性，使政治过程具有了一种超验的目标。因此，美国的公民宗教"并非是对美利坚国家的崇拜"，而是"体现在美利坚民族经历中的一种对普遍的、超验的宗教现实的真正理解"，即"从终极的、普遍现实的角度理解美利坚人的经历"。[1]

到了20世纪80年代，越来越多的美国人注意到，社会道德败坏问题变得日益严重了。面对如何拯救美国社会出现的道德危机，人们把目光纷纷转向宗教。因此，在20世纪80年代至90年代，美国出现了一次宗教复兴。针对信仰缺失、拜金主义、暴力犯罪等一系列的社会问题，人们希望能从宗教中找到合适的应对办法。在这种背景下，宗教在社会事务中的地位开始上升。到20世纪90年代，多数美国人赞成教会参与对社会和政治问题的评论，支持在公共生活中引入更多涉及宗教的内容。对于后来的移民而言，他们通常并非由于宗教的原因移民美国，因此宗教在他们的生活中并不占很大分量。尽管如此，他们在进入美国社会以后，无论是出于融入新环境的自主愿望，还是受到周围环境的被动影响，许多人对宗教产生了很大的兴趣。

二、宗教因素与美国政治生活的关系

美国宪法第一修正案确立了美国政教分离的原则，但1971年美国最高法院首席大法官伯格（Warren Burger）在一份判决书中指出，"我们以前的裁决未要求政教完全分离。从绝对意义上说，完全分离是不可能的。政府同宗教组织之间的某种关系是不可避免的……分离的线远非一堵墙，

---

[1] Robert N. Bellah, "Civil Religion in America," *Daedalus*, Winter 1967; Or Russell E. Richey & Donald G. Jones, *American Civil Religion*, New York: Harper & Row Publishers, 1974, pp.21-24.

而是一个模糊的、不清晰的、因某种特殊关系的所有情况而变化的障碍物"。[1] 伯格的这番话是对美国社会中宗教影响的客观描述，也反映了美国精英们在面对社会出现道德危机时产生的对宗教发挥更大作用的期待。美国公民个人在宗教信仰多元化上已无阻力，但在涉及国家政治的公共生活中，宗教多元化还远未实现。对那些能够定义美国总体生活方式的政治信仰原则的争夺，实则上就是对议会、白宫和法院控制权的争夺。其他人即使与多数人持有不同意见，他们仍可以保持个人信仰，但没有权利施加公共影响。这就为宗教团体积极影响政治形成了相当的利益驱动。与之相应，美国政治的开放性，如三权分立、联邦制、选举制等，以及美国民族的多样性，宪法保障，政府支持及教会自身强大的组织和动员能力，都为宗教参与政治提供了丰厚的内外条件。

如何对美国政治发挥影响，宗教团体的办法很多，大体有直接和间接两种。所谓直接的方式，就是对政府进行游说，宣传自身观点，或者动员宗教信仰者在选举中明确立场，支持或反对某位竞选者，达到影响政治人物政策主张的目的。由于宗教在美国社会生活中扮演着重要的角色，因此宗教组织作为一种社会力量，会通过支持或反对政府的某项政策，来显示自己教派或团体的力量。任何政治人物都不敢低估宗教组织的动员力和号召力，他们对宗教团体极为重视。在美国重要的选举结束后，相关研究机构或民意调查机构都会公布宗教团体的投票倾向，这就出现了诸如"白人清教徒选票""天主教徒选票""犹太教徒选票"等说法。随着宗教团体增多，"穆斯林选票""摩门教选票""印度教选票"等纷纷出现。另一方面，所谓间接的方式，就是宗教组织利用它们在社会慈善服务机构和私立教育体系中所具有的强大社会资本，来帮助或反对政府及政治人物的政

---

[1] 刘澎：《当代美国宗教》，社会科学文献出版社 2001 年版，第 251 页。

策主张，进而推广其影响，并干预政府决策或政策的实施。政府或政治人物考虑到宗教团体的影响力，往往相当倚重它们的力量，会借助其维持社会的有效运转和政策主张的有效实施。

透过对近些年宗教在美国总统选举中的影响，我们可以更深入地分析并探讨这一问题。美国政治文化的集中体现是选举。从总统、国会到地方城市，选举贯穿于美国社会的方方面面。可以说，美国社会的选举不仅是政治，也是文化。总统选举是美国人最重要的政治参与方式，也是体现美国国家特性的重要载体。2004 年总统选举因所谓"道德问题"（Moral Issues）[1]和福音派新教徒对小布什的鼎力支持，使得宗教因素在大选中出尽风头。2008 年总统大选由于黑白混血的奥巴马（Barack Hussein Obama）、身为女性的希拉里（Hillary Clinton）和年逾古稀的麦凯恩（John Mccain）参选，成为一场所谓"黑人、女人和老人的战争"，引起人们对美国族裔、性别和年龄等人口因素的再思考。2017 年特朗普就任美国总统，他在选举及执政期间，政策取向明显偏向右翼保守势力，美国政治极化和社会撕裂加剧。2021 年，拜登击败特朗普入主白宫，政策由保守偏右向中间靠左回摆，但不同宗教文化信众之间的隔阂远未消弭。

要考察美国总统大选，首先要搞清楚什么是政党认同（Party Identification）。美国学者坎贝尔（Angus Campbell）在《美国选民》（*The American Voter*）一书中指出，政党认同是"个体在其所处环境中对重要的群体目标的情感倾向"，是选民"在心理上对某一政党的归属感或忠诚感"。[2]对美国选民投票行为进行研究后会发现，下列因素是影响他们投票行为的关键：政党认同、政策主张、对总统候选人品性的评价、对候选人和有关

---

[1] http://www.thetaskforce.org/downloads/reports/reports/MoralValues2004Analysis.pdf。

[2] Larry M. Bartels, "Partisanship and Voting Behavior, 1952-1996," *American Journal of Political Science* 44(1), 2000, pp. 35-50.

党派以往执政成绩的评判等。值得注意的是，很多选民主要根据其对政党的认同感来决定其投票倾向，而不论某位候选人的资历、年龄或是否有显著的政绩。这就会产生一个很重要的问题，即什么是决定美国选民政党认同感的决定因素。事实上，大多数美国选民的政党认同在其青少年时期已经形成，家庭是政党认同的最重要来源，也就是说，父母的政党认同往往会通过家庭社会化而传递到下一代。当然，由家庭传递的政党认同并不是一成不变的。因为个人也会受到学校、职业、社团以及媒体等潜移默化的影响，重新树立对政党的认知，进而确立自己的政党认同。在美国，家庭社会化和政治社会化的进程不断演变，选民的政党倾向也会随之出现变化。但总体而言，家庭背景对个人政党认同的影响还是很大的，是其他因素不可比拟的。

美国政党经过演变，基本形成了共和党和民主党这两个党派独大的局面。因此，美国选民的政党认同，实际上就是对共和与民主两党的认同。美国两党制已经为美国人所接受，并发展成为一种相对稳定的国家政治体制。政党认同使选民易于做出在选举中将票投给谁这样的决定。比如，一个选民如果认同民主党，他自然就会投票支持来自民主党的候选人。研究表明，"在几乎所有的选举中，绝大多数认同民主党的票投给了民主党候选人，而绝大多数认同共和党的票则投给了共和党候选人"。[1] 由于广大选民已经在心中决定是倾向民主党还是共和党，这使得他们一般不会对其他新出现的第三党或无党派人士产生太大兴趣，这就使得两党制在一定程度上得到固化。自20世纪50年代初开始，美国总统选举政治从以政党为中心转为以候选人为中心。尽管如此，在总统选举中，政党因素依然起着

---

[1] Larry M. Bartels, "Partisanship and Voting Behavior, 1952-1996," *American Journal of Political Science* 44(1), 2000, pp. 35-50.

绝对重要的作用。[1]当然，选民的政党认同并不是两党制得以固化的唯一因素。两党长期以来形成的政党运作经验、筹措资金的能力以及熟练操控民意的能力，都是两党制有效运转的因素。2009年以来，美国政治中新出现的"茶党"运动风起云涌，似乎将对现有的两党制形成挑战。然而，到目前为止，茶党并没有对美国政坛形成太大的冲击，其欲成为稳定"第三大党"的愿望难以实现。

美国的两大政党即民主党与共和党都是资本主义政党，它们在制度、道路及总体价值观上并没有本质区别。但在某些具体政策和主张上，它们之间也存在不少分歧，其中一些对美国社会有着相当大的影响。共和与民主两党在自身演变发展的过程中，形成了各具特点的政治立场。这既是它们某些价值观反映到政治层面的结果，也是受到各自所代表的利益集团影响的结果。例如，共和党通常主张小政府、大社会，主张减税、偏向增加防务开支、赞成自由贸易；共和党通常反对增加政府预算，反对增加福利支出，主张对非法移民采取严厉的打压政策；共和党通常在社会问题上坚持传统保守立场，反对同性恋婚姻，反对堕胎，反对限制持枪权，反对干细胞研究。与共和党立场不同的是，民主党对增加政府开支通常比较积极。他们支持扩大医疗和教育开支，积极谋求增加社会福利支出，对移民包括非法移民采取相对宽容的态度。在社会问题上，民主党赞成限制枪支，赞成妇女拥有堕胎权利，支持同性恋婚姻。此外，民主党在环境保护问题上通常比共和党更激进，主张在环保问题上采取严厉措施。由于上述主张的差异，民主党往往被视为代表自由主义，而共和党则代表保守主义。

正如亨廷顿指出，在当今世界上，文化尤其是宗教影响到每一大洲以

---

[1] 林宏宇：《白宫的诱惑——美国总统选举政治研究（1952—2004）》，天津人民出版社2006年版，第32页。

及各国人民的忠诚和敌友关系。直到18世纪中期,美国人界定国家特性的依据都是"人种和民族属性以及文化,尤其是宗教信仰"[1]。美国的文化与宗教有着极为密切的关系,宗教渗透在美国政治、经济、社会和思想的各个角落,二者是一个无法分割的整体。

三、宗教对美国两党制背景下选举的影响

美国的宗教团体通过与政党结盟、利用政治人物追逐选票之特点对政治施加影响。在与政府的长期历史互动中,他们对自身的政党认同既保持开放,又相对稳定。社会学者有关研究表明,与天主教徒相比,清教徒倾向于视自己为民主党人,但南方之外的清教徒比天主教徒更愿意支持共和党。[2]到了20世纪60年代,天主教徒、犹太教徒以及南部白人新教徒普遍支持民主党,而北部和东北部的新教徒则支持共和党。1968年以后,情况发生了变化。固定上教堂的人以及对宗教较为虔诚的人开始普遍支持共和党,不经常去教堂或是从来不去教堂参加宗教仪式的人则普遍倾向民主党。[3]在与宗教有关的社会问题上,共和党认同传统的保守主义价值观,因此得到大多数福音派和新教选民的支持。而民主党的主张进一步与自由主义实现接近。皮尤中心于2007年所做的一份调查发现,美国新教徒中有50%的人倾向共和党,只有34%的人倾向民主党;传统黑人教堂的成员中有77%支持民主党;无神论者和不可知论者大多明确支持民主党,犹太教徒中高达66%支持民主党,支持共和党的只有24%;成年天主教徒中

---

[1] (美)塞缪尔·亨廷顿:《我们是谁——美国国家特性面临的挑战》,程克雄译,新华出版社2005年版,第121页。

[2] Lyman A. Kellstedt & James L. Guth, *Religious Groups as a Force in Party Politics*, 2011, p.1.

[3] http://www.pacilution.com/ShowArticle.asp?ArticleID=1673.

倾向共和党的为 33%，48% 的人认同民主党。摩门教是共和党的忠实支持者，约有 65% 的摩门教徒认同共和党。[1]

2004 年美国大选被认为是一次宗教味很浓的总统选举。由于美国陷入伊拉克战争，加之经济面临诸多困难，小布什谋求连任的前景并不被观察家们所看好。然而，这一时期正值保守主义思潮在美国流行，"道德议题"成为许多选民投票选择的首要因素。小布什大肆宣传他是再生的基督徒，标榜他对上帝的崇信，在堕胎和同性恋婚姻等颇具争议的问题上始终保持强硬，显现出虔诚的正统宗教徒形象，迎合了大多数选民尤其是福音派新教徒的要求，促进了宗教保守势力对共和党的政党认同，也激发了他们的投票热情。小布什最终在大选中赢得了基督新教徒 59% 的选民支持，并且获得了天主教徒 52% 的支持。而克里仅获得天主教徒 47% 和基督新教徒 40% 的选票。可以说，正是由于借助宗教的力量，小布什才最终获得连任。由此，宗教似乎突然间在美国政治中获得了空前的影响力，各界对宗教与美国政治关系的反思和探讨也是不断。

时过境迁，到了 2008 年，美国总统选举的情况又发生了变化。这时小布什已经掌权 8 年，正在进行的打击恐怖主义分子的战争也进入第 7 个年头，民众对看不到尽头的伊拉克战争日益不满，对糟糕的经济走势十分担忧。人们对所谓道德或价值问题并不优先关注，而是把焦点放在事关切身利益的现实问题上。面对选民要求变革的呼声，奥巴马作为首位黑人民主党总统候选人及时打出口号，"是的，我们能做到！（Yes,We Can！）"。奥巴马的竞选口号切中选民心意，符合众多民众的期待，这就使得他的选举拥有明显的优势，使得所谓"短期因素"在此次大选中扮

---

[1] http://www.reuters.com/article/2008/06/23/us-usa-religion-survey-idUSN2144615920080623.

演了关键因素。[1] 麦凯恩是这次选举的共和党候选人，从宗教层面来看，他在基督教选民中占有一定优势，但在其他议题上处于劣势，且福音派新教徒当年对共和党的支持也有一定回落。结果是，奥巴马比上届选举中的民主党总统候选人克里成功吸引了宗教团体更多的选民。具体而言，在天主教徒中，他所获支持率增加了大约14%，从2004年较共和党5%的劣势转化为2008年9%的优势。同时他也减少了民主党在新教徒和其他基督教徒中的劣势，从克里落后小布什19%，缩减到这次他落后麦凯恩9%。总之，宗教对这两次大选的影响明显不同（见表2-1）。

表2-1 2004年和2008年美国总统选举宗教人士投票率（%）

年份	2004		2008	
总统候选人	克里	布什	奥巴马	麦凯恩
礼拜次数				
每周超过一次	35	64	43	55
每周一次	41	58	43	55
一个月几次	49	50	53	46
一年几次	54	45	59	40
从不	62	36	67	30
宗教团体				
白种人新教徒	32	67	34	65
福音派	21	79	26	73
主流派	44	56	44	54
拉丁裔新教徒	37	63	58	42

---

[1] 张业亮：《布什政府对朝政策与朝核危机》，《美国研究》2004年第1期。

所有天主教徒	47	52	54	45
非拉丁裔白人	43	56	47	52
拉丁裔	65	33	70	30
所有无宗教归属者*	67	31	75	23
其他信仰	74	23	73	22
犹太教	74	25	78	21
黑人新教徒	86	13	94	6

* 无宗教归属者也可被视作一种信仰，故列入其中。

资料来源：http://pewforum.org/Politics-and-Elections/How-the-Faithful-Voted.aspx。

通过比较不同宗教选民对两党投票的情况，并结合民调的相关数据可以看出，宗教对美国选民政党认同及投票行为会产生趋势性影响，主要有以下几点：

一是共和党与民主党在宗教和教派中得到支持的基本面没有发生根本性变化。从 2004 年和 2008 年两次大选投票结果看，美国选民的宗教结构基本保持稳定。就政党认同而言，拉丁裔天主教、黑人新教徒、犹太教徒、非基督教信仰和无宗教人士等原本就倾向于民主党，他们将选票主要投给了民主党；而白人主流新教徒、白人天主教徒和白人福音派新教徒大都支持共和党。

二是宗教信仰强烈程度不同的选民对两党的支持差别明显。在最常去教堂的人群中，民主党的克里落后共和党的小布什 29%。2008 年，奥巴马的情况虽有所改善，但在上述人群中也落后麦凯恩 12%。奥巴马和克里在出席宗教活动较少的人群中所获选票明显多于共和党候选人。在较为虔诚的宗教信徒中，民主党支持率有所上升，在一个月参加几次宗教活动的人中增加了 10% 而达到 53%；在一年去几次的人中则增加了 20%，达到 59%。但在从来不去教堂的人群中，支持民主党的则高达 67%。

　　三是少数族裔宗教选民的支持是奥巴马所得宗教选票增加的主要因素。在最虔诚的宗教信众中，奥巴马所获支持率从 35% 提高到了 43%，但这一增幅主要来自少数族裔。2004 年选举中支持共和党的拉丁裔、亚裔和其他少数族裔的新教选民，在 2008 年大多选择支持民主党。这部分人大约占到选民总数的 3%，在 2004 年有 58% 支持小布什，39% 支持克里；2008 年则有 56% 支持奥巴马。但在其他传统上支持共和党的宗教团体中，变化不大。奥巴马在虔诚白人天主教徒中获得了 41% 的选票，克里为 39%；奥巴马在虔诚白人主流新教徒中的支持率为 38%，克里是 42%；奥巴马在白人虔诚福音派新教徒中得票 20%，克里为 17%。在所有号称每周至少去一次教堂的白人天主教选民中，奥巴马获得了 29%，克里 28%，几乎无变化。

　　四是宗教与种族因素交织，不同种族的宗教选民投票呈现两极化趋势。2008 年，黑人新教徒构成了全体选民的 8% 和支持奥巴马选民的 15%。相反，黑人新教徒在麦凯恩的阵营中只占到 1%。虔诚的白人福音派构成了 2008 年 13% 的选民，但是他们却构成了投麦凯恩选票选民的 23%，而这些人在给奥巴马投票的选民中只占 5%。虔诚度较低的白人福音派新教徒构成了 8% 的选民，构成麦凯恩选民的 11% 和奥巴马选民的 5%。虔诚的白人天主教徒构成了 8% 的选民，在麦凯恩阵营占到 10%，奥巴马阵营仅占到 6%。虔诚度较低的白人天主教徒在奥巴马和麦凯恩阵营的构成基本相同，分别是 10% 和 11%。

　　五是天主教徒作为摇摆选民的特点突出。天主教徒在美国政治中经常被视为最大和最典型的摇摆选民团体。2008 年大选，民主党在天主教徒中的支持率从 2004 年比共和党少 5 个百分点转而反超 7 个百分点，再次凸显天主教徒的这一特点。相当长一段时期以来，民主党及其候选人均因堕胎问题而被天主教徒疏远。2008年大选前后，民主党领袖谋求在移民、最低工资和伊拉克战争等问题上与天主教会结盟，积极修复二者关系。而天主教会对小布什发动伊拉克战争表示强烈反对，这一因素也加速了它与民主党修复关系的进程。可以说，民主党把重点从动员"基本盘"转向争取摇摆和独立的选民，尤其是天主教选民，这是2008年大选该党成功的选战策略之一。

第三节 美国国家特性中的种族因素

作为一个移民国家，美国的种族问题极为复杂。一方面，来自世界各地不同的种族人群汇聚美国，从文化语言到饮食习惯都存在很大差异。另一方面，不同祖籍国的人又共同生活在一块土地上，不得不相互适应。[1] 例如，纽约的一千多万人口分别来自世界180多个国家，除了来自欧洲国家的白人外，还有约30%是拉美裔，26%是非洲裔，10%是亚洲裔。纽约的社区有800多个，被称为世界上最大的集合村落，每个社区都在现代都市的强烈脉动中顽强地保持着自己的民族特色和生活方式。2000年进行的美国人口普查显示，近36%的纽约人出生在美国之外，最大来源是多米尼加、中国、牙买加、圭亚那、墨西哥和厄瓜多尔。"无论你来自世界的

---

[1] 关于美国的种族问题，笔者曾先后发表过多篇论文或时评，主要有：《美国2010年人口普查反映出的一些重要动向》，《国际观察》2012年第3期；《宗教、族裔与美国总统大选》，《国际问题研究》2012年第3期；《人口、种族与美国的国家特性问题》，《华夏时报》2008年2月18日；《奥巴马的身份及美国的种族问题》，《世界博览》2012年5月；《纽约：把所有梦想放在一起熔化》，《华夏时报》2007年9月10日。

哪个国家或民族,你都可以在纽约找到属于自己的文化天地"。[1]

一、美国移民种族图谱的变化

在欧洲移民来到北美大陆之前,北美并非空旷无人之地。印第安人是最早居住在北美这块土地上的居民。那时的北美有200多个印第安部落,有多种不同语言,总人口估计在85万至100万人。在17—18世纪,从欧洲到北美的移民几乎全部来自英国。到1790年,美国的总人口达到392.9万人。[2] 19世纪前半叶,美国南部棉花种植业发展迅速,对劳工的需求急剧增加。于是殖民者从非洲贩入大量黑奴,由此导致黑人人口剧增。黑人人口在1790年为757208人,到1860年增至4441830人,增长486.61%。[3] 美国南北内战以后,统一的大市场开始形成。为了适应经济的快速发展,美国大幅兴修铁路,殖民者从中国也输入了大批工人。19世纪80年代,大批南欧和东欧移民陆续进入美国,来自瑞典和挪威的北欧人也很快增长。仅在1881年到1890年的10年间,从瑞典和挪威移民美国的人就多达568362人。最近几十年美国移民构成的最显著特点是,拉美裔特别是墨西哥人大量进入美国,这就使得讲西班牙语的拉美人在美国人口中所占的比重迅速上升。

对美国来说,19世纪90年代标志着一个时代的结束,也预示着一个新时代的开始。从南北战争到美西战争前后这段时间,被认为是美国历史的分水岭。这之前的美国主要是一个农业社会,关心领域也主要是国内事

---

[1] 徐步:《纽约:把所有梦想放在一起熔化》,《华夏时报》2007年9月10日。
[2] *Yearbook of Immigration Statistics: 2004* [EB /OL]. https://www.dhs.gov/sites/default/files/publications/Yearbook_Immigration_Statistics_2004.pdf.
[3] 陈奕平:《人口变迁与当代美国社会》,世界知识出版社2006年版,第12页。

务。而进入这一新的时期,美国人口迁徙规模进一步加大,经济迅速发展,中产阶级蓬勃兴起,民族主义和民族意识抬头,社会在整体上显示出自信、自强的独特性格。从此,美国明显成为一个城市化的工业国家,同世界经济、政治形成了不可分割的联系,于是不得不试图改变传统的组织机构和旧有观念来适应新情况。美国抛弃了过去欣赏的孤立主义,开始走向世界,"门罗主义"宣称美国就是美洲大陆的主宰。老罗斯福总统公然宣称,美国是西半球的霸主。美国开始开凿巴拿马运河,并推行马汉的海权理论。美国通过与西班牙的战争,不仅控制了加勒比地区,而且成为太平洋的强国,占领了夏威夷和菲律宾。美国承担了调解俄日战争的角色,声称欧洲甚至非洲的政治涉及它的利益。公众舆论一方面热烈欢迎扩大民族势力和增加民族财富的政策,另一方面却没有准备好接受加重民族责任的政策。康马杰指出,"政治和经济上的帝国主义,道义和心理上的孤立主义,这种矛盾给美国政治造成的混乱长达半个世纪之久"。[1]

从19世纪90年代到20世纪中叶这大约60年的时间里,美国在物质上的变化令人震惊,但精神上却并未发生实质性的变化。两次世界大战的胜利以及从空前的经济危机中重新站立起来,这都进一步彰显了美国人的乐观主义、自信心和优越感等独特性格,同时也增强了美国人对取得权力和成功的信心。他们信奉民主、平等和自由,并努力把这种信念付诸实施。尽管如此,两次世界大战和一次空前的经济危机对美国人的性格还是产生了不小的冲击,他们变得更加关心过去了,变得不那么宽容了,对未来缺乏安全感了。但无论如何,美国取得的成就是惊人的,它不仅体现在物质方面,也体现在科学、医学、法律、教育、文学、哲学和艺术等社会科学的诸多领域。康马杰指出,"美国是个年轻的国家,主要追求物质上的财富。

---

[1] H. S. 康马杰:《美国精神》,杨静予等译,光明日报出版社1988年版,第71页。

它没有教会或贵族制传统，也没有有闲阶级。它与欧洲思想的主流隔绝，在每一个领域里都回到了原始状态。它原来的血统受到不断削弱，社会动荡而经济又不稳定。美国取得的成就出乎所有人意料之外，但对那些深知美国人性格的深厚根底及其在那肥沃的土壤中开花结果的人来说，则是意料之中的事"。[1]

人口因素牵涉方方面面，种族背景、人口居住情况、教育状况、是否结婚、有何职业、居何社区以及个人年龄等，都可能对一个人的价值取向及政党认同产生影响。不同的学者用不同的研究方法分析上述因素，得出的结论可能差别很大。根据2010年美国人口普查数据，全美人口总数比十年前增加了9.7%，超过3.087亿。引起广泛关注的是，非拉丁裔白人过去10年间从1.946亿增加到1.968亿，增长率仅为1%，占美国总人口的比例由69%下降至64%。与此截然不同的是，拉丁裔人口从2000年的3530万增加到2010年的5050万，增长率高达43%。这就意味着，在2010年的美国总人口中，拉美裔占16.3%。黑人人口为3890万，占美国总人口比例的13%，不再是美国第二大少数族裔。这一年的亚裔人口为1470万，虽所占比例为4.8%，但同2000年相比，其增长比率高达43.3%，超过了拉丁裔43%的增长率，是各族裔人口中增长速度最快的。由于亚裔和拉丁裔人口数量大幅增加，使得美国少数族裔10年增长29%，从而使全美少数族裔人口总数达到1.12亿，占人口总数的36%。[2]

根据2004年美国人口统计数字，美国过去十年新增人口约2700万，其中有1700万在美国国内出生，约占60%。引发美国人担忧的是，自2000年以来的人口变化显示，美国新增孩子主要来自少数族裔家庭，非拉

---

[1] H. S. 康马杰：《美国精神》，杨静予等译，光明日报出版社1988年版，第64页。
[2] *Yearbook of Immigration Statistics*: 2004 [EB/OL]. https://www.dhs.gov/sites/default/files/publications/Yearbook_Immigration_Statistics_2004.pdf.

丁裔白种育龄女性自 2000 年起下降 6%，她们所生的孩子不能弥补本族群人口的下降。有趣的是，黑人妇女生育率出现下降，同期黑人孩子比例下降 2.3%。与之形成鲜明对比的是，18 岁以下拉丁裔人口增长至 23%。很显然，拉美少数族裔人口增长速度明显快于白人，美国人口增量的九成来自少数族裔。全美近五分之一地区的少数族裔儿童人数已经超过白人儿童。在佛罗里达、佐治亚、密西西比、马里兰、得克萨斯、亚利桑那、内华达、新墨西哥、加利福尼亚和夏威夷等 10 个州中，少数族裔儿童所占比例已经超过一半。在美国 3143 个县中，已经有 348 个县的白人成了少数族裔。[1]

2020 年美国人口普查结果数据显示，在过去十年，美国人口呈现更加多元化趋势，白人、非裔占比下降，拉丁裔、亚裔占比上升。白人仍是人口最多的族裔，但人口比 10 年前减少 2.6%，占比也由 10 年前的 63.7% 降至 57.8%，是历史最大降幅。少数族裔中，拉美裔群体占比增至 18.7%，非洲裔群体占比降至 12.4%，亚裔群体占比增至 6%。美国人口普查局局长琼斯（Nicholas Jones）表示，对 2020 年人口普查结果分析显示，白人群体在大部分州和地区仍是人口最多的群体，但在加利福尼亚州、新墨西哥州、内华达州、得克萨斯州、马里兰州、夏威夷州和华盛顿特区、波多黎各，白人占比已不足 50%。[2] 按照美国有关法律规定，为了保证所有选区人口基本相当，美国各州将根据此次人口普查结果重新划分选区。其中 44 州将重新划分国会众议院 429 个选区，而由于选民政治倾向不同，即使是"微小的"改变都可能会对众议院权力分布造成影响。

如果上述人口增长的态势持续下去，到 2050 年美国将变成一个少数

---

[1] Yearbook of Immigration Statistics: 2004 [EB /OL]. https://www.dhs.gov/sites/default/files/publications/Yearbook_Immigration_Statistics_2004.pdf.
[2]《美国 2020 年人口普查结果：白人占比下降，亚裔增至 6%》，中新网 2021 年 8 月 12 日。

族群占多数的国家。届时美国少数族群将占总人口的54%，拉丁裔人口增加将是造成这一趋势的主因，其人数将由当前的5000万增长到1.33亿。而非拉丁裔人口的数量则将维持不变。亚裔人口会接近翻倍，由目前的5%增长到9%左右，黑人则仅由14%增长到15%，只是拉丁裔2050年人口的一半。外国出生的美国人口比例也将增加，现在每8个美国人中有1个在外国出生，而到2050年每5个美国人中将有1个在外国出生。[1]

二、种族因素与美国两党政治

20世纪30年代，由于严重的经济危机，罗斯福总统上台后实施新政，这些政策得到非裔美国人的支持，这之后的非裔美国人在政治上也长期支持民主党。皮尤研究中心2007年的分析显示，1990年以来，黑人对民主党的认同或倾向既高又稳定。对民主党有强烈认同感的人，几乎在所有黑人团体中都超过50%，其中年龄较大、收入中等、教育程度较高的黑人为最多。

在18岁至29岁的黑人中，将自身定义为民主党的人数与定义为独立政治立场的人数基本相同。然而，在45岁及其以上的黑人中，情况则明显不同，上述比例为3:1。就政策主张来看，拉丁裔人群本来较倾向于民主党的立场。但出于政治投机的动因，许多拉丁裔人尤其是其领导者，为了引起共和党和民主党对他们的关切，利用两党对拉丁裔选票的重视，故意将拉丁裔打造为"摇摆群体"。从盖洛普民意调查数据看，有53%拉丁裔人的政党认同归于民主党，认同共和党的只占21%。另据皮尤拉丁裔民调显示，1999年至2007年间，拉丁裔选民对民主党的政党认同保持在42%—48%的范围内。如果把登记为民主党的拉丁裔人和倾向民主党的拉丁裔人加在一起，拉丁裔选民对民主党的支持率约为55%。共和党在

---

[1] *Yearbook of Immigration Statistics: 2004* [EB /OL]. https://www.dhs.gov/sites/default/files/publications/Yearbook_Immigration_Statistics_2004.pdf.

同一时期获得的拉丁裔支持率在23%—28%之间。根据皮尤中心2008年中期的一项调查,拉丁裔对共和党与民主党的政党认同率分别为26%和65%。[1]

尽管拉丁裔选民的政党认同总体如上所述,但他们在总统选举投票中的立场确实变化不定,表现出相当大的摇摆性。在2004年大选中,有40%的拉丁裔选民支持共和党的小布什,而1996年大选中支持共和党候选人多尔的只有21%。到了2008年,民主党在总统选举中获得了拉丁裔67%的选票。这种大幅度的变化相对于其他族裔的政党认同变化,应该说十分少见。从各州的情况来看,拉丁裔选民对政党的支持表现出很明显的不一致性。例如,在2004年,得克萨斯州的拉丁裔选民对小布什的支持率为49%,而在加利福尼亚州支持小布什的只有32%。亚裔选民在1992年至2004年4次总统大选中的表现有所不同,他们在1992年和1996年两次选举中大多支持共和党,但随后两届支持民主党。哈佛大学肯尼迪政治学院经过调查发现,较为年轻的亚裔选民因反对伊拉克战争和支持移民而倾向民主党,年龄较大的亚裔选民对共和党的贸易立场等较为赞成,因而大多支持共和党。在美国各族裔中,白人对共和党的认同较于其他族裔相对稳定。对过去8次总统选举的投票数据统计分析表明,如果大选中没有主要第三党竞选人参与,也就是说在没有第三方分散白人选票的情况下,白人对共和党的支持率保持在52%—58%这个区间内。

民主党因其较为倾向大众的社会及经济政策,在相当一段时间内被视为美国的多数党。从1952年至1980年,多数选民团体认为他们是民主党

---

[1] *Yearbook of Immigration Statistics: 2004* [EB/OL]. https://www.dhs.gov/sites/default/files/publications/Yearbook_Immigration_Statistics_2004.pdf.

的支持者。[1] 在少数族裔中，民主党的支持率明显高于共和党。因为就民主党自身的意识形态而言，其在社会公共政策方面一贯强调福利问题，即非常关注就业、工资、劳动和中产阶级的权益。以黑人为例，他们于20世纪30年代加入民主党构建的新政联盟，目的就是希望民主党政府能够关心其弱势地位，希望政府能给他们提供更多的服务和就业机会。拉丁裔选民通常支持民主党，原因也是如此。在移民问题上，民主党的立场相对友善，这对拉丁裔选民非常重要。亚裔选民中，自认为是自由主义者的为31%，自认为是保守主义者的为21%。这是因为亚裔选民大多支持民主党在政府作用和移民政策问题上的立场。[2]

在广大美国民众看来，共和党的标签是白人的、中产阶级的、郊区居民的政党。共和党人在社会、文化及价值观问题上的立场相对保守，这就使之只对持相似立场的少数族裔有吸引力。2008年的民调显示，美国少数族裔选民增长很快，比例已经从2004年的23%上升到2008年的26%。2004年，黑人选民为1400万，2008年上升为1610万；2004年，拉丁裔选民为760万，2008年上升为970万；2004年，亚裔选民为280万，2008年上升为360万。与此相反的是，白人选民在同一时期不升反降，减少大约50万人。在拉丁裔人口中，由于相当多的拉丁裔人尚未达到投票年龄或仍未取得合法身份，结果只有44%的拉丁裔人是合法选民。相比之下，有77%的非拉丁裔白人是合法选民，66%的非洲裔人是合法选民。2008年选举投票的统计显示，黑人投票率为65%，非拉丁裔白人为66%，

---

[1] David G. Lawrence, "The Collapse of the Democratic Presidential Majority: Realignment, Dealignment, and Electoral Change from Franklin Roosevelt to Bill Clinton," *National Interest*, June 2001, p.77.

[2] *Yearbook of Immigration Statistics: 2004* [EB /OL]. https://www.dhs.gov/sites/default/files/publications/Yearbook_Immigration_Statistics_2004.pdf.

而拉丁裔和亚裔的投票率都在46%左右。这意味着在未来的美国选举中，拉丁裔人的选票有相当大的增长空间。在2008年的选举中，支持奥巴马的黑人选民占95%，支持他的拉丁裔选民占67%，这就表明少数族裔选民的选票大多流向民主党。[1]

由上述分析可见，少数族裔在美国政治的地位明显上升。美国政治有其传统上形成的基本面，因此共和党与民主党都有较为稳定的支持者。而这些年的选举结果表明，美国出现的摇摆州增多，这就使得美国选举的形势更为复杂。所谓摇摆州指的是两党支持率难分上下的州，这些州投票的结果并不一定总是倾向某一党。在这种情况下，少数族裔的选票往往成为影响平衡的关键，这也日益成为候选人成败的决定性因素。因此，两党这些年都强化了对少数族裔选票的争夺。民主党的政策主张偏向弱势社会群体，在赢得少数族裔选民支持方面有优势。但黑人新教徒、拉丁裔新教徒以及天主教徒的势力并不小，他们在意识形态上也存在保守的色彩，民主党要长期得到这些人的支持并不容易。

三、美国民主与"拼图式民主"

美国式的三权分立及选举制度是美国政治制度的核心内容，也是美国国家特性中最重要的政治特点。如何看待美国的政治制度及其特点，不同国家出于不同的历史、文化及传统，会有不同的看法。即使在美国国内，美国人对这些制度的看法也不尽一致。美国虽然宣称"人人生而平等"，但那指的是最早来到北美的欧洲裔白人是平等的。事实上，美国社会是不平等的，不平等是常态。在欧洲裔白人与其他少数族裔之间，种族矛盾和冲突是普遍存在的。

---

[1] *Yearbook of Immigration Statistics: 2004* [EB/OL]. https://www.dhs.gov/sites/default/files/publications/Yearbook_Immigration_Statistics_2004.pdf.

奥巴马成功当选总统，应该说是美国社会在种族方面继续进步的表现。但他为什么能当上美国第一任黑人总统，并不是因为他是黑人。恰恰相反，是他超越了其黑人身份，是他有意淡化其黑人身份，才得以被广大美国人所接受。奥巴马在竞选期间，一再向美国人表明他多种族混合的特点：母亲是白人，父亲是肯尼亚黑人，继父是印尼人，他自己出生在太平洋上的夏威夷。他要传递的信息是：既然美国是个种族大熔炉，他就是最有说服力的代表。他若当权后，服务的不仅仅是黑人，还有所有美国人。显然，奥巴马的竞选策略是成功的，他不仅得到美国少数族裔的绝对支持，也得到许多中产阶级白人和年轻人的广泛支持。但是，奥巴马当选总统并不能说明美国的种族不平等问题已经完全解决。无论是竞选期间还是竞选成功后，不少白人都把矛头对准奥巴马的种族问题。2008年共和党总统候选人、得克萨斯州州长里克·佩里（Rick Perry）对奥巴马大加攻击，称奥巴马是美国最大的威胁。[1] 有的白人质疑奥巴马的出生，指责奥巴马隐瞒真实的出生地，不具备竞选总统的资格。[2] 即使到了2012年总统选举时，奥巴马的出生地问题仍被一些白人拿出来说事。唐纳德·特朗普曾对美国国家广播公司的记者说，"我很愿意提供我的纳税申报单，我想我会把它和奥巴马的出生证联系在一起"。[3]

在当今美国，种族主义言行是被禁止的。实事求是地来看，少数族裔在美国参政议政、接受教育和经济状况等方面与早些年相比确实改善不小。但这经历了很长的一段过程，少数族裔为此也付出了大量努力。从法律上讲，少数族裔的政治权利是有保障的，社会地位是平等的。政治人物涉及种族问题都非常敏感，他们唯恐自己讲话不当而得罪或冒犯少数族裔。但

---

[1] "Obama Is Blamed to Be A Threat to America," *The Daily Telegraph*, August 16, 2011.

[2] "The Birth Place of Mr. Obama Is Questioned," *World Net Daily*, June 10, 2008.

[3] "Obama Is Blamed to Be A Threat to America," *The Daily Telegraph*, August 16, 2011.

笔者在纽约工作时发现，白人与黑人通常不会居住在同一个小区，一幢公寓楼内也很少出现白人与黑人混居的局面。一位在美国生活多年的朋友告诉笔者，如果一幢原本都是白人居住的公寓内来了一户黑人，那么这户黑人的邻居就会搬走。等黑人住户多到一定地步，白人可能全搬走了。由于这样的情况，公寓楼的拥有者都会钻研法律，从一开始就以各种理由拒绝黑人租户，同时又尽量避免黑人起诉他们种族歧视可能带来的风险。哈佛大学法学院黑人教授查尔斯·奥格莱特里（Charles Ogletree）说："从一些象征性的现象来看，每天你都可以看到(美国在种族问题上的)进步，但当你看看《财富》杂志上的500家大公司，当你看看财富的积累情况，当你看看权力的分配情况，你就会发现非洲裔美国人顶多算得上是二流的水平"。[1] 有一些学者认为，如今美国的民主已经成为"拼图式民主"。美国正在变成一个城邦国家，东西两岸、中西部、南部产油区、大都会和郊区的差别越来越大。选民日益分成四个层次，即国际派、民族派、区域派和地方派。每一派都会为保卫自己的经济利益和特点而奋斗。在新的财富创造过程中，人口流动和移民热加剧，经济分众和更高层次的社会多样化愈加明显，种族问题进一步突出。除了传统多数与少数民族之间的对立外，政府还要理会越来越多少数团体之间的竞争，如迈阿密必须协调古巴和海地移民之间的争端以及其他地区非裔人群和西语裔少数民族的对立。如今，推动大熔炉理想的阻力越来越大，种族、民族和宗教团体都要求彼此不同的权利。达拉斯国际领导中心总裁詹姆斯·克鲁比（James Kelubi）指出，"如果你把美国当成一个个体来看待，那就大错特错了。因为美国每个地区的差别，有时就像日与夜的差别一样"。[2]

---

[1] 徐步：《奥巴马面临的种族问题》，《世界博览》2012年第8期。
[2]（美）阿尔文·托夫勒：《权力的转移》，吴迎春等译，中信出版社2006年第1版，第161页。

对美国民主的批评是广泛的。有些观点甚至认为，美国大众民主的基础已经明显动摇。社会各阶层被提供特殊规格的产品，市场被分成不同的利基市场，媒体往往只针对非常特殊和少数的观众，家庭结构和文化变得越来越多样化，大众社会日益变成分众社会。未来学家阿尔文·托夫勒（Alvin Toffler）指出，当政治变得越来越分众时，"关键性少数分子"的作用就变得突出。"他们只要抓住时机，用对策略，就能产生莫大的影响。例如只要借助摄影机的力量，记者就可以把世界每个角落微不足道的政党或恐怖分子的行动，拉到世人眼前，突然间将原来的重要性放大千万倍。有些关键性少数分子的动机很好，但有更多团体则是民主的毒药"。[1]移民与原属国的关系，也由于现代化交通和通信信息技术的日益发达，变得比以前更加紧密，结果带来了非常复杂的影响。过去移民多半与祖国的联系不会密切，但现在不少移民及团体把原属国家的种族仇恨带到移民国家继续发展。如今，随着电信的普及与飞机的出现，政治情绪也随之移民。这类团体即使在海外也企图操纵原属国的政治权力运作，制造更加复杂的国际危机。托夫勒在1990年所著《权力的转移》中指出，宗教冲突、圣战、虔诚的十字军和自命烈士的人都不是过去式，而是未来主流。[2]

美国著名的黑人政治评论家杜波伊斯（William Edward Burghardt Du Bois）在1903年就曾指出，"一个人总感到自己的双重性，一方面是美国人，另一方面是黑人。两颗灵魂，两种思想，两种无法妥协的抗争，在同一个黑人身躯中，两种冲突的理想。只有其自身的顽强毅力才免使自己和

---

[1]（美）阿尔文·托夫勒：《权力的转移》，吴迎春等译，中信出版社2006年第1版，第165页。
[2]同上书，第166页。

身躯被撕得破碎"。[1]他预言，20世纪的问题是种族歧视下的肤色界限问题。很显然，他的这种有关种族问题的看法比亨廷顿早了近一个世纪，他的担忧也被"9•11"恐怖袭击事件所证实。从1920年到1980年间，美国白人人口比例从92.6%下降到83.2%，而从1990年到1999年，白人的比例从83.9%下降到82.4%。据美国人口普查局（United States Census Bureau）估算，到2050年，少数族裔人口将达到2.357亿人，预计会占美国总人口的近54%。[2]美国的人口变化及由此引发的种族及社会问题，将越来越成为美国面临的突出挑战。

第四节　美国国家特性中的战争因素

战争是美国主导世界秩序的利器。综观美国历史，美国在战争中诞生，在战争中强大。不断参与战争或在国际事务中诉诸武力，是美国国家特性作用的结果。美国国家特性也在一次次的战争中得到凝聚和强化。美国卷入战争的规模和速度，首先取决于事件本身在多大程度上与美国有直接关系，在多大程度上对美国产生了直接而重大的影响。例如，针对日本偷袭珍珠港以及恐怖分子劫持飞机并撞击美国国内标志性建筑物这样的重大事件，任何一位美国领导人都会迅速宣布对敌对势力宣战。但如果事件对美国的影响并不如此重大直接，则有关战争的决定就与华盛顿的政治气氛、领导人的决策意志和军事指挥官的个人因素等有着密切的关联。

---

[1] W. E. B. Du Bois, "The Tatlented Tenth," in Diane Ravith, *The American Reader*, *New York*: HarperCollins Publishers, 2000, p.393.

[2] *Yearbook of Immigration Statistics*: 2004 [EB /OL]. https://www.dhs.gov/sites/default/files/publications/Yearbook_Immigration_Statistics_2004.pdf.

一、战争是美国崛起的催化剂

1898年美国同西班牙的战争是美国由大陆走向海洋的标志,是美国由美洲走向世界的标志,也是美国由地区大国成为世界大国的标志。美国在战争中获胜,得以将其影响施加到加勒比地区与太平洋地区,开始在全球范围内寻求实现所谓"天定命运"。1899年美国作为帝国主义及殖民主义国家的后来者,不满欧洲列强及日本在中国通过划分势力范围将其排除在外,推行所谓"门户开放"政策。1904年,西奥多·罗斯福总统就曾指出,美国有权对拉美国家的不稳定以及来自欧洲国家的干涉采取先发制人的军事行动。

在美国发展的历史上,战争的推动作用是巨大的。最为突出的例子是,美国参与第一次世界大战和第二次世界大战。这两次战争都极大推动了美国经济实力的增长和国际地位的提升。从1929年至1933年,美国经历空前严重的经济危机,经济凋零,失业加剧,民众对政府极为不满,社会陷入严重的恐慌之中。正是由于美国大规模卷入第二次世界大战,美国的战争机器全面开动,各种军需物资供不应求,经济迅速恢复并大幅增长。1938年参战以前,美国的失业率高达17%,而到第二次世界大战结束时,美国的失业率则下降为0%。第二次世界大战对美国经济形成了巨大的推动力,不仅因为战争规模空前,也因为美国本土不是战争的主场,美国自身的城市及设施没有受到战争的破坏。同时,战争发生在美国经济的困难时期,恰好带动了有效就业,刺激了工业的发展和科学技术的突飞猛进。

美国不断走上对外征战的道路,是由美国的救世主情结、例外论使命观以及追逐财富的冒险精神决定的。美国在国际舞台上的每一次重要亮相,每一次影响提升，都与大的战争有着密切的关系。[1] 曾四次担任英国首相的格莱斯顿（William Ewart Gladstone）指出，面对战争，一个政治家必须是一个优秀的屠夫。曾经在第二次世界大战同美国人并肩作战的一位英国军官写道，"美国人就是解析家，他们对待战争如同对待其他任何大买卖一般，将它分解至种种基本成分，撇去表面的东西，界定各类任务和职能，将每个人当作要在某种复杂的工业流程中发挥特定作用的人那般加以训练。美国的基本训练体制犹如一条传送带，不过终端输出的是士兵，而不是汽车"。[2]

对美国来说，驱动战争决策的主要要素有：争夺地缘优势、控制能源资源、抢占经贸市场、传播价值观念等。在决策过程中，领导人个人意志和广大民众的舆论倾向也起着非常重要的作用。美国有关战争的重大决策，都是上述多个因素综合作用的产物。不过，并非在某一个时刻上述因素都发挥同等重要的作用。战争是国家政策的延伸，政治计划是目的，战争是手段，必须把政治目的同战争联系在一起，决不能把手段与目的分割开来。朝鲜战争（1950—1953）和越南战争（1961—1975）是美国在冷战时期直接参与的规模最大的两场战争。这两场战争虽然并非以美国的胜利为结局，但都不同程度地促进了美国经济的发展，推动了美国经济总量的持续增长。1950年至1953年，美国国民生产总值年均递增3.9%，工业生产平均增长6.6%，成为经济增速最快的国家。1961年至1973年，美国经济步入"黄金时代"，国民生产总值年均增长4.3%，1970年国内生产总值首次突破1

---

[1] 关于美国的战争特性问题，请参见笔者发表过的作品：《够了，战争：美国的国家特性及国际政治评论》，北京大学出版社2012年版；《关于美国的战争特性及其影响》，《东北亚论坛》2014年第1期；《伊拉克战争与美国政治制度缺陷》，《华夏时报》2007年10月15日。

[2] Elliot A. Cohen, *Supreme Command*, New York: The Free Press, 2002, p.214.

万亿美元。

　　能源及资源已经成为引发现代战争的一个重要根源。20世纪90年代东南亚爆发金融危机后，国际市场的油价每桶仅约10美元。美国在2003年发动伊拉克战争之前，油价每桶约为25美元。而到了2008年以后，油价长期保持在每桶120美元以上。20世纪70年代以来，全球发生的较大规模的战争如三次中东战争、海湾战争和伊拉克战争，都与对石油的争夺有密切关联。纳塔利娅·米雷什金娜和黛比·尼迈尔都是美国加州大学的经济学专家，她们指出，照目前全球石油开采的速度和数量，到2030年全球石油开采的高峰期将结束，化石燃料将可能在2050年面临枯竭。[1]一方面石油资源不断减少，另一方面替代能源难以解决。因此，全球石油供应将从相对不足变成绝对不足。近年来美国的页岩油气开发取得重大进展，但专家普遍认为，页岩油气不可能从根本上解决全球能源不足的问题，因而全球范围内的石油矛盾将会进一步上升，斗争将会变得更加激烈。

　　美国在冷战结束后多次对伊拉克动武，相当程度上被认为其根本目标在于控制伊拉克石油资源。美国中央情报局前局长伍尔西（James Woolsey）说，第二次海湾战争（即伊拉克战争）"不仅仅关系到美国对石油的依赖，而且还关系到全世界对石油的依赖。从短期看，我们的最根本薄弱之处在于，沙特人有可能很快削减或提高石油开采量，因为他们掌握着世界石油日总产量400万桶一半以上的石油，沙特对油价的升降起着决定性作用。我们必须把石油武器从中东抢过来"[2]。美国的战略考虑是，美国已经控制了沙特政权，利比亚基本上被美国掌控，如果伊拉克变得听话，那么敌对的伊朗、委内瑞拉和俄罗斯就比较好对付了。当然，在美国

---

[1] http://book.sina.com.cn/excerpt/sz/rw/2012-03-29/.

[2] James Woolsey, "A War We Must Fight," *Spiegel*, January 16, 2001.

的算盘中，石油不仅是能源问题，更是战略和政治问题。控制了石油资源和能源通道，美国也就基本控制了全球战略格局。

二、战争特性与美国意识形态

若对美国频繁发动战争的原因进行深入考察，我们会发现其背后存在深刻的意识形态因素。美国立国的基础不是共同的文化，不是共同的种族，也不是共同的祖祖辈辈流传下来的传统。这与世界绝大多数国家存在很大区别。非常特殊的是，美国这个国家最主要的凝聚力，或者说这个国家最根本的立国之基，是其独特的意识形态。美国意识形态的一个核心观念是，上帝选择他们来到北美大陆，便赋予了他们一个特殊的使命，即在北美大陆上建立一座"山巅之城"，一个自由和民主的样板。美国人信奉以美国例外论为核心的特殊使命观，深信美国所作所为是上帝的旨意，不仅是正当的，也确实能给其他人带来利益，因此应该得到其他人的赞同和支持。必须强调的是，在美国国家特性中，美国的意识形态与美国的物质财富是一枚硬币的两面，它们互为基础，不可分割。在美国看来，美国的财富和权势不断增长，有助于它将所珍视的价值观念扩展到整个世界，而美国意识形态的传播又有利于增强美国的财富和权势。[1] 不理解这一点，就不能深刻理解美国对内对外政策的根源。

美利坚民族的信仰和价值观既是本土的，又是外来的。"美国梦"成为强化美国公众民族认同及美国意识形态的黏合剂。一代又一代的拓荒者不断涌向西部的茫茫荒野，培养和造就了美国人粗犷豪放、富于进取的性格，显示出本土特殊的性格。研究美国边疆史学的学者们认为，美利坚民族是在西部边疆移动过程中发展起来的民族，美国是崛起于西部荒野的世

---

[1]（美）沃伦·I.科恩：《剑桥美国对外关系史》，周桂银、杨光海译，新华出版社2004年版，第472页。

界强国。同时，来自欧洲大陆的加尔文教义和来自英国的清教主义对美国开国之初的政治家们影响巨大。他们把宗教自由、个人权利、重商主义等思想从一开始就融入国家行为之中。美国例外论及天定命运等思想既被孤立主义者奉为圭臬，又是扩张主义鼓吹者外交政策的源泉。后来美国出现的现实主义、自由主义、保守主义及近年来出现的新保守主义等思想都与此有着密切的联系。无论是哪个"主义"，目标都是"创造一个增进美国利益的世界秩序"。在这个世界秩序里，美国的利益就是世界的利益。

以朝鲜战争为例，我们可以清晰地看出意识形态对美国参与并扩大战争规模的内在推动力。1950年1月5日，杜鲁门（Harry S.Truman）在一份声明中说，美国不想在台湾建立基地，也根本"不打算动用武装力量干涉（台湾）目前的局势"[1]，"美国政府不会走一条导致其介入中国内部冲突的道路，美国同样也不会给台湾军队提供军事援助或出谋划策"[2]。同年1月12日，艾奇逊（Dean Gooderham Acheson）国务卿向美国新闻俱乐部发表讲话时指出，美国的"防御半径"沿阿留申群岛至日本，然后延续到琉球群岛（冲绳岛）和菲律宾群岛，如有必要，这些阵地将由美国以武力来保卫。[3] 杜鲁门和艾奇逊的言论表明，朝鲜和中国台湾都没有被划入美国的"防御半径"内。这表明，当时的美国对国民党已经失去信心。但朝鲜战争爆发后，美国的远东政策发生重大转变。出于对所谓共产主义威胁的恐慌，出于对苏联势力影响扩大的恐惧以及对中国卷入朝鲜军事行动的疑虑，杜鲁门在1950年6月25日召集的会议上决定军事干预这场战争。

---

[1] 哈里·S.杜鲁门（1884—1972），美国民主党政治家，第32任副总统（1945年），随后接替因病逝世的富兰克林·罗斯福总统，成为了第33任美国总统（1945—1953）。

[2] （美）贝文·亚历山大：《朝鲜：我们第一次战败》，郭维敬、刘榜离等译，中国社会科学出版社2000年版，第21页。

[3] 同上。

美国决定干预朝鲜战争的同时，还把第七舰队调往台湾海峡，突然改变对华政策。

1950年6月27日，杜鲁门声称，"共产主义已经不再使用颠覆手段来征服独立国家，现在要用武装入侵和战争的手段了。如果共产党占领台湾，就会对太平洋地区的安全和在这一地区履行必要而合法职责的美国部队构成直接威胁"。[1]杜鲁门的这一决定与共和党人和支持蒋介石的院外活动集团施压有关，同时也受到时任美国远东司令麦克阿瑟（Douglas MacArthur）竭力护台的有关言论的影响。1950年7月29日，麦克阿瑟抵达台湾。麦克阿瑟称，台湾如在共产党的控制下，"就等于一艘永不沉没的航空母舰"。[2]李奇威（Matthew Bunker Ridgway）在其回忆录中也称，共产主义是真正的威胁，他们用武力进行扩张的企图对美国的安全造成了直接挑战，"如果任凭其一意孤行而毫无反应，那我们就会一步步走向第三次世界大战"[3]。1949年1月20日，杜鲁门第二次就任美国总统。这不久之后的1949年9月23日，美国政府对外公布苏联核武器试验成功的消息。这打破了美国的核武器垄断地位，更令美国人惊恐并借此大肆渲染共产主义的扩张。与此同时，美国国内反共的麦卡锡主义（McCarthyism）风暴开始涌动，进一步强化了美国遏制共产主义扩张行为的国内政治基础。[4]1950年2月9日，共和党参议员约瑟夫·雷芒德·麦卡锡（Joseph

---

[1] 徐步：《够了，战争：美国的国家特性及国际政治评论》，北京大学出版社2012年版，第42页。

[2] 同上书，第44页。

[3]（美）马修·邦克·李奇威：《朝鲜战争》，军事科学院外国军事研究部译，军事科学出版社1983年版，第241页。

[4] 麦卡锡主义指20世纪50年代初在美国兴起的一种极端反共、反民主的政治思潮和运动，得名于其主要推动者、美国参议员约瑟夫·麦卡锡。这一时期，借助冷战背景下的反共情绪，在政治、社会和文化领域掀起了一场以"清除共产党渗透"为名的迫害运动。

Raymond McCarthy）在西弗吉尼亚州惠灵的共和党妇女会上发言称，国务院涉嫌与共产党员纠缠不清。当时苏联正试爆核武、中国又成为共产党执政国家，美国国内又有阿尔杰·希斯（Alger Hiss）一案[1]，结果麦卡锡通过在国内冒升的反共主义，成功从公众那里取得相当的支持，并揭开了"麦卡锡主义"时代的序幕。

朝鲜战争是美国在第二次世界大战后首次陷入的一场大规模战争。这是一场围绕地缘战略的争夺，也是冷战爆发后西方阵营与社会主义阵营之间的第一场价值观之战。应该说，美国起初对卷入这样一场战争并无准备。但在美苏冷战不断升级以及麦卡锡主义在美国国内日益猖獗的背景下，美国不仅放弃了原本拟定的将朝鲜半岛排除在美国军事防卫范围内的决定，而且在战争进程中一再突破自身设置的限度，致使战争不断升级。美国越来越深地陷入朝鲜战争的泥潭，虽然客观上与战场最高指挥官麦克阿瑟的独断专横有直接关系，但从根本上看，它是美国奉行遏制苏联的地缘战略及坚持反共意识形态战略的必然结果。

三、战争特性与美国政治体制

美国国家特性极其复杂，也不断演变。从美国立国之初到19世纪末，美国的主要精力在于在北美大陆站稳脚跟，并尽快构建美国的国家特性。在这一时期，美国国家特性中保守、谨慎的一面相对突出。随着美国羽翼渐丰，外向、扩张的一面开始暴露。美国成为唯一超级大国后，世界上没有真正能与之相匹敌的对手，于是其对外好战的特性明显突出。美国处于一个相对安全的地理位置，在西半球没有军事大国，这使得美国国土安全

---

[1] 1948年8月美国前国务院顾问阿尔杰·希斯为共产党间谍集团成员的反共政治案件。

远离真正的外部威胁。美国强大的军事实力以及遍布全球各地的军事基地令其在军事上难有强劲对手。较之于阿富汗、伊拉克这样的国家，美国对它们在军事上动武如同杀鸡用牛刀。当一个国家拥有无与伦比的军事优势时，其政治领导人对于作出战争选择的顾忌往往是十分有限的。政治领导人考虑问题的出发点和落脚点都是政治，即个人从某一决策中得到的政治益处。如果采取军事行动能够有利于提升自己的领导人形象，又不面临战争失败或大量人员伤亡的风险，政治领导人的倾向是显而易见的。军事专家瓦尔特（Walther von Brauchitsch）指出，对美国的领导人来说，只要不派遣地面部队，公众就很可能支持他的战争决策。[1]

美国的选举政治通常促使政治人物"做点什么"以讨好选民。19世纪普鲁士军事理论家克劳塞维茨（Karl von Clausewitz）说，战争着眼的是政治目的，是政治人物实现国家政策的手段，人们决不能把手段与目的分割开来。在美国一切围绕选举的政治体制下，金钱和选票是政治领导人优先考虑的大事。没有钱就不能搞政治，有了选票就意味着有了钱，两者紧密相联。法国政治学家托克维尔在18世纪30年代就曾指出，民主制国家的性质决定它在对外事务上的意见大多会极其混乱，外交政策考虑的纯粹是在国内会产生什么影响。他在对美国进行深入考察后评论指出，当美国政治人物谈论外交或进行外交活动时，他们首先关心并考虑的是他们的决策会在国内造成什么样的政治后果，而非其言行可能在对外关系上产生什么样的实际效果。美国一些分析家指出，美国的外交政策实际上是由两党的社会空想家制定的，这些人为了让自己上台费尽脑汁，他们不会建议领导人约束军事行动。他们中的大多数并不会被他们所拥护的政策影响到，比如他们的孩子极少会参军。就算战争进行得不是很顺利，他们也可以在任

---

[1] Stephen M. Walt, "Is America Addicted to War?" *Foreign Policy*, April 4, 2011.

期结束后回到智囊团的闲职上大把捞钱。"毕竟，如果你不能使用军力来肆意重建世界，在华盛顿当大人物又有什么意思呢？"[1]

美国政治体制对总统发动战争缺乏有效的制度制约。美国的政治制度不同于欧洲的议会制，总统所在的党并不一定是国会两院的多数党。一般来说，欧洲国家的政府内阁一旦失去议会中多数议员的支持，就会垮台。美国的情况则不同，白宫与国会往往由不同的党派把持，总统为了让自己的主张成为现实的政策，常常避开国会的干扰进行决策。从美国法律的角度来讲，宣布战争的权力不在总统，而在国会。然而，自第二次世界大战以来，很少有美国总统先得到国会授权才发动战争，一些总统甚至根本不向国会说明国家要采取什么秘密军事行动。虽然宪法有关规定的目的是实现"政府机关之间相互制衡"，但事实上美国的军事行动决定权掌握在总统手中，而总统又可能受到少数顾问的严重影响。第二次世界大战期间，罗斯福总统并未就战争目的同国会进行磋商，他不让立法者们实质性参加或影响制定战略的重大战时会议，甚至没有向国会提供比能从报纸上搜罗到的更多的信息。[2] 乔治·凯南（George Kennan）因此指出，在制定外交政策方面，美国的政治制度在许多方面设计得很差。在他看来，"在执行雄心勃勃而有深远影响的对外政策时，要以讲究实际的态度考虑到我们的政治制度不能与之相适应的那些特点"[3]。

美国领导人在进行战争决策时，民意是他们考虑的重要因素，但美国社会的民意常常受到保守分子和右翼团体的操弄。一些人声音很高，叫得很响，影响很大，但未必真正代表美国整个社会的民意。1992年，美国共和党举行全国委员会大会时，曾担任过国会众议院议长的金里奇（Newt

---

[1] Stephen M. Walt, "Is America Addicted to War?" *Foreign Policy*, April 4, 2011.
[2]（美）乔治·凯南：《美国外交》，世界知识出版社1989年版，第141页。
[3] 同上。

Gingrich）就公然声称民主党人是普通美国人的敌人，大声疾呼他所代表的才是美国人的要求。"9·11"恐怖袭击事件发生以后，新保守主义分子喊出了要建立"新美国世纪"的誓言，任何不支持他们的人似乎都反对美国强大，任何不跟他们一样赞成对伊拉克采取军事行动的人都不是爱国者。可以说，极端保守主义分子在抢占舆论制高点和蛊惑美国民众方面有其独特的手段。20世纪60年代中期以来，他们多次设计议题，并成功进行了政治游说。例如，在他们的游说下，许多美国人相信把纳税人的钱花在医疗保健设施、学校、桥梁、道路、高铁等方面是错误的，而花在军备开支方面则是正确的爱国之举。这样的游说及由此形成的所谓民意，无疑对政府决策产生了误导。

第五节　美国国家特性中的经济因素

美国国家特性突出反映在美国经济金融政策的各个方面。政治人物争宠于选民的需求、体制内各种利益集团争权夺利、经济全球化带来跨国挑战、维护全球经济金融霸主地位的战略谋划等各种因素相互作用。在这一过程中，美国不时诉诸战争，既谋求通过对外战争取得美国海外的利益最大化，又往往借对外战争转移国内矛盾，从而使政治人物的政治生命延长。2008年美国金融危机爆发后，美国在经济金融政策方面的竞争性、扩张性、冒险性和强权性进一步暴露。

一、战争与美国经济的发展

美国建国以后,频繁参与或发动对外战争,这些战争对美国经济的发展总体上形成了极大的推动。[1]虽然经济增长有其自身的规律和周期,但战争对经济产生的影响仍然是十分显著的。一些学者认为战争并不能改变经济的中长期发展态势,因而主张不要夸大战争的作用。应该说,不能简单地看待战争对经济的影响大还是不大。分析战争对美国经济发展的影响,要从战争规模、战争时机和经济增长周期等方面加以综合观察。

第二次世界大战后的朝鲜战争和越南战争都对美国经济产生了很大的刺激作用,延长了美国经济的增长周期。朝鲜战争结束时,美国经济陷入衰退,但这不是战争造成的,因为这时美国经济已连续增长14个季度。越南战争耗时较长,在战争的前几年,美国经济保持较快增长。后来随着军事开支不断上升,财政赤字开始加大,通货膨胀日益严重,再加上石油危机的冲击,最终导致美国经济出现滞胀,这时战争对经济的影响变成了负面的。尽管如此,从肯尼迪总统到约翰逊总统,美国经济增长周期已经持续35个季度。1991年海湾战争结束后,美国经济跌入低谷,一些人认为是这场战争导致美国经济衰落。事实上,战争爆发时,美国的经济增长周期已经持续了31个季度。

战争对经济的影响是复杂的,有正面的或负面的,短期的或长期的,还有超出经济之外的影响。打一场显而易见能赢的,并且有利于美国控制能源要地或有助于美国占领重要市场的战争,显然会激发投资者的信心,导致股市上涨。相反,当战争久拖不决,且从资源或市场等方面对美国难

---

[1] 关于战争对美国经济的影响,笔者发表过一些作品,主要有:《够了,战争:美国的国家特性及国际政治评论》,北京大学出版社2012年版;《关于美国的战争特性及其影响》,《东北亚论坛》2014年第1期。

以形成明显效益时，战争就将造成赤字上升，使得民众对市场信心减弱，以致股市下跌等。有时战争的短期经济影响可能是负面的，但长期看未必如此。如美国在反恐战争开始后很快将战火烧到伊拉克，防务开支进一步增加，加重了美国的经济负担。但从长远看，美国借此控制了伊拉克的石油，对伊朗形成了更大的压力，加强了对中东这个战略要地和能源基地的掌控。这对美国维护其全球金融霸权和延长其世界领导者地位是有重要作用的。欧洲既是美国军事上的盟友，也是美国经济上的竞争者。中东与欧洲相距较近，而欧洲对中东石油的依赖程度远远高于美国。若中东大乱，欧洲作为一个安全的金融投资地区的地位就会受到影响。一旦出现这种情况，欧洲作为美国在经济和金融方面竞争者的地位就将大为削弱。

美国的军工及能源利益集团是美国体制内特殊的经济团体，它们对美国的战争决策有着重要的影响。美国国会参议员乔治·诺里斯（George Noris）在第一次世界大战前有关美国是否应参加战争的辩论中就曾指出，战争不会给士兵带来好运，也不会给母亲和妻子带来好运，只会给华尔街的股票赌徒带来红运，"他们要战争、要战备，其目的全在于赚钱发财"[1]。大企业财团往往在政府决策中起重大的决定性作用。小布什在总统选举中得到来自石油业的大量捐款，这些捐款者的目的有两个：一是对政府未来的决策施加影响；二是通过捐款直接安排人员进入政府部门充当要职，左右政府的政策决议。石油是重要的战略物资，美国一国所消耗的石油相当于世界石油消费量的三分之一，其中一半以上靠进口。美国的决策层内有相当一批官员与军工及能源产业有着密切的关系，如布什与切尼等一些高官本人就曾担任过有关公司的老板。小布什曾担任得克萨斯州一家能源公

---

[1] Geroge Norris, "Against Entry into the War, April 4, 1917," in Diane Ravith, *The American Reader*, NewYork: HarperCollins Publishers, 2000, p.393.

司的董事，其家族就从事石油业，可以说他的血管中流动的是石油。

军工联合体在20世纪尤其是最近四五十年内开始大规模出现。如今军工产业占据世界经济的三分之一还多，美国军费开支已占全球军费开支的一半。目前有10万多个五角大楼的承包商活跃在世界各地，在诸如阿富汗、伊拉克等美国进行军事行动的地方从事各项工程项目，大发战争财。军火工业所涉及的商品几乎无所不包，从武器弹药、汽油燃料、通信器材、电脑软件、飞机部件到食品药品，统统包括其中。军火工业被认为是美国最有活力的资本主义部分。对美国军工企业及游说集团进行专门研究的胡安·路易斯·贝尔特雷切（Juan Luis Beltrich）指出，在过去20年里，正是这些以破坏和死亡为基础的工业和服务业成为"市场经济"的支撑，它们成了"发展和全球化的发动机"[1]。洛克希德－马丁公司、雷神公司、波音公司、通用动力公司、诺思罗普－格鲁曼公司等这些美国公司都是世界上最主要的军火生产商和经销商，它们是美国发动对外战争的重要推动者，也是战争的主要受益者。军火商游说团体基本上掌控着国会、国防部和其他重要的权力部门。它们和华尔街一样，是真正的美国政府。[2] 它们两边下注，既是共和党的金主，也是民主党的金主，因为无论是哪个党都需要其助力来解决巨额的竞选费用。20世纪60年代初，美国总统艾森豪威尔在告别演说中就曾告诫美国人，"军工综合体"影响太大，应当对它们保持警惕。[3] 著名的冷战理论家乔治·凯南指出，美国已经走上了极端军事化的道路，不仅在思想上，而且在生活上都被军事化了。美国除了有

---

[1] 西班牙《起义报》2012年12月17日刊登胡安·路易斯·贝尔特雷切的一篇文章，题为《"战争"是战争的主要目标》。
[2] 同上。
[3]（美）大卫·哈伯斯塔姆：《最寒冷的冬天：美国人眼中的朝鲜战争》，重庆出版社2010年版，第426页。

数以百万计的军人以外，还有成百万的人在庞大的军事工业体系中谋求生计。他说，"假如没有俄国人和他们那莫须有的邪恶作为我们黩武有理的根据，我们还会想出另外一些敌手来代替他们"。[1]

当今世界，现代战争的形态和规模与传统战争相比发生了很大变化。战争日益呈现高科技化、信息化、局部化，加上美国经济更加金融化和虚拟化，战争对经济的直接拉动作用大为减弱。冷战结束后，美国虽多次发动对外战争或进行军事干预，但美国经济并未因此得到多少提振。美国在2011年的预计赤字高达1.58万亿美元，主权债务突破14万亿美元，大大超过了公认的国际警戒线标准。[2] 美国2008年的金融危机及其之后的经济困难并不完全是反恐战争引起的，关键原因还是在于美国经济金融化造成严重的结构性矛盾、政府大量借贷造成寅吃卯粮以及美国人过度超前消费的习惯。尽管如此，战争加剧了危机的严重性已经是不争的事实。奥巴马总统上台后，不得不试图调整政策。2012年1月5日，奥巴马总统在公布新军事战略时宣布，为了削减不断增长的财政赤字，将在今后10年内削减4890亿美元的国防开支。[3] 然而，到了2023年拜登总统掌权2年多后，美国军费预算开支高达8000多亿美元，美国联邦债务突破34万亿美元，美国在欧洲展开代理人战争，在中东卷入多场冲突，在亚洲频频炫耀军事实力。美国凭借军事武器维护霸权地位的惯用伎俩没有变化，但背负的包袱越来越沉重。

二、霸权与美国经济的扩张

虽然美国控制世界的能力在下降，但美国仍然是当今世界唯一的霸权

---

[1]（美）乔治·凯南：《美国外交》，世界知识出版社1989年版，第136—138页。
[2]《9·11反恐十年美国自己拖垮了经济》，中国新闻网2011年9月8日。
[3] http://news.xinhuanet.com/world/2012-03/15.

国家。美国凭借超强的军事实力和综合国力，在相当程度上主导着第二次世界大战后形成的世界经济、贸易以及金融秩序。这种霸权地位使得美国在国际经济关系中经常使用不公平手段维护自身利益，并通过采取这些不公平手段，在全球经济、贸易和金融等领域获取垄断性的超额回报。这种收益反过来又支撑它继续维持其霸权地位。2008年下半年美国爆发金融危机后，为应对其负面冲击并救助和刺激经济增长，美国政府和货币当局强势出击，迅速采取了一系列扩张性的经济政策，具体有如下几项：

一是减税政策，即降低个人所得税税率。为刺激消费需求，美国政府大幅降低个人所得税税率，使之从2008年第一季度的12.37%下降到2009年第二季度的9.44%。到2010年第二季度，个人所得税税率一直维持在9.44%的低税率。当美国经济摆脱衰退进入复苏后，从2010年第三季度起，美国减税政策逐步退出，个人所得税税率逐步回升，到2012年基本稳定在10.98%左右。

二是消费信贷政策，即大幅扩大消费信贷规模。美国的消费率多年稳居高位，个人消费是美国GDP的重要组成部分，也是美国经济增长的主要动力之一。信贷消费是美国居民消费的一个重要特征。政府为刺激消费增长，于2010年第一季度起大幅增加消费信贷规模，于是2010年消费信贷增速达33.99%，远高于1991—2007年4.4%的平均消费增速。消费信贷规模的大幅扩张，对美国个人消费以及GDP复苏产生了重要的刺激作用。

三是赤字政策，即扩大政府支出。赤字政策是美国应对金融危机的主要财政政策手段。从2008年第二季度到2009年第三季度，美国财政支出平均增速高达16.39%，大大高于1991年至2007年4.75%的财政支出平均增速。伴随着经济增速下降、财政收入减少，2008年第三季度至2009年第三季度，美国财政赤字大增，季度平均规模高达3287.89亿美元，远高于1991年至2007年360.37亿美元的季度财政赤字平均规模。

四是低利率政策，即将美联储基准利率保持低水平，商业贷款利率持续下降。低利率政策是重要的扩张性货币政策。2008年金融危机爆发后，美联储迅速将联邦基金利率从2008年第二季度的2.08%下调到2009年第四季度的0.12%。截至2012年第四季度，联邦基金利率均维持在0.2%以下的低水平。受此影响，美国商业银行贷款利率也持续下降，其中24个月个人贷款利率从2007年第三季度的12.51%下降到2012年第四季度的10.64%，降低了1.87个百分点；同一期间，15年期抵押贷款利率从6.22%下降到2.67%，降低了3.55个百分点。

五是量化宽松政策，即持续增加基础货币供给。从2008年爆发金融危机至2012年底，美国共采取了四轮量化宽松政策，持续增加基础货币供给，增加市场流动性，刺激国内经济甚至转嫁危机。量化宽松货币政策转嫁了美国的经济困难，同时对美国经济复苏起到了重要的促进作用。仅就第二轮量化宽松货币政策而言，它导致2011年和2012年GDP分别增加了4013.3亿美元和7871.3亿美元。除此之外，在国内，量化宽松政策还支持了赤字财政政策的实施；在国际市场上，它则引起全球初级产品价格上涨，并导致美国外债大幅缩水。该政策导致的基础货币发行，则直接意味着美国向全球征收了铸币税。美国通过量化宽松政策获得的铸币税，超过金融危机给美国造成的直接损失。美元是最重要的国际储备货币，实施量化宽松政策，实质上是向全球征收铸币税。截至2013年1月份，美国基础货币余额增加到27983.51亿美元，与2008年8月份相比，净增19553.29亿美元，相当于美国向全球征收了19553.29亿美元的铸币税。根据彭博社统计，截至2009年第四季度，美国金融危机造成的全球次贷损失大约为18256亿美元，其中美洲损失约11922亿美元。美国量化宽松的货币政策为其赤字财政政策提供了支持。2009—2012年美国累计财政赤字50911.3亿美元，而前两轮量化宽松政策导致基础货币增发19928.87亿美元，这意味着约有39.14%的财政支出是依靠量化宽松政策实现的。实施量化宽松政策，持续扩大基础货币供给，导致美元大幅贬值，引起全球物价上涨，并导致美国外债大幅缩水。2009年第一季度至2012年第三季度，美元贬值13.59%，由此引致美国外债缩水34217.48亿美元。

在充分利用美国经济金融霸权优势的同时，美国在经济的创新性竞争力上也下大力气。创新是美国经济发展的一个重要动力，美国社会为创新提供了宽松的氛围，在制度上也为创新提供了良好的保障。美国对世界经济的最新一轮引领作用，主要表现在页岩气革命和以3D打印技术为代表的新技术革命。根据美国能源信息署统计，2011年美国天然气自给率由2000年的82%上升到94.6%，石油自给率由2000年的44.6%上升到50%以上。2005年以来，美国国内页岩气和致密油等非常规油气资源的开发规模不断扩大，石油和天然气自给率以及能源自给率持续上升。而同期油气需求增长缓慢，尤其是2007年以后明显下降，能源供需关系和出口结构发生较大变化，能源独立趋势提升。

页岩气革命的影响是多方面的，它加速了美国经济的复苏：一是创造了依附于页岩气开采的大量工作岗位；二是吸引了巨额投资，已吸引超过900亿美元的国内外投资；三是页岩气产业集群效应非常强。2011年，按照路易斯安那州天然气现货均价144美元/千立方米和页岩气产量1820亿立方米计算，美国页岩气产值达262亿美元，带动相关装备及技术服务业产值超过600亿美元。[1] 四是页岩气开采为世界油气工业重新布局提供了契机，大大降低了美国再工业化的成本，有利于制造业回流。

美国油气出口将导致美国与传统油气生产国之间的利益关系出现调整，它是美国制约传统油气生产国的利器。美国页岩气革命将促进美国能

---

[1] 张定宇：《中国页岩气产业发展对策建议》，《国际石油经济》2012年第11期。

源出口，有助于减少贸易赤字。页岩气革命提高了美国能源自给率，降低了油气对外依存度，使得美国油气进口逐渐降低。2011年，美国成为燃料油净出口国，并由此提出在2035年实现能源净出口的目标。在油气资源国际市场的供给方面，传统产油国将受到美国的竞争。而对于油气消费国而言，这相当于增加了进口来源，进口风险降低，与传统产油国的谈判能力加强，有利于对资源的获取，他们与美国的经济和能源关系将会加强。另一个重要影响是，美元霸权将因页岩气革命而变得更加稳固。石油美元计价既是石油市场全球化的重要条件，也是美元霸权的重要组成部分。这要源于1974年美国与中东国家达成的"石油单一使用美元计价"协议。

　　维护美元霸权是维护美国经济金融主导地位的核心内容。这对维系美国经济的持续发展和美国国家特性的不断强化具有重要意义。20世纪70年代初布雷顿森林体系崩溃后，美国凭借其市场开放与发达的金融市场，形成了美元发挥关键货币功能的国际货币体系，并在此基础上形成了以美元为核心的短期、中长期国际信用周转体系和国际金融体系，即美元体制。近些年来，一方面美国经济金融霸主地位日益动摇，另一方面美国维护自身霸主地位的努力也不断加大。以美元为核心的金融霸权是美国霸权主义的重要支撑。美国凭借美元在国际货币体系中的霸权以及美国金融市场在全球金融市场中的强势，大力推行金融自由化，将各国纳入美国金融霸权及其规则所主导的世界经济体系中。美国不惜动用各种手段甚至军事手段，来维护美元作为国际储备货币的垄断地位，强化美国与东亚形成的"商品美元循环机制"和美国与中东产油国之间的"石油美元定价机制"。对美元霸权的维护，正成为美国不惜动用一切力量予以实现的核心战略。然而始自美国的全球金融危机表明，美元霸权主导的国际金融体系不但不能成为规避风险的手段，实际上是制造祸害的元凶，许多以美元为储备货币的国家都陷入了美元陷阱。因此，目前世界各国针对国际货币体系改革的呼声日益高涨，美国的金融霸权面临严峻挑战。

近年来，随着广大发展中国家特别是以中国为代表的新兴市场国家经济不断增长，美国一再推出贸易保护主义举措，出台芯片科学法案及削减通胀法案，大力扶持美国高科技企业回流美国本土，大肆采取非市场、不正当手段打压其他国家特别是中国高科技企业发展，对全球正常的产业链、供应链形成严重负面冲击。这些举措是美国维护经济金融霸权地位的重要手段，但也恰恰表明美国日益远离曾经驱动其繁荣强大的核心要素。美国变得封闭、保守、焦虑，显然无助于美国保持经济上可持续的竞争力。

美国国家特性包含文化、宗教、种族、政治、军事及经济等多方面因素。美国因其文化、宗教、种族的多样性和多元化，国家建立在政治契约或条约之上。不同祖先、不同宗教或者不信教的美国人在共同的政治理念和宪法基础上维系着对国家的认同。美国民族主义以政治理想而非文化理想或民族优越性为基础，核心理念是其带有普遍性的政治价值观和对美国实力抱有必胜的信念。美国政治文化的主要特点集中体现为选举，从总统、国会到地方城市，选举贯穿于美国社会的方方面面。依据过去10年人口增长的趋势推算，估计到2050年，美国少数族群将占总人口的54%，其中拉丁裔人口将增长到1.33亿，约占美国总人口的30%，亚裔人口将增长到9%左右，黑人增长到15%，这一变化将会对美国的国家特性及政治生态产生重大影响。在构成美国国家特性的诸多因素中，绝不能忽视战争的作用。战争是美国主导世界秩序的利器，也是美国经济发展的重要推手。不断参与战争或在国际事务中诉诸武力，是美国国家特性作用的结果，而美国的国家特性也在一次次的战争中得到凝聚和强化。然而，随着美国政体弊端日益显现，经济实力相对下降，战争红利不断减少，美国面临的各种挑战也日益增多。

第三章

美国国家特性与"9·11"事件后的反恐战略

鹰霾笼罩：美国国家特性及其 21 世纪战略影响

"9·11"事件是继第二次世界大战日本空袭美国珍珠港军事基地后，外国势力首次对美国领土造成的重大伤亡袭击。恐怖袭击事件发生的当天晚上，小布什总统发表电视讲话称，一定要将恐怖分子绳之以法。[1] 美国在此次事件之后把全部工作的重心都放在了反对恐怖主义袭击上。然而，十几年过后，美国对恐怖分子是否是美国主要敌人的怀疑开始加大，并着手调整以反恐为重心的全球战略。这一调整的结果是，亚太地区成为美国全球战略优先重视的地区，而中国则成为美国关注、重视、防范、遏制等各种因素兼而有之的对象。

---

[1] *Text of Bush's address on September 11, 2001,* http://zhidao.baidu.com/link?url= fJY17a0BV3aJ9Se.

第一节　美国遭受"9·11"恐怖袭击事件

2001年9月11日，美国本土发生一系列自杀式恐怖袭击事件。2001年9月11日早晨，本来是个平常的星期二早晨，美国人忙于开始一天的工作和生活。但出乎世人预料的是，难以想象的历史性事件上演了。飞行中的四架美国民航客机被19名劫机者控制，被迫偏离它们正常的航行路线。这些客机原定分别从波士顿机场、纽瓦克机场和华盛顿杜勒斯国际机场飞往洛杉矶和旧金山。当天上午8时46分，许多公司员工刚刚到达位于纽约曼哈顿金融区的世界贸易大厦办公室不久，一声惊天动地的巨响，大家都惊呆了。一架美国航空公司的班机撞向世贸大厦北楼，十多分钟后另一架联合航空公司的班机又撞向世贸大厦南楼。接着，美国国防部所在地五角大楼受到第三架被劫持的飞机撞击，还有一架被劫持的客机坠毁于宾夕法尼亚州的尚克斯维尔（Shanksville, Pennsylvania）附近。在上述一系列事件中，四架客机上的所有人无一生还，包括劫机者在内共2996人死亡，其中有87名来自不同国家的公民。

一、前所未有的大规模劫机恐怖事件

"9·11"恐怖袭击事件所采取的手段是极其残忍的，它给人类社会所带来的震惊是前所未有的。1941年12月7日，日本偷袭美国军事基地珍珠港，造成共2403人失去生命，而"9·11"恐怖袭击比珍珠港事件死亡总人数还多了593人。事件调查委员会主席托马斯·基恩（Thomas H. Kean）说，"9·11"事件给美国人带来了"历史上前所未有的惊恐和痛苦"[1]。

---

[1] Thomas H. Kean, "Preface, 'National Commission on Terrorist Attacks,'" *The 9/11 Commission Report: Final Report of the National Commission on Terrorist Attacks Upon the United States*, W.W. Norton and Company, 2004.

失事客机，N334AA

摘要	
日期	2001 年 9 月 11 日
事故类型	劫机及蓄意撞机
地点	美国纽约世贸中心北座
死亡	机上：92 人 地面：1366 人

涉事航机	
机型	波音 767-223ER
承运人	美国航空
注册编号	N334AA
起飞地	美国波士顿洛根国际机场
目的地	美国洛杉矶国际机场
乘客人数	81（包括 5 名劫机者）
机组人员	11
生还人数	0

美国航空 11 号班机是"9•11"恐怖袭击事件中首架被劫持的客机，它是一架美国航空的波音 767-223ER 客机，机身编号 N334AA，当时正由波士顿洛根国际机场前往洛杉矶国际机场。该航班遭 5 名劫机者胁持，最后于早上 8 时 46 分撞击纽约世界贸易中心的北座大楼。在当天所有被劫持的 4 架客机中，11 号班机遇难人数最多，达 92 人。

第三章 美国国家特性与"9·11"事件后的反恐战略

失事客机，N612UA

摘要	
日期	2001 年 9 月 11 日
事故类型	劫机事件导致撞向世贸中心
地点	美国纽约世贸中心
死亡	65
受伤（非致命）	0

涉事航机	
机型	波音 767-222
承运人	联合航空
注册编号	N612UA
起飞地	美国波士顿洛根国际机场
目的地	美国洛杉矶国际机场
乘客人数	56（包括 5 名劫机客）
机组人员	9
生还人数	0

联合航空 175 号班机是一架从马萨诸塞州的波士顿罗根国际机场飞往洛杉矶国际机场的定期航班。在 2001 年的 9 月 11 日，联合航空一架登记编号 N612UA 的波音 767-222 客机，成为"9•11"恐怖袭击事件中遭到劫机的四架飞机之一。该航班是第二架撞向世界贸易中心的飞机，较美国航空 11 号班机迟 17 分钟撞入大厦。

失事客机，N644AA

摘要	
日期	2001年9月11日
事故类型	劫机及蓄意撞机
地点	美国华盛顿西南部的阿灵顿区（五角大楼）
死亡	机上：64人 地面：125人

涉事航机	
机型	波音757-223
承运人	美国航空
注册编号	N644AA
起飞地	美国华盛顿杜勒斯国际机场
目的地	美国洛杉矶国际机场
乘客人数	58（包括5名劫机者）
机组人员	6
生还人数	0

美国航空77号班机于2001年9月11日早上8时10分，载着54名乘客（包括5名劫机客）从华盛顿杜勒斯国际机场起飞，目的地为洛杉矶国际机场。美国航空77号班机是"9•11"恐怖袭击事件中第三架被劫持的客机，在上午9时37分带着1万多加仑的油以530英里的速度撞入五角大楼西翼并引起大火。被袭击的部分刚刚翻新过，还没有完全投入使用，但是仍然造成五角大楼西翼125人丧命。

失事客机，N591UA

摘要	
日期	2001年9月11日
事故类型	劫机事件导致坠毁
地点	美国宾夕法尼亚州尚克斯维尔
死亡	44
受伤（非致命）	0

涉事航机	
机型	波音757-222
承运人	联合航空
注册编号	N591UA
乘客人数	37（包括4名劫机者）
机组人员	7
生还人数	0

  联合航空93号班机是从新泽西州的纽瓦克国际机场飞往旧金山国际机场的联合航空定期航班。2001年9月11日，该航班的一架登记编号为N591UA的波音757-200客机，成为"9·11"恐怖袭击事件中遭到劫机的四架飞机之一。联航93号班机并没有抵达原先恐怖分子预定的撞击目标华盛顿哥伦比亚特区，而是坠毁在接近宾夕法尼亚州索美塞特县尚克斯维尔镇（Shanksville）附近的一处无人田地。调查报告总结指出，乘客

们的反击行动最终迫使劫机者们将飞机朝地坠毁，而没有抵达原先的预计目标。

"9·11"恐怖袭击事件发生以后，美国政府处于高度戒备状态，严防类似恐怖袭击事件再次发生，并多次发布新一轮袭击警报。美国不仅在国内采取行动，同时也动员它领导的北约和其他军事盟国一起采取行动。北约在其历史上首次启动共同防卫机制，即1949年北约协议签订时有关国家达成的第五款宣布，恐怖分子对其某一成员国的袭击，将被视为对所有成员国的袭击。太平洋安全防卫组织亦在北约发表声明后宣布，该组织的共同防卫条例即时生效。澳大利亚和新西兰军队也进入待命状态，随时准备投入战争。一些美国的传统盟国，如英国、加拿大、澳大利亚、德国、以色列等国亦宣布国家进入紧急状态，并加大对机场、地铁、轻轨等公共交通的安全巡防。事件发生以后，西方各国政府的民间支持度均大幅上升。并未赢得多数普选票而成为总统的小布什在美国的民望支持度也大幅上升，这就巩固了他领导联邦政府的权力基础。

作为对这次袭击事件的回应，美国发动了"反恐战争"。第一个打击目标就是阿富汗塔利班政权，理由是他们拒绝按照美国要求立即提交"基地"组织的头目、嫌疑犯奥萨马·本·拉登（Osama bin Laden）。美国东部时间2001年10月7日下午12时30分（当地时间晚上9点），美国与英国军队发动了对阿富汗的军事袭击，针对塔利班的军事、通信设施以及可能的恐怖分子训练营地投掷了炸弹。2001年11月，由美英部队支持的北方联盟控制了阿富汗首都喀布尔。"基地"组织于1989年在阿富汗成立，当时阿富汗已经处于苏联入侵的后期。这个拥有军事武装的伊斯兰宗教组织最初的矛头是指向苏联，并参与了抵抗苏联入侵者的游击战争。但在1991年苏联从阿富汗撤离后，其矛头转向西方国家。因为在其看来，西方国家企图用基督教文明改变伊斯兰教社会。美国指责这一组织多次实施针对美国的恐怖袭击，因而它被联合国安全理事会列为世界恐怖组织之一。[1]虽然美国在"9•11"事件前曾多次对基地组织发动过军事打击，但并没有在全球范围内全面围剿基地恐怖分子。反恐战争打响后，习惯于打游击战争的基地组织头目奥萨马•本•拉登出没无影无踪，美军在阿富汗未能捕获他。美国东部时间夏令时2011年5月1日下午4点，经过近十年的努力，美军终于在巴基斯坦阿伯塔巴德的一次突袭中将奥萨马•本•拉登击毙。

2002年11月27日，美国总统和国会决定共同成立"9•11"事件独立调查委员会，由民主党和共和党各5名成员组成。经过阅读250多万页文件，采访10个国家共1200余人，举行12次、历时19天、共有160人作证的听证会，调查委员会的最终调查报告于2004年7月22日正式发布。报告试图尽可能复原"9•11"事件发生前后的所有细节，找到事件的缘由，总结教训，避免惨剧再次出现。[2] 报告指出，"9•11"事件表明美国面临的敌人与以往的敌人大为不同，这些敌人并非少数可预测的危险国家，而是一系列超越传统国家概念的、无形的、难以预测的挑战。美国的国家战略以及国家情报机构都是以赢得冷战的战略指导思想而设置的，面对新挑战，这些已经不能适应新形势的需要。[3]

这份调查报告的最终文本披露了许多鲜为人知的内幕。调查报告指出，本•拉登并不像美国媒体报道的那么有钱，他只是在过去20年里每年都能

---

[1] Walter Enders and Todd Sandler, *The political economy of terrorism*, Cambridge: University Press, 2006, p.6.

[2] Thomas H. Kean, "Preface," National Commission on Terrorist Attacks, *The 9/11 Commission Report: Final Report of the National Commission on Terrorist Attacks Upon the United States*, W.W. Norton and Company, 2004.

[3] National Commission on Terrorist Attacks, *The 9/11 Commission Report: Final Report of the National Commission on Terrorist Attacks Upon the United States*, W.W. Norton and Company, 2004, p.399.

从家族资产中获得 100 万美元的"津贴"。基地组织所需的其他资金大都通过募集所得。其中，本·拉登本人发挥了不可小觑的作用。由于本·拉登和多名劫机者都是沙特人，所以美国朝野一直有人质疑沙特政府和"9•11"事件之间有直接或间接的联系。美国国会在调查中曾质疑沙特驻美使馆直接向"9•11"劫机犯提供了资金，由此引发了美国和沙特政府之间不小的外交纠纷。但是这次调查报告让沙特政府重新获得了清白，排除了沙特官员资助基地组织恐怖分子的嫌疑。[1] 调查委员会还说，没有"确凿可信的证据"表明伊拉克萨达姆政权和基地组织联手袭击了美国。事实上，本·拉登曾相当敌视萨达姆政权，并大力资助伊拉克境内的宗教极端武装，支持他们发动"倒萨"游击战，并希望最终在伊拉克建立一个宗教社会来取代萨达姆政权的世俗社会。美国《华盛顿邮报》报道说，报告列举了 10 个可能避免恐怖事件的"行动机会"，其中 6 个机会出现在布什执政期间，另外 4 个出现在克林顿执政期间。报告对美国共和党和民主党均有批评，认为两党各有责任，这也避免了出现一场陷入相互指责、相互推诿的政治纷争。[2]

珍珠港事件之后的 1947 年，美国开始建立空前庞大的间谍和情报收集网，并催生了中央情报局（CIA）来从事间谍任务，分析和协调所有的情报活动。CIA 从事人力资源方面的情报收集，使用各种先进的科技手段进行全面的情报分析。除 CIA 外，美国还有诸如 NSA 即国家安全局等各种专门职能的情报机构。美国的情报机构现在拥有 15 个成员，它们的任务包括收集卫星及电子情报等为军队提供信息。这些间谍网的使命是保证

---

[1] National Commission on Terrorist Attacks, *The 9/11 Commission Report: Final Report of the National Commission on Terrorist Attacks Upon the United States*, W.W. Norton and Company, 2004, p.169.

[2] "Possibilities of Avoiding the Attacks," *The Washington Post*, July 21, 2004.

类似珍珠港事件不再发生,但"9•11"事件表明这些努力失败了。[1] 中情局局长在美国情报系统中虽然职务最高,但起实质控制作用的是国防部,它掌握了这个领域80%的预算。[2] "9•11"事件后广为追捧的药方,也是被"9•11"报告所大力推荐的,那就是创立一个情报的独裁者。他不仅主持CIA,还主管其他所有的情报机关。《今日美国》发表社论称,将"9•11"终极调查报告与珍珠港事件的调查报告进行对比后得出的结论是,"9•11"调查报告太肤浅。1946年的调查报告与"9•11"报告中的很多结论基本相似,如不同的情报部门之间未能分享各自的信息,否则这些线索将组合成为清晰的预警情报等等。[3]

二、"9·11"恐怖袭击事件对美国的冲击

在"9•11"恐怖袭击事件中,恐怖分子几乎选择在同一时间采取行动,劫持多架飞机并撞向纽约的世贸大楼和华盛顿的五角大楼。这些极具代表性的建筑瞬间轰然倒塌,并致使几千人丧命,所造成的视觉及心理冲击前所未有,其影响涉及政治、安全及经济等各个领域。突然之间,世界上最强大的国家变得如此脆弱,世界上最安全的地方变得如此危险,美国人从此对安全的看法发生了根本性转变。美国国务卿赖斯指出,"9•11"事件

---

[1] National Commission on Terrorist Attacks, *The 9/11 Commission Report: Final Report of the National Commission on Terrorist Attacks Upon the United States*, W.W. Norton and Company, 2004, p.407.
[2] NSA即国家安全局,其全称是National Security Agency。但由于NSA工作效果不被认可,人们将NSA戏称为是"No Security Agency"的缩写,译成中文为"没有安全局"。"Nothing Has Been Found," *USA Today*, July 22, 2004.
[3] "Nothing Has Been Found," *USA Today*, July 22, 2004.

对美国而言是分水岭式的重大事件，与专制和恐怖作战就是美国在这个时代的首要任务。[1]

"9·11"恐怖袭击事件发生后，美国白宫和国防部接连发布重大战略报告，推出重大战略决策。小布什政府相继推出"反恐战争""国土安全""邪恶轴心""先发制人""制止大规模杀伤性武器""核打击"等概念。美国新的国家安全战略彻底告别了建立在冷战结构上的战略，是美国在第二次世界大战后所作的最大战略调整。冷战开始以后，美国在军事上奉行威慑战略，核心是一旦美国受到敌对国的攻击，将对其发起大规模的报复。这一威慑战略把矛头对准某个敌对国家以及仇视美国的政府，一旦爆发冲突，美国采取报复行动的地点和人员是很明确的。而恐怖袭击事件表明，这种战略对没有国家及公民要保护的恐怖组织网络根本不起作用。美国战略思想和战略决策的最大变化就是，认定"邪恶轴心"，突出绝对安全，明确"先发制人"，以此取代美国冷战后实行的长达几十年的"遏制威慑"政策。为此，美国决心加快速度研制和部署国家导弹防御系统，完善防御体系并建立了北方司令部，改组了联邦调查局，成立了国土安全部，签署了防止生物恐怖袭击法案。

从抛出"邪恶轴心"到提出"先发制人"的军事政策，小布什政府事实上已经基本规划好了从阿富汗到伊拉克的反恐战争路线图。继2001年9月美国国防部公布《四年防务评估报告》后，小布什政府在2002年1月29日发表国情咨文，首次将伊拉克、伊朗和朝鲜这三个国家合称为"邪恶轴心"。接着3月9日美国媒体透露，美国国防部《核态势评估报告》中将中国、俄罗斯等七个核国家列为可以动用核武器打击的目标。6月1日，

---

[1] 徐步：《够了，战争：美国的国家特性及国际政治评论》，北京大学出版社2012年版，第99页。

小布什总统在美国西点军校发表讲话，第一次明确提出"先发制人"的政策。他说，美国现在面临的威胁没有先例，以前敌人需要大量的军队和庞大的工业能力才能对美国构成威胁，而"9•11"事件造成了前所未有的混乱和痛苦，敌人付出的成本不过相当于一辆坦克的造价。[1] 6月10日，《华盛顿邮报》发表文章《先发制人的军事战略》，称小布什政府上台后第一份"国家安全战略"将把"先发制人"战略正式确定为国家安全战略。[2] 6月17日，《纽约时报》文章指出，小布什总统要求对企图发展大规模杀伤性武器的国家和恐怖组织采取"先发制人"的打击，伊拉克被锁定为第一个目标。美国国家安全事务顾问赖斯表示，美国不能等遭到袭击后再作出反应，因此"先发制人"非常必要。[3] 很显然，"先发制人"战略一出笼就意味着美国攻打伊拉克的号角已经吹响。

从保护本土绝对安全到在国外进行"政权更替"，美国人全面摆开了阵仗。2002年4月17日，美国五角大楼正式宣布调整战区结构，重新分配了美国本土和本土以外各战区承担的军事任务，同时首次成立了专门负责北美洲大陆安全的北方司令部，使之成为美国第五大战区司令部、第十大联合作战司令部。美国自1865年南北战争结束后，就一直没让军方干预国内的执法活动，这反映出其在战略上出现了重大调整。6月6日，小布什总统宣布成立"国土安全部"，这是自20世纪40年代以来美国政府最为重大的改组措施。这一新内阁机构的职责主要有四个方面：紧急情况预防与处理、生化和放射性武器袭击的预防、交通和边境安全以及情报

---

[1] 《美国总统布什在西点军校毕业典礼上的讲话（2002年6月1日）》，http://wenku.baidu.com/link?url=RL_HSLw5Rq2sK3DTpXNZhbBd2ObWVbEGLAj4DupIdvfLRCDkMcFdQbgWydYeVeCbxvwdHA8O_XI_H5aZ1Hf0nQYZRKH4g9t2JMl-fXDceIq。

[2] "The Preemptive Military Strategy," *The Washington Post*, June 10, 2002.

[3] "Preemptive Strike will Be the National Strategy," *New York Times*, June 17, 2002.

收集汇总和分析。恐怖袭击事件发生后，美国人深刻总结教训，认为涉及反恐工作的有关部门长期以来职能分散，缺乏统筹，以致酿成大祸。设立"国土安全部"的目的就是要改变原来的状况，加强负责国土安全的各重要机构之间的合作与协调，以共同对付21世纪的新型威胁，防止美国再次遭到恐怖袭击。[1] 9月20日，美国白宫发表了小布什上任后的第一份美国国家安全战略报告，将改造别国政权（regime change）作为维护美国安全的重要手段，强调"美国所面临的最大危险在于极端主义与科技发展的结合"。12月10日，白宫又公布了制止大规模杀伤性武器的国家战略报告，首次以政府文件形式正式宣布美国将使用包括核武器在内的"所有手段"打击制造、扩散、运输、藏匿大规模杀伤性武器（Weapons of Mass Destruction，缩写为WMD）的敌对国家。12月17日，小布什就美国部署导弹防御系统发表声明，下令军方着手部署导弹防御系统，以预防大规模杀伤性武器对美国造成"灾难性破坏"。专家们指出，制止大规模杀伤性武器、反恐战争、国土安全战略以及新威慑观成为小布什主义的关键内容，标志着美国国家安全战略发生了"重大变化"。[2] 美国在"9·11"事件后采取的重大举措可以列表如下：

---

[1]《布什宣布将成立国土安全部》，新华社2002年6月6日。
[2] 魏宗雷：《美国国家安全战略发生重大变化》，中国网2002年12月25日，http://www.china.com.cn/chinese/2002/Dec/252151。

"9·11"事件后美国政府采取的重大举措

时间	重大事件
2001年9月11日	美国纽约世贸中心和国防部所在地五角大楼遭恐怖袭击。
2001年10月7日	因阿富汗塔利班政权拒绝交出"基地"组织头目本·拉登,美国开始对阿富汗实施大规模军事打击,阿富汗战争爆发。
2001年10月26日	小布什签署《爱国者法案》,在维护国家安全的名义下,赋予有关当局更多的侦查和搜查权。
2001年11月3日	小布什签署命令批准设立特别军事法庭审判外国恐怖嫌犯。
2002年1月29日	小布什在国会发表《国情咨文》,首次提出伊拉克、伊朗和朝鲜这三个国家为"邪恶轴心"。
2002年4月17日	美国国防部宣布组建美军北方司令部,负责美国本土防御。
2002年6月12日	小布什签署《防止生物恐怖袭击法案》,以应对包括炭疽袭击在内的恐怖威胁。
2002年7月16日	小布什正式公布美国历史上第一份《国土安全国家战略》,加强国内安全,防止美国遭到类似"9·11"事件的恐怖袭击。
2002年9月20日	小布什上台后的第一份《美国国家安全战略》公布,首次正式提出针对恐怖分子和敌对国家的"先发制人"战略。
2002年11月25日	小布什签署成立国土安全部的法案。
2003年2月14日	小布什政府出台《打击恐怖主义国家战略》,称美国将在必要的时候单独行动,把战斗打到恐怖分子隐藏之处。
2003年3月20日	美国以伊拉克拥有大规模杀伤性武器及与本·拉登相勾结为由,发动伊拉克战争。

"9·11"事件对美国经济的影响是直接、巨大而深远的。世界贸易中心大厦内有许多跨国公司，它们在事件中丧失了大量公司财务、业务资料和软件设备，各种损失难以估计。世界最重要的金融中心受到如此袭击，不可避免会严重冲击全球股票市场，伦敦证券交易所不得不进行疏散，纽约证券交易所不得不关闭，直到"9·11"后的第一个星期一才重新开市。道琼斯工业平均指数重新开盘第一天下跌14.26%，足见恐怖袭击事件对市场造成的极大恐慌。旅游、保险与航空股跌幅最为严重，相关行业深受其害。"9·11"事件发生时，美国经济已经开始放缓，事件加剧了全球经济的萧条。"9·11"恐怖袭击导致美国在阿富汗和伊拉克等地展开了打击恐怖主义的军事行动，美国的战争和其他国土安全开支急速飙升。奥巴马在2013年6月22日发表阿富汗撤军计划时提到，十年反恐战争美国花了1万亿美元。但美国布朗大学公布的由20多名学者历经数年努力共同完成的名为《战争代价》的研究报告指出，"9·11"事件后美国在两场对外战争上的战费开支预计在3.7万亿—4.4万亿美元之间，远远超过国会和联邦政府提出的预算总额。[1]

诺贝尔经济学奖得主、美国哥伦比亚大学教授斯蒂格利茨（Joseph Eugene Stiglitz）认为，伊拉克战争的花销远远超出小布什政府一开始宣称的600亿美元，反恐战争的成本可能高达5万亿美元。[2]战争消耗了美国大量的资源，造成美国财政资源分配失衡，致使联邦政府振兴经济的筹码大为削弱。因此，奥巴马总统上任后收拾烂摊子也格外辛苦。2021年8月15日，美国和北约领导的"坚定支持任务部队"从阿富汗全面撤出，美国

---

[1] 刘卫东：《9·11十周年后的美国与世界》，中国网2011年9月7日，http://opinion.china.com.cn/opinion_93_23593.html。
[2]《9·11反恐十年美国自己拖垮了经济》，中国新闻网2011年9月8日，http://www.chinanews.com/hb/2011/09-08/3315620.shtml。

自反恐战争开始后历时 20 年的对阿富汗军事行动宣告结束。全世界目睹了美国从阿富汗仓皇撤军的"喀布尔时刻",不久阿富汗塔利班重新掌握政权。这标志着美国在阿富汗军事、政治、反恐的全方位失败。

三、新十字军东征的内在含义

残忍的暴力手段,滥杀无辜平民的极端恐怖主义,是文明社会和人类良知的共同敌人。尽管如此,针对为什么美国成为基地组织恐怖攻击目标这一问题,站在不同的立场或者从不同的角度分析,得出的结论有很大不同。

小布什总统在美国遭受恐怖袭击的当晚,在短短几分钟的全国电视讲话中,4 次使用了"邪恶(evil)"这一词来描述恐怖分子,并称"美国之所以成为攻击的目标,是因为我们的自由和机遇之灯塔是世界上最明亮、最耀眼的"。他还引用《圣经》中的话语为在此次事件中受到伤害的人们祈祷,称"我祈祷他们能得到神的安抚,正如世代流传的《圣经》所言:尽管我行走在死亡的阴影之谷中,但我并不惧怕邪恶,因为你与我同在"。[1] 后来小布什总统在讲话中也一再使用"邪恶(evil)"这个词来描述敌对势力。在西方文化中,"邪恶(evil)"是一个具有浓重道义和宗教色彩的词语,意思是"极端的不道德",是"恶魔",必须被彻底消灭。[2] 小布什总统紧接着在当年 9 月 18 日的讲话中进一步指出,反恐战争就是一场新的"十字军东征(crusade)"[3]。在他看来,美国遭受恐怖袭击是因为美国是自

---

[1] *Text of Bush's address on September 11, 2001*, http://zhidao.baidu.com/link?url=fJY17a0BV3aJ9Se.

[2] 关于 evil 的解释,参见 Wikipedia, the free encyclopedia, http://en.wikipedia.org/wiki/Evil.

[3] 姜楠:《布什说反恐战争是新十字军东征》,《中国青年报》2002 年 10 月 18 日。

由的代表，是正义的化身，反恐战争就是"替天行道"，是新时代的宗教战争。尽管后来小布什总统解释说打击恐怖主义极端分子的战争不是针对伊斯兰教的战争，但他的讲话仍在伊斯兰世界引起轩然大波。

对穆斯林来讲，历史上参加十字军东征的西方基督徒都是恶魔。自19世纪晚期以来，西方帝国主义和犹太复国主义就被描绘为"现代十字军"。即使是西方的历史学家，也有不少人认为十字军东征是殖民冒险，其动机就是贪婪与领土扩张。小布什使用这一词汇，无异于把反恐与反伊斯兰教及反阿拉伯人等同起来，无异于将本·拉登及其同伙的恐怖行动说成是抵抗基督教和犹太人的入侵，无异于认同本·拉登一伙人的圣战地位。[1] 从外交以及团结大多数伊斯兰民众的实际需要看，小布什所言"新十字军东征"可能是一时口误。但从小布什的个人情感来讲，本·拉登所代表的当然不仅仅是恐怖主义。新保守主义的重要笔杆查尔斯·克劳萨默（Charles Krauthammer）将反恐战争与第二次世界大战比较后指出，在阿富汗和伊拉克建立"文明、高尚、不好战、亲西方的政府"与20世纪40年代美国在日本和德国所主导的政体改革同等重要。他在美军占领巴格达后曾说过，"1991年12月26日，苏联消亡，新格局诞生。这是一个全新的格局，一个无人能抗衡、在全球每个角落具有决定影响的超超级力量所主导的单极世界"。[2] 很显然，在他看来，反恐战争是美国称霸世界的一个重要步骤。他的看法代表了当时美国许多人的观点或是期待。

基地组织领导人本·拉登也给出了他为什么要策划发起攻击美国之行动的理由。2004年10月29日，卡塔尔半岛电视台在距离当年美国总统大选不到四天时播放了本·拉登的电视录像。本·拉登在录像中指出，他仇

---

[1] 畅征：《论"新十字军东征"》，《领导科学》2010年5月。
[2] 徐步：《媒体的鼓噪与新保守主义政策的形成》，《华夏时报》2007年9月16日。

视美国的原因在于"美国威胁自由穆斯林世界的安全"以及"美国和以色列破坏黎巴嫩和巴勒斯坦人的安全"。他还指责小布什误导美国民众,让大家错误地相信基地组织因憎恨自由而袭击美国。他说,"我们热爱自由,因此才同美国作战,并要重新得到失去的自由和安全","既然美国破坏了我们的自由,那么我们也要用同样的办法给予报复"。[1] 美国对阿富汗采取军事行动后,美军在喀布尔找到一些证据表明,确实是本·拉登策划了针对美国的恐怖袭击。其中一卷被遗弃的录像带显示,本·拉登在与同伙的一次会议上详细讨论了如何袭击美国。本·拉登指责美国在中东宣扬西方文化和价值观,推销美国人对性及酒精的开放思想。他对美国及西方的批判在中东伊斯兰世界有着广泛的影响。[2]

对美国流行文化的不同看法可参见下表:[3]

---

[1]《拉登首次承认策划"9·11"事件并披露起因》,人民网 2004 年 10 月 30 日,http://www.people.com.cn/GB/guoji/14549/2953972.html。
[2]《美国"9·11"恐怖袭击事件》,http://www.360doc.com/content/14/0305/09/1427567_357843519.shtml。
[3] BBC World Service poll, *Positive vs. Negative views regarding the influence of various countries*. 29,977 citizens in 28 countries, were interviewed face-to-face or by telephone between 30 November 2009 and 16 February 2010.

表 3-6 2010 年 BBC 各国对美态度民调

国别	正面	负面	中立
美国	60%	22%	18%
加拿大	44%	38%	18%
中美洲国家总合	64%	24%	12%
智利	55%	26%	19%
巴西	53%	35%	12%
墨西哥	13%	49%	38%
葡萄牙	57%	20%	23%
意大利	56%	22%	22%
英国	48%	35%	17%
法国	45%	39%	16%
西班牙	40%	33%	27%
德国	39%	47%	14%
俄罗斯	25%	50%	25%
埃及	45%	29%	26%
土耳其	13%	70%	17%
肯尼亚	85%	10%	5%
加纳	72%	13%	15%
尼日利亚	64%	32%	4%
菲律宾	82%	8%	10%
韩国	57%	38%	5%
泰国	49%	35%	16%
阿塞拜疆	44%	38%	18%
印度	39%	28%	33%
澳大利亚	37%	38%	25%
印尼	36%	39%	25%
日本	34%	18%	48%
中国大陆	29%	44%	27%
巴基斯坦	9%	52%	39%

从深层次来看，"9·11"恐怖事件发生的根本原因与美国主导不公平的国际政治经济秩序有着密切的关系。美国在全世界范围内特别是中东推广西方思想文化，传播美式民主制度，在中东问题上不能秉持公正立场，这些都引起伊斯兰世界民众的广泛不满，给伊斯兰极端恐怖主义提供了滋生的土壤。反美主义包括多方面内容，例如政治（反帝国主义）、经济（反资本主义）、宗教（反基督教或反世俗）、文化（反好莱坞）以及道德（反西方价值观）等。反美主义产生的最主要原因是美国的外交政策。美国动辄以"世界警察"自居，对中东事务多次进行干预，引起穆斯林对美国的反感情绪。在伊斯兰世界，美国在阿拉伯人与以色列人冲突中的角色往往被视为不公平且偏向以色列。美国对巴勒斯坦人袭击以色列平民的事件通常反应很快，但对以色列军队攻击巴勒斯坦平民的事件往往视而不见。美国在联合国安理会讨论谴责以色列提案时，几乎无一例外地运用否决权加以阻止，这些都引起伊斯兰世界的强烈不满。美国虽然一再表示尊重伊斯兰文化，但事实上并没有客观看待，也没有尊重其他文明和文化。如此，美国长期在伊斯兰世界的所作所为不仅为反美恐怖势力提供了滋生的土壤，也为它们的发展壮大提供了营养。美国在世界上到处宣扬美式价值观念和制度模式，无疑对其他宗教和文化的传承和发展构成了伤害，这也等于将自己摆到了其他文明的对立面，从而陷入了自己制造的文明冲突之中。[1] 可以说，如果不从这些角度去客观思考并调整政策，美国与反美恐怖势力的较量就难有穷期。

---

[1] 徐步：《历史的终结与混乱的时代》，《华夏时报》2007年10月15日。

第二节　右翼保守派对美国军事决策的影响

"9·11"事件后，美国在阿富汗的反恐军事行动进展迅速，小布什政府一心希望在打垮塔利班政权后，立即将军事行动的主战场从阿富汗转移到伊拉克。但围绕是否必须要对伊拉克动武以及如何处置萨达姆政权，国际上出现了不同的声音，小布什政府内部也存在明显的分歧。一派以美国副总统切尼（Richard Bruce Cheney）及国防部长拉姆斯菲尔德（Donald Rumsfeld）等右翼鹰派人物为代表，主张不论如何都要对伊拉克动武并除掉其领导人萨达姆；另一派则由国务卿鲍威尔（Colin Powell）为代表，主张是否对伊拉克动武要视萨达姆本人的态度而决定。

一、伊拉克与新时期美国意识形态战争

"9·11"事件发生后，美国国内群情激昂，对恐怖分子的仇恨很大程度上转化为极端的爱国主义和民族主义，这就使得反恐战争从一开始就被打上了意识形态的烙印。笔者于2002年初到纽约工作，当时"9·11"事件虽已发生四个多月，但无论是在出租车、私家车还是一般建筑物上，到处可见美国国旗。在这种背景下，华盛顿的任何对外强硬决策都会得到美国民众压倒性的支持。2003年3月20日（伊拉克时间），小布什政府对伊拉克发起大规模军事打击，理由是伊拉克萨达姆政权制造并隐藏大规模杀伤性武器，且暗中支持恐怖分子。由于国际社会对美国的战争计划普遍反对，美国决定绕开联合国安理会，纠集几个小盟友对伊拉克动武。

2003年4月9日，美军攻入巴格达，萨达姆政权垮台。2003年4月15日，美国宣布伊拉克战争的主要军事行动结束。战争之前，不少军事评论家认为，伊拉克不是阿富汗，萨达姆经营多年，又长期同伊朗打仗，武器装备也优于塔利班，故美国对伊拉克的战争打得不会很轻松。然而，不到一个

月的时间，美国领导的所谓"联军"就攻下了伊拉克全境。萨达姆东躲西藏，仍于2003年12月13日被美军俘获，并于2006年底被执行绞刑。问题在于，美国对伊拉克在军事上的速胜，并没有转化为对伊拉克有效的控制，也没有实现伊拉克国家的稳定。相反，伊拉克从此陷入了混乱的无政府状态，针对驻扎在伊拉克美军的暴力爆炸事件不断发生。2011年12月14日，美国宣布伊拉克战争结束。在持续约9年的这场战争中，美国共有近4500名官兵丧生，约3.2万人受伤，军费耗资约7630亿美元。同时，战争给伊拉克人民带来了巨大灾难，10万多伊拉克平民死于战争。

围绕美国是否有必要对伊拉克开战这个问题，美国政府内部有很大争议。国务卿鲍威尔等认为，如果伊拉克萨达姆政权在国际社会特别是美国的压力下能够自动解除武装，也就是说对美国俯首称臣，那么美国就没有必要对其实施军事打击行动。鲍威尔是军人出身，曾担任美军参谋长联席会议主席，在布什政府算是最有军事经验的人。但他在对外采取军事行动这一问题上相当谨慎，因为他认为对伊拉克动武的时机并不成熟。[1] 针对恐怖袭击事件之后美国在安全上面临的新形势，鲍威尔认为，美国对外军事行动的优先选择模式应该是：美国领导＋联合国安理会授权＋多国部队协同。也就是说，美国的领导虽必不可少，但只有美国的行动获得联合国的授权，美国在道义上才能占据制高点。他认为，这样做既能使美国掌握战争的领导权及战事进程的主导权，又能显示美国作为世界领导者的正统性和合法性。然而，鲍威尔的主张在当时美国政府内部并不占主导地位。

美国对伊拉克的战争贯穿了新保守主义思想。美国副总统切尼和国防部长拉姆斯菲尔德是鹰派人物，都是新保守主义思想的忠实支持者。他们

---

[1] Steven R. Weisman, "History Lessons for Wartime Presidents and Their Generals," *The New York times*, Sept. 15, 2002.

强调，只要萨达姆掌权，伊拉克就不可能解除武装，因此动用武力对伊拉克实行"政权更替"是解决问题的唯一出路。切尼和拉姆斯菲尔德被认为是进攻性民族主义者（Assertive Nationalists），他们关注的焦点是运用美国的军事实力，打败对美国安全的威胁。他们有时会出于政治考虑使用威尔逊主义的语言，但他们对将世界改造成美国的模样没什么兴趣。他们对国家建立（Nation Building）深为怀疑，坚信世界政治总是霍布斯式的事务（Hobbesian Affair），认为传播民主超出了美国的义务，也不可能成功。在对伊拉克动武问题上，他们主张所动用的军力只要能将萨达姆政权推翻即可，战后则主张采用阿富汗模式，将美军的卷入控制在维持基本的安全及确保摧毁伊拉克大规模杀伤性武器上。拉姆斯菲尔德认为，美国关注的焦点是把萨达姆赶下台，至于伊拉克的未来如何，那是伊拉克人自己的事。同属鹰派的民主帝国主义分子（Democratic Imperialists）将俾斯麦（Otto Eduard Leopold von Bismarck）的现实主义与伍德罗·威尔逊的道德主义结合在一起，深信美国应该利用无与伦比的军事、经济和政治实力改造世界。这样不仅可以服务于其他国家的利益，也有利于美国本身的利益。时任美国国防部副部长的沃尔福威茨（Paul Wolfowitz）是这一派的领军人物，新保守主义刊物《旗帜周刊》的主编罗伯特·卡根（Robert Kagan）和威廉·克里斯托尔（William Kristol）是这一派的喉舌。他们认为，打垮萨达姆并在伊拉克扶持民主政府将对阿拉伯世界产生重大影响，是给中东带来民主的一次难得的机会。上述两派都主张推翻萨达姆，属于强硬的保守主义阵营，他们形成了打伊联盟。

2002年8月底，鲍威尔在白宫战情室通过电传视讯荧幕，向在得州度假的小布什总统提出他任国务卿以来最重要的一份报告，建议布什政府要求联合国对伊拉克进行新一回合的武器检查。当时副总统切尼及国防部长拉姆斯菲尔德也在场，他们并不赞成鲍威尔的想法。但由于鲍威尔力主，所以他们没有反对。在三个月的过程中，两派意见不时对立。"政权更替"及 9 月 12 日公布的国家安全战略报告中的"先发制人"战略等使鲍威尔为首的温和派的外交努力不时遇到困难。其间，鲍威尔给联合国及有关国家外长打了 150 多次电话。11 月 2 日，鲍威尔之女出嫁，他在牵着女儿的手走上红地毯前的二十分钟，还在与法国外长通电话讨论与联合国安理会决议有关的问题。[1]

2002 年 11 月 8 日，联合国安理会以 15 票对 0 票通过关于伊拉克问题的 1441 号决议，要求伊拉克接受无条件检查，并在 7 天内接受该决议，30 天内向安理会提交其发展大规模杀伤性武器及相关民用项目情况的报告，45 天内国际机构的核查人员赴伊核查。在美国提出的决议草案中，一条重要内容是，对伊是否遵循了安理会决议、是否同有关国际核查机构进行了合作，得由美国作出评估和判断。根据修改后的决议，这应由联合国监核会（监督、核查和视察委员会）和国际原子能机构向安理会作报告，然后再由安理会开会作决定。美国认为，它为了取得安理会成员国的支持，对安理会的有关决议内容做出了实质性让步。国际社会普遍认为，美国如要对伊拉克动武，必须获得联合国安理会的正式授权。美国国务卿鲍威尔等布什政府温和派人士也主张要争取安理会授权。但美国新保守主义分子认为，安理会决议案虽不包含自动授权美国动武的内容，但也未明确一旦美国认定伊违反决议，美国需要安理会通过新的决议才能对伊动武。

2003 年 2 月 5 日，美国军事打击伊拉克前夕，鲍威尔在联合国安理会就伊拉克问题进行说明，举证伊拉克从事所谓大规模杀伤性武器研发，以争取联合国安理会通过授权美国攻打伊拉克决议。他用投影设备展示了一系列照片，并说明那些照片与伊拉克研发大规模杀伤性武器有关。但他并

---

[1]《布什政府内鹰派之间的争论》，美国《世界日报》2002 年 11 月 10 日。

没有拿出实实在在的事实证据，完全是基于所谓证据上的猜测。[1] 2003 年夏美军占领伊拉克后，美国政府成立"伊拉克调查小组"。这一小组的主要负责人是联合国前核查官美国人戴维·凯（David Kay），成员包括 1000 多名武器专家、翻译和其他方面的专家。凯于 2003 年 10 月向美国国会提交初步调查报告，表示他所带领的小组在伊拉克没有发现大规模杀伤性武器。2004 年 1 月，凯突然宣布辞职，并公开称在伊拉克问题上"我们几乎都错了"。[2] 从 2003 年 3 月美国对伊拉克发起军事打击到现在已经过去 20 多年，美国仍未找到萨达姆从事大规模杀伤性武器研发的证据。事实证明，布什政府当时为了找到军事打击伊拉克的借口，捕风捉影，搞了"莫须有"的一套。

二、右翼保守势力在战争决策中占上风

2004 年 11 月 12 日，由于同副总统切尼及国防部长拉姆斯菲尔德等人意见分歧加剧，鲍威尔决定辞去国务卿职务。美国媒体披露，鲍威尔在 2003 年 2 月向联合国安理会举证之前，曾经质疑情报部门提供的所谓认为有关证明萨达姆研发并藏匿大规模杀伤性武器的证据缺乏说服力。他自己后来也公开承认，"对在联合国安理会所陈述的所谓证据感到很不舒服"[3]。

---

[1] 联合国安理会于 2003 年 2 月 5 日举行听证会，就伊拉克是否研发大规模杀伤性武器进行讨论，美国国务卿鲍威尔代表美国政府到场举证。笔者时任中国常驻联合国代表团主管研究部门的参赞，出席了此次安理会听证会。

[2] http://baike.baidu.com/view/7324.htm.

[3] Stefan Halper and Jonathan Clarke, *America Alone—The Neo-Conservative And The Global Order*, Cambridge: Cambridge University Press, 2004, p.211.

在小布什总统的班子中,鲍威尔不属于"核心内阁"成员。相比之下,传统上应该身处外交圈之外的国防部长拉姆斯菲尔德及其副手沃尔福威茨却似乎在外交事务中拥有更多的发言权。[1] 无论在公开还是私下场合,鲍威尔与拉姆斯菲尔德都表现出了不睦迹象,两人很少同时在媒体记者面前露面。分析人士认为,鲍威尔与拉姆斯菲尔德分属于传统保守派和新保守派,对于如何处理国际事务有不同的见解和做法。在 2008 年美国总统选举中,身为共和党人的鲍威尔决定支持民主党竞选人奥巴马,这表明他对共和党是多么失望。他也因此受到前副总统切尼的挖苦。切尼曾公开指责身为共和党人的鲍威尔支持民主党竞选人,质疑他对共和党的忠诚。[2]

关于美国为何执意对伊拉克发动军事打击,分析家们给出了不同的理由。加利福尼亚大学新闻学教授丹纳(Mark Daner)指出,美国在伊拉克问题上的政策实际上关系到美国的实力及其在世界上应当担当的角色。美国在第一次世界大战和第二次世界大战后都面临过类似的问题,即在一场大的冲突之后如何使民主和帝国两者兼得。从 2002 年 1 月开始,小布什就开始将伊拉克问题作为他反恐战争的一个基石,视对伊行动为精心设计的意识形态十字军东征(Ideological Crusade)的第一场根本性战役(An Essential Battle)。小布什视恐怖分子为仇恨美国自由的最大邪恶,将矛头集中对准这一问题,并在对伊动武问题上表现得决心坚定,成功地将争论集中在如何对待打击恐怖分子及萨达姆的形式及程序等问题上,而且迫使政治和外交对手按照其设想运转。[3]

---

[1] Nancy Soderberg, *The Superpower Myth*, New York: John WWiley & Sons, 2005, p.115.

[2] http://news.qq.com/a/20090512/000606.htm.

[3] Mark Daner, "The Fight for Freedom and Empire," *New York Times*, October 9, 2002.

在围绕战争决策的争论中，保守强硬一方往往占据上风。而当战事遭遇挫折时，舆论风向可能会对政府产生巨大压力。时事评论家威廉·帕弗（William Pfaff）指出，联合国宪章是国际法的核心，主要由美国起草，它明确反对"对任何国家的主权完整和政治独立进行武力威胁或使用武力"。在纽伦堡审判中，"先发制人"的战争被视为战争罪行。以"政权更替"及"先发制人"为主要内容的国家安全战略无视国际关系准则，是美国对现代国家秩序（The Modern State Order）的抛弃。1648年的威斯特伐利亚条约结束了三十年的战争，承认国家的绝对主权和法律平等为国际秩序的基础。"美国政府公然不承认国家主权作为法律的基础，世界势必会陷入无政府权力斗争的危险"。[1] 加利福尼亚大学新闻学教授丹纳认为，小布什的政策完全背离了半个世纪以来美国奉行的以遏制为主的外交战略，"美国人对小布什的这次新十字军东征也没有准备好，缺乏政治意愿将这一帝国雄心进行到底。当美国的努力遭遇不可避免的挫折后，他们的热情会很快消失"[2]。

小布什总统掌权时期，由于其个人"再生基督徒"的理念加上恐怖袭击事件的极大影响，思想上变得更加右倾保守，对外政策上更加突出通过使用武力来维护美国的意识形态和价值观。在美国当时的大背景和小布什个人价值取向的影响下，新保守主义成功劫持了从政府决策者到广大民众的信念。新保守主义的突出特点是，从民主和专制对立的角度观察问题，任何一个国家如果不赞成美国的自由民主价值观，那么它就是专制国家，就是美国的对立面。过去威胁美国的极权体制代表是苏联，如今是"激进的伊斯兰"。新保守主义分子相信，美国是一个"例外的国家"，肩负有"特

---

[1] William Pfaff, "A Radical Rethink of International Relations," *International Herald Tribune*, October 3, 2002.

[2] Mark Daner, "The Fight for Freedom and Empire," *New York Times*, October 9, 2002.

别的使命",要捍卫世界的和平与安全,最好的办法就是改变专制国家的政治制度,推进自由民主的传播。他们强调政治制度的重要性,推崇积极进取的民主制度,主张把使用美国的力量与维护美国文明的使命紧密联系起来。新保守主义代表人物比尔·克里斯托（Bill Christor）指出,依靠国际的标准、法律和谈判来构筑美妙多边世界是极端危险的,这个世界要么由美国领导,要么陷入混乱,别无选择。[1]

美军在伊拉克取得节节胜利时,新保守主义似乎已经主宰了历史。然而,美国后来日益增多的伤亡以及虐俘丑闻等,使得支持新保守主义思想的民意急转直下。当美国改造中东的努力几无进展、反恐战争越来越陷入泥潭后,新保守主义则失去了势头。奥巴马正是打着结束战争的旗号,赢得了广大美国选民的支持。然而,美国国内围绕意识形态斗争的攻守转换只是暂时现象,美国对外不择手段维护其价值观和全球霸权的努力则是常态的。

三、传教士情结与中东民主改造工程

推进民主是冷战后美国全球战略的重要支柱。"9·11"恐怖袭击事件发生后,广泛推进美国式民主,被新保守主义分子认为是维护美国安全的最有效途径。从制度模式看,美国实行的是西方宪政民主体制,实行民主选举、三权分立,体现的是以美式自由、民主为理念的基本价值观。美国立国的基础是基于美国宪法的民主制度和价值观,而非共同的历史传统和文化传承,这就决定了维护美国的民主价值观对维系美国共同的意识形态

---

[1] Jackson Diehl, "On the New National Security Strategy," *International Herald Tribune*, Oct. 1, 2002.

具有至关重要的意义。不把美国人的意识形态统一起来，美国就成了来自世界各地的不同种族杂居的地方，而不会成为大家为之共同奋斗的国家。从这个角度认识美国，就不难理解为什么美国在其对外政策中要把推广其价值观念和政治制度作为重要内容。

既然美国的国家利益与维护民主制度紧密相联，而恐怖袭击事件又证明邪恶的专制政权和反美价值观对美国确实构成威胁，那么美国的逻辑自然就是要在世界范围内消灭敌对势力，并铲除滋生反美思想的土壤。恐怖分子来自伊斯兰世界，来自中东国家，这就使得美国对伊斯兰宗教及其信仰者深感恐惧，对民主改造中东深感迫切。苏联崩溃后，美国人欣喜地认为，资本主义制度及自由主义意识形态已经战胜其他社会制度及意识形态，有关制度模式和意识形态的斗争也已经结束。弗朗西斯·福山（Francis Fukuyama）是美国著名的社会历史学者，他大胆提出了"历史终结论"，声称没有哪一种意识形态能够挑战自由主义，因此历史的发展从这个意义上讲已经终结。[1] 冷战结束后，美国将推进民主作为全球战略的一个重要内容。老布什总统在20世纪90年代初提出要建立全球价值共同体，克林顿上台后将推进民主确立为美国安全战略的三大目标之一，与维护安全及扩展经济相并列。[2] 新保守主义派人物诺曼·波多拉兹（Norman Portoraz）声称，与其他大国相比，美国总体来说有一副好心肠，因而将美国的制度和观念推广到世界各地是件好事。

在地缘政治研究者看来，美国对中东推行民主改造战略，其真实意图是控制三大洲的接合部，控制中东的石油资源，从地缘战略层面谋划美国在中东的利益。很显然，美国发动对伊拉克的战争时，能源利益和地缘利

---

[1] 具体内容可参见（美）弗兰西斯·福山：《历史的终结》，本书翻译组译，远方出版社1998年版。

[2] 梅孜编译：《美国国家安全战略报告汇编》，时事出版社1996年版，第244页。

益是其考虑的重要因素。但仅仅从能源和地缘角度观察美国的中东战略，并不能解读美国对中东民主改造战略的全部意义。尽管美国人推崇现实主义，信奉权力政治，但"传教士情结"同样是美国外交的重要组成部分。美国的外交传统表明，它总是一手拿着大棒，迫使别的国家听命于它；另一手又拿着《圣经》，诱使别国民众跟着美国的上帝走。美国对这两只手交替使用，重点时有不同，但目的只有一个，即实现美国的控制。恐怖袭击使美国进一步认识到，在思想上同化别的民族是极其重要的。对中东进行民主改造就是要把美国的意识形态传播到伊斯兰世界，这一战略是由美国国家特性的意识形态内涵所决定的。对美国价值观的维护，既要体现在使美国本国人对自身制度和信仰有信心，又要通过促使外国人对美国价值观的追崇来激发美国人对自己国家制度和信仰的自豪感。小布什政府希望通过对中东的改造来彰显美国的实力地位和全球领导力，确保美国国家安全不受伊斯兰反美思想的侵扰。相对于伊拉克这样的对手，美国拥有超强的军事力量，这也使得美国领导人相信有能力实现其意图和目标。美国战略研究者瓦尔特（Stephen M.Walt）就曾指出，"冷战结束使美国处于空前的优势地位。美国的经济比仅次于它的竞争对手大40%，并且它的防卫开支等于紧排其后的6个国家的总和。这6个国家中还有4个是美国的亲密盟友，所以美国的优势比上述数字所显示出来的还要大"。[1] 正因此，美国在推进民主战略时，往往对可能产生的后果不加顾忌。

小布什发动对伊拉克战争的理由是自我设定的，因此这场战争也引发了人们对其智商的质疑。[2] 一些评论指出，美国"打伊倒萨"对中东地

---

[1] Stephen M.Walt, "Two Cheers for Clinton's Foreign Policy," *Foreign Affairs*, March/April 2000, p.64.

[2] 徐步：《够了，战争：美国的国家特性及国际政治评论》，北京大学出版社2012年版，第91页。

缘政治的影响可能与伊朗国王政权垮台或 1967 年阿以战争一样大。"打伊倒萨"可能使全世界最危险的地区四处燃烧起来，亲西方的约旦及沙特政权受到威胁，并使大多数阿拉伯人仇恨美国。[1] 有专家指出，"美国政府中一些人期望伊成为中东的日本，但包括伊在内的中东国家根本没有民主的历史，其周围国家可能变得更加专制，巴勒斯坦极端分子看到美国在本地区势力增加可能会变得更加暴力化"。[2] 法里德·扎卡利亚（Zareed Fakaria）称，在反恐战争中，"美国在军事上做得不错，但没有一个有效的政治战略，结果美国杀了一些原教旨主义分子，却又喂养了一批新的（分子）"[3]。美国前助理国防部长、后来担任哈佛大学肯尼迪政治学院院长的约瑟夫·奈（Joseph Nye）指出，"军事力量继续保持重要地位，但霸权主义者注重军事实力，会使我们对我们实力的极限视而不见。一味注重单极和霸权的做法，过分夸大了美国在这个不断变化的世界中为实现它所求结果的能力限度"。[4] 斯蒂芬·哈尔帕（Stefan Halper）等认为，美国如今"发现自己在国际社会中很孤立，各国反美情绪迅速上升，美国的安全环境变得更加危险和复杂"[5]。美国前驻联合国大使南希·索德波格（Nancy Soderberg）说："作为孤独的超级大国，美国不能仅仅依靠其超群的军事实力，而必须精明地综合运用经济、道义、政治和军事实力"。[6] "几乎

---

[1] "Prospects of Attacking Iraq," *Christian Science Moniter*, September 16, 2002.

[2] 《布什战船之帆遭受民意制约的逆风》，美国《世界日报》2002 年 10 月 9 日。

[3] Fareed Zakaria, "Military Alone Can Not Solve the Problem," *The Washington Post*, October 22, 2002.

[4] （美）约瑟夫·奈：《美国霸权的困惑》，郑志国等译，世界知识出版社 2002 年版，第 150 页。

[5] Stefan Halper and Jonathan Clarke, *America Alone—The Neo-Conservative And The Global Order*, Cambridge: Cambridge University Press, 2004, pp.296-297.

[6] Nancy Soderberg, *The Superpower Myth*, New York: John W Wiley & Sons, 2005, p.115.

每个人都明白布什发动的对伊拉克战争是愚蠢的、不必要的战争，而他对战争的经营不善使得这场战争更加糟糕。"[1] 波士顿大学一位历史学家称，"布什是美国历史上最孤立的总统"[2]。

值得注意的是，奥巴马上台后，大幅调整小布什的对外政策，但也没有忘记高唱自由民主的调子。2013年7月27日，奥巴马在华盛顿举行的《朝鲜停战协定》签署60周年纪念活动上称，朝鲜战争并非打成了平手，代表自由的一方赢得了胜利，因为韩国当前经济实力远超朝鲜。[3] 然而，奥巴马的观点实际上很难站住脚，因为如果仅用战后经济发展水平来衡量的话，难道人们可以说德国和日本这两个法西斯国家赢得了第二次世界大战的胜利吗？

四、奥巴马反恐政策调整及束缚

2014年8月8日，美国总统奥巴马授权美军对伊拉克北部实施定点空袭。此次空袭是2011年底美军撤离伊拉克以来，美国首次直接参与在伊拉克的军事行动。这标志着一心结束美国对伊战争并宣布2011年从伊拉克撤出美国军队的奥巴马不得已推翻自己的诺言，像他的几位前任一样，下令美国军队再次介入伊拉克战事。

老布什把伊拉克军队赶出了科威特，克林顿轰炸过伊拉克防空系统，小布什攻打过伊拉克，奥巴马则誓言，"我不会允许美国被拖入伊拉克再去打一场战争"。奥巴马2008年能当选为总统，要归功于他提出的将结

---

[1] Stephen M.Walt, "Is America Addicted to War?" *Foreign Policy*, April 4, 2011.
[2] 徐步：《够了，战争：美国的国家特性及国际政治评论》，北京大学出版社2012年版，第100页。
[3]《奥巴马说朝鲜战争不能被遗忘》，中新社2013年7月23日。

束伊拉克战争的竞选纲领，因为他承诺要结束美国在伊拉克的"愚蠢战争"。奥巴马总统的反恐和国土安全事务最高顾问约翰·布伦南（John Brennan）的讲话显然代表了奥巴马本人的想法，他于2009年在美国战略与国际研究中心（Center for Strategic and International Studies, CSIS）发表讲话时指出，"'恐怖主义'只是基地组织实现'由伊斯兰教哈里发（Khalifah，伊斯兰政治、宗教首领的称谓）统治全球'这个目标的一种手段"。他还强调，"专注于这个战略，我们就会面临只见树木不见森林、只忙于应对恐怖分子却忽视了极端主义力量壮大的风险"。布伦南认为，将这些行动称为全球战争"会导致一个容易引起误解的危险观念，即美国在某种程度上是在和世界上其他所有地方发生冲突"。在他看来，将恐怖分子称为圣战者"可能会强化如下想法，即美国不知怎么竟在与伊斯兰教本身作战"。[1]他不仅抵制使用"反恐战争"这个词，还反对将这场斗争描述为"全球"斗争，并反对一切说这场战争是打击"圣战者"的战争的提法。

2011年12月14日，奥巴马在北卡罗来纳州布拉格堡军事基地对军队发表讲话，宣布伊拉克战争落幕。随着最后一批美军撤离伊拉克，长达九年的伊拉克战争终于宣告结束。奥巴马在讲话中强调，美军为这场战争付出了沉重代价。在近九年的伊战中，有超过150万美国人在伊拉克服役，其中超过3万美国人受伤，近4500名美国人牺牲。[2] 2012年，奥巴马竞选连任。他当时很自豪，因为就在前一年，他终于从"稳定和独立自主的伊拉克"撤走了美军。2013年5月，奥巴马在美国国防大学发表讲话，进一步阐述他的反恐政策，表明希望结束反恐战争的态度。他说，单靠武力并不能让美国更安全，美国不可能在任何极端主义冒头的地方都动用武力。

---

[1] "John Brennan Says the Anti-terror War Got to End," *Financial Times*, August 6, 2009.
[2]《奥巴马宣布伊拉克战争结束》，中新社2011年12月15日。

如果没有一个消除极端主义源头的战略,"无休止的战争"最后只有失败一途。[1] 5月27日,奥巴马在白宫玫瑰花园宣布美军撤出阿富汗的时间表,他表示到2016年底,美国在阿富汗只会保留不到1000人的兵力,主要用来保护大使馆、培训阿富汗士兵及支援反恐行动。他宣布从阿富汗撤军的时间表,表明数万驻阿美军在2016年底将和他一起"离任"。结束两场战争即伊拉克战争和阿富汗战争,一直被奥巴马视为核心"外交遗产"。[2]

具有讽刺意味的是,奥巴马在2011年宣布伊拉克战争结束时说,伊拉克的未来将掌握在伊拉克人民手中,目前的伊拉克虽然还不尽完美,但美国留下了一个"具有主权、稳定和自力更生的伊拉克及其民选政府"。他强调,美国正在和伊拉克建立"新的伙伴关系"。[3] 然而,伊拉克的现实与奥巴马的描述相差太远。美国根本没有留下稳定的伊拉克及其民选政府,奥巴马后来也成为连续第四位对伊拉克采取军事行动的美国总统。尽管奥巴马表示美国并不打算将地面部队送入伊拉克,而且还称"我们应该从漫长而代价巨大的伊拉克战争中汲取教训",但问题是一旦美国的飞机升空并开始发动空袭,那什么时候以及用什么方式来确定这场冲突的结果,未必就是美国人能掌控的事情了。[4] 奥巴马坚持避免让美国在这场冲突中采取直接军事行动,但他还是下令对那个美国人认为他们早就放弃了的国家实施干预。奥巴马对乌克兰、加沙和叙利亚危机的处理已导致其对外政策在国内外饱受诟病,尤其受到共和党人的猛烈抨击。面对民众对他执政能力的质疑,奥巴马不得不想方设法显示他是个强有力的领导人。换言之,

---

[1] 《奥巴马阐述反恐新政策》,新华社2013年5月23日。

[2] 《奥巴马宣布美最长战争结束》,《环球时报》2014年5月29日。

[3] 《奥巴马宣布伊拉克战争结束》,中新社2011年12月15日。

[4] 《奥巴马说应对极端组织伊斯兰国组织的威胁是长期战略》,中新社2014年8月20日。

重新开始的对伊战争是奥巴马显示其领导力的一次重要机遇，他不会轻言罢手。正因此，奥巴马在空袭之初强调美国在伊拉克的行动将是有限度的，但后来改口说，美军对"伊斯兰国"组织的空袭将成为广泛政治策略的一部分。2014年8月18日，奥巴马在白宫记者会上说，"我们将继续采取长期策略，支持伊拉克政府并同区域内的主要伙伴合作，扭转同'伊斯兰国'组织对抗的局面"。[1]

极端组织"伊斯兰国"（简称IS，又称ISIS或ISIL）近年来成为美国面临的最危险的组织，其构成的威胁已经超过前些年的"基地组织"。ISIS的目标是建立一个伊斯兰政权，在中东乃至更广阔的疆域实施其眼中纯粹的伊斯兰教。ISIS在叙利亚和伊拉克日益站稳脚跟，在某个时刻把枪口对准约旦、黎巴嫩和其他国家。在中东这个能源、资源依然对世界经济至关重要的地区，这除了是一场人道主义灾难外，更是战略梦魇。ISIS的极端恐怖分子中，英国人最多（至少有500人），比利时人占本国人口比例最高。据英国媒体报道，比利时布鲁塞尔有个13岁的男孩叫尤尼斯，带着各种枪支逃离了布鲁塞尔，追随他的哥哥去叙利亚参加ISIS"圣战"。尤尼斯拿枪的图片在推特上引起巨大反响，令人深感震惊。[2] 这些曾经长期在西方国家生活过的ISIS武装人员迟早将回到故土，从内部来威胁欧洲和美国的安全。舆论认为，伊拉克政府及其军队不可能靠自己的力量阻止ISIS的推进。ISIS颇具狂热势头，而伊拉克政府深受分裂、腐败和无能的困扰。在美军完成对伊拉克军事行动后的相当长时期内，伊拉克总统福阿德·马苏姆、他指定的总理海德尔·阿巴迪以及自2006年以来担任伊拉克

---

[1]《奥巴马说应对极端组织伊斯兰国组织的威胁是长期战略》，中新社2014年8月20日。

[2] "The Nightmare Brought by A Young Boy," *The Global Mail*, August 22, 2014.

总理的努里·马利基三人之间的权斗,反映并加剧了该国的混乱。[1]

当被问及"伊斯兰国"是否构成类似"9·11"恐怖袭击的威胁时,美国国防部长哈格尔(Chuck Hagel)说,"他们已经不仅仅是一个恐怖组织,他们结合了意识形态以及老练的军事战略和战术能力,他们的资金极为充裕","这超过了我们所见识过的任何恐怖组织"。美军参谋长联席会议主席登普西(Martin E. Dempsey)说,该组织信奉狂热思想,有接管黎巴嫩、以色列和科威特的"长远目标"。"假如他们实现这个目标,那将从根本上改变中东地区的面貌,形成一个肯定会在许多方面对我们构成威胁的环境"。[2]然而"令人气馁的新事实是,这群激进分子不但擅长攻克地盘,而且管理地盘的本领竟然也越来越厉害,要想把他们赶出其目前控制的大片叙利亚和伊拉克领土,相当有难度"。美国反恐问题专家、曾担任驻伊拉克美军最高指挥官彼得雷乌斯(David Howell Petraeus)首席助理的戴维·基尔卡伦(David Kilcullen)说,"伊斯兰国是当今世界最危险的恐怖主义组织,因为他们既有基地组织的作战能力,又有真主党的管理能力"。[3]

第三节 美国对衰落的恐惧明显加剧

正当美国受到恐怖袭击而忙于反恐战争之际,一批新兴国家迅速发展,这引起了美国极大担忧。早在2011年4月,国际货币基金组织在当月《世

---

[1]《伊拉克政府陷入新的混乱》,新加坡《联合早报》2014年8月20日。
[2] 参考消息网 2012 年 8 月 23 日,http://world.cankaoxiaoxi.com/2014/0823/471881.shtml。
[3]《美国情报部门说ISIS快速学习如何管理》,美国《外交政策》双月刊2014年8月18日,转引自《参考消息》2014年8月21日。

界经济展望》中就预测，如果按购买力平价（PPP）计算，2016年中国GDP将从2011年的11.2万亿美元增加到19万亿美元。与此同时，美国经济规模将从15.2万亿美元增加到18.8万亿美元。2011年4月26日，美国《华尔街日报》评论称，这是该组织第一次为"美国世纪"的终结"预报"确切日期，奥巴马将成为美国"最后一任领导全球最大经济体的总统"。[1] 2014年4月29日，世界银行发布一份报告指出，根据各国基于购买力平价（PPP）的GDP数据，中国经济规模在2011年已达美国的86.9%。2011年至2014年中国经济增长了24%，而美国仅增长7.6%。据此推算，中国GDP在2014年超越美国，成为世界头号经济体。[2] 这是关于中国崛起、美国衰落的最新报告，引起国际舆论极大关注，也引发人们对国际秩序问题的新争论。[3]

一、美国对衰落问题十分当真

针对世界银行2014年4月发布的最新报告，国际媒体评论很多。美国《华盛顿时报》说，中国超过美国成为全球最强大的经济力量，这对美国声誉是重大打击。[4] 瑞士《商报》称，2014年世界经济迎来一个转折点，

---

[1] "IMF bombshell: Age of America Nears End," *The Wall Street Journal*, April 26, 2011.

[2] Joe McDonald, *China to Overtake U.S. Economy This Year*, The Associated Press, April 30, 2014.

[3] 关于美国是否衰退的争论问题，笔者曾发表过几篇文章，主要包括：《美国衰退论与当前国际秩序构建》，《现代国际关系》2014年第7期；《从美国衰落论到中国搭便车论》，《世界知识》2014年9月16日；《美战略界有关美国衰落论的辩论及其影响》，《现代国际关系》2014年第8期。

[4] "When Will China Becomes the World's Largest Economy," *Washington Times*, April 29, 2014.

美国保持了140年的头号经济体地位不复存在。[1]奥地利《新闻报》称，鸦片战争前，中国是全世界经济最发达的国家，而且这一辉煌地位保持了好几百年。但现在看来，"中央帝国正式回来了"[2]。英国《金融时报》称，中国即将夺走美国自1872年保持至今的桂冠，这一变化不仅令人们激辩中国是否已经具备全世界最雄厚的经济实力，也令人们热议中国是否会取代美国成为全球霸主。[3]

美国"衰落论"不是一个新话题。苏联卫星上天、越南战争陷阱、日本经济赶超和"9·11"事件等，都曾让美国人惊呼美国走向衰落。1957年10月4日，苏联成功发射人类第一颗卫星，引发美国恐慌。1960年肯尼迪竞选美国总统时声称，共产主义在世界的每一个领域都在稳步前进。由于越南战争拖累及资本主义经济危机周期的作用，1970年美国经济陷于停滞，1971年出现20世纪以来的首次贸易逆差。时任美国总统尼克松承认，世界出现了五大力量中心，并遭遇到了以前做梦也没有想到的挑战。1985年9月22日，美国、法国、联邦德国、日本和英国财长和央行行长举行"纽约广场饭店会议"，日元大幅升值，美国舆论弥漫"日本威胁说"，宣称比苏联更可怕的是日本的经济侵略。[4]美国著名历史学家保罗·肯尼迪（Paul Kennedy）在1987年出版《大国的兴衰》一书，其中一节就是"相对衰落的美国"。这本书纵论1500年以来人类历史上大国兴衰的过程，使得有关美国衰落的争论更加激烈。2001年9月11日，美国金融、经济中心纽约与政治中心华盛顿遭遇恐怖袭击，这给美国带来了前所未有的打击。紧接着，美国发动反恐战争并深陷其中。而中国等发展中国家的迅速崛起，

---

[1]《世行称中国GDP将超过美国》，《环球时报》2014年5月5日。
[2] 同上。
[3] "China Becomes the World's Largest Economy," *Financial Times*, May 1, 2014.
[4]《美国的危机感和美国的现实危机》，《经济参考报》2011年11月17日。

导致美国"衰落论"与危机感愈发突出。曾任克林顿总统国家安全顾问的查尔斯·库普钱（Charles A. Kupchan）说，"从美国自冷战结束以来的'前后矛盾和不一致的行为'可以明显看出，美国现在无法找到停靠的归所而四处漂泊"。[1] 法国国际问题研究所所长莫伊西（Dominique Moisi）认为，"2001年9月11日或许是一个历史时刻。它并不是新世纪的开始，而是'美国世纪'终结的开始"。[2]

近年来，美国人对"衰落"这个词越来越敏感，对国家前途越来越感到忧虑。2007年美国次贷危机引发金融及经济危机，这使得美国人深感美国衰落不再是传说。这次危机始于2007年12月，延续到2009年7月，持续18个月，可以说是第二次世界大战结束以来美国遭遇的收缩时间最长、损失最严重的一次经济衰退。在美国人看来，近些年坏消息接踵而至。美国统计局从20世纪中叶开始统计生活在贫困线以下的人数，至2011年8月，全美有超过4600万人生活在贫困之中，几乎每6人中就有1人生活贫困，要靠政府食品券才能获取足够的食物。2011年8月5日，国际信用评级机构标准普尔评级公司史上首次下调美国主权信用评级，原因是美国没有推出可行的赤字削减计划，其债务状况很难稳定下来。奥巴马在2008年竞选中曾批评小布什称"他以我们子孙的名义拿了一张中国银行的信用卡，将我们的国债从前任总统留下的5万亿美元一路干到了9万亿美元"[3]。然而，奥巴马上台后乱花钱的成绩相比小布什毫不逊色。2009年1月20日，美国国债为10.6万亿美元。2012年9月4日，美国国债突破16万亿美元大关。[4] 美国房价跌幅表明，房地产价格较峰值已下跌33%，数百万美国

---

[1] Laura Secor, "That Sinking Feeling," *The Boston Globe*, Sept.14, 2003.
[2] 莫伊西：《美国衰落的开始》，《世界报》2001年9月13日。
[3] 《美国国债突破16万亿美元》，新华社2012年9月5日。
[4] 《美国债突破16万亿美元》，中新社2012年9月4日。

人目前居住的房屋价值已经低于他们购买时所付的价格。商品价格上涨推高了通胀，降低了工资收入的购买力，人们消费不得不更加谨慎。数据显示，进行住房按揭的28%以上的美国家庭处于负资产状态。[1]

以中国为代表的新兴大国经济则保持持续发展，这与美国及欧洲的相对衰退形成明显对比。俄罗斯在外交上采取一系列强硬举措，与西方国家意愿不一致，也使美国深感不安。这些似乎都印证了美国人对衰落的担忧并非无据。2008年，美国学者法里赫·扎卡里亚（Fareed Zakaria）出版《后美国世界》一书称，世界在过去500年内曾发生三次结构性权力转移：第一次是15世纪前后西方世界的崛起；第二次是19世纪末开始美国迅速成为世界头号强国；当代世界正在发生第三次权力转移，正迈进一个多元势力共同支撑的"后美国时代"。[2] 2009年，马丁·雅克（Martin Jacques）所著《当中国统治世界——西方的没落和世界新秩序的形成》在美国引起了很大反响。他认为，受中国的潜在优势全面且突出、美国自身优势日益削弱、全球化发展偏离美国意志等因素的影响，"美国衰落"正成为现实。[3] 美国前助理国防部长约瑟夫·奈说，美国正在经历困难时期，经济增长速度缓慢，负债不断上升。[4] 美国前总统国家安全事务助理布热津斯基也警告说，美国不能再当"世界警察"，因为美国已使自己面临破产、国内民怨加剧以及国际合法性丧失。他认为，在"后美国时代"，没有哪一个大国能够成为统治性力量，国际社会可能会陷入大国竞争的不稳定甚至混乱

---

[1]《美国债突破16万亿美元》，中新社2012年9月4日。
[2] Fareed Zakaria, *The Post-American World*, Penguin UK, 2008.
[3] Gideon Rachman, "Think Again: American Decline—This Time It's For Real," *Foreign Policy*, January / February 2011.
[4] Joseph Nye, "Decline and fall of the US' decline and fall," *CNN*, Oct. 7, 2011.

之中。[1]美国卡内基基金会研究员乌尔里希·施佩克（Ulrich Speck）也表示，"欧洲人一度认为，世界已进入了所谓'后现代'时代。在这个时代，'软实力'将取代'硬实力'，国际法将在一种对各方均有利的基础上形成。如今，这些看法遭到了质疑"。[2]

二、对衰落缘由的反思越来越深刻

自 2008 年美国爆发金融危机并陷入经济困境后，不少人反思问题出在何处。2011 年 9 月 17 日，反华尔街运动开始，后来从"占领华尔街"到"占领华盛顿"，矛头直指富豪的贪婪和政治的腐败。人们从不同角度对美国的诸多问题进行分析，很多学者把目光投向美国面临的来自国内政治、经济及社会的挑战。

经济结构缺陷、债务危机严重以及产业空心化都被认为是美国走向衰落的重要因素。哈佛大学学者格雷厄姆·艾利森（Greham Allison）指出，"美国面临的首要问题是美国自身。美国实力今后面临的主要挑战来自内部而不是外部"。[3]过去十多年中，美国债务上限已经被提高很多次，到 2023 年美国联邦债务再创新高，达到 34 万亿美元之巨。美国面临的困境是，如果通过增税和大幅削减开支等手段减少债务，势必导致经济增长进一步放缓，失业等社会问题更加突出。而如果不设法削减开支，债务规模将会继续扩大，并可能导致债务违约及信用评级下降，从而引发资本外逃和举

---

[1] 《老大心态放大"美国衰落"阴影 西方全球霸权结束？》，《人民日报》2012 年 5 月 14 日。

[2] Michael P. Noonan, "The Revenge of Great Power Politics," *U.S. News & World Report*, March 27, 2014.

[3] Ali Wyne, "Memo to the Next President: How the U.S.'s Rivals Will Try to Undercut You," *The Atlantic*, Nov. 5, 2012.

债无路。这将最终动摇美国的金融霸主地位，并严重削弱美国的经济、政治地位。如何在上述两者间保持平衡并找到出路，是美国政府面临的重大挑战。有些学者担忧，此次危机全面展示了美式资本主义的失败——经济虚拟化、政府和市民举债度日、贫富差距拉大、中产阶级下沉。著名评论家艾略特早在2011年就发表《美帝国衰落》的文章，指出"美国16万亿的公共债务意味着人均负债5万美元，美国联邦政府的公共债务总额目前正以平均每月约1000亿美元的速度增长"。[1] 如果目前美国联邦债务按人头均摊，2023年底每位美国人约背负10万美元债务。

越来越多的专家把矛头指向美国两党政治产生的弊端。共和党与民主党在围绕经济振兴、社会保障、医疗改革等几乎所有重大问题上尖锐对立，这严重削弱了政府的决策能力和行动能力。奥巴马总统进入第二任期后，由于内政、外交各领域缺乏亮眼成绩，重大改革难以通过国会得到落实，不得不频繁通过签署行政命令的方式推进改革。他谋求绕过共和党在国会使用拖延战术，这遭到共和党人的强烈指责，并引发弹劾他的呼声。奥巴马在各种场合大吐苦水，讽刺共和党们自己不做事，也不想让他做事。奥巴马感慨道，"如果你想不干活也能领薪水，你应该竞选国会议员"。[2] 他在得克萨斯州一场助选活动中，针对共和党扬言要弹劾他一事讽刺说，"是来真的吗？为了什么？是因为我做自己的工作而告我吗？想想看，他们要用纳税人的血汗钱来告我，只因为我善尽职守，而他们却不做事吗？"[3] 2017年特朗普就任美国总统后，美国政治极化进一步加剧。2023年3月4日，特朗普在马里兰州国家海港举行的保守派政治行动会议（CPAC）年度会

---

[1] Larry Elliott, "The Fall of the American Empire," *The Guardian*, June 6, 2011.

[2] 布拉德·班农：《美国的基础摇摇欲坠》，《美国新闻与世界报道》2014年5月6日，转引自《参考消息》2014年5月22日。

[3] 《共和党扬言弹劾奥巴马总统》，中国新闻网2014年7月11日。

议上发表讲话，展开 2024 年总统选举竞选活动。他说，"这是最后一战，他们（民主党）知道，我知道，你知道，每个人都知道。要么他们（民主党）赢，要么我们赢。如果他们（民主党）赢了，我们的国家就完蛋了。"

布热津斯基指出，美国政治的高度党派性致使政治陷入僵局。[1] 约瑟夫·奈批评美国国会两党纠缠不休，称"共和党人希望经济问题能帮助他们掀翻奥巴马总统，所以将越发难以达成妥协"[2]。迈克尔·努南（Michael P. Noonan）认为，美国国内的政治现状是，民主党人不会接受削减权利，共和党人不会接受增税，两党争斗结果导致对外行动能力下降。[3] 新加坡前领导人李光耀指出，美国的选举已经成为"一场永不终结的拍卖"，政治家们在这场拍卖中用诺言相互攻击对方[4]。

有些人甚至认为，美国的政治制度已不能适应新形势的需要，难以有效应对美国面临的各种挑战。《华盛顿邮报》在评论美国中期选举时说，美国人对国家现状很悲观，对政府和选举的代表感到失望。"这场选举意味着什么？到目前为止，其意义仅限于权力：谁拥有权力，谁渴望权力。而有权者能做或将做什么则显得不那么重要"。[5] 罗勃·阿斯加尔（Rob Asghar）认为，美国的问题在于政治机能出现了异化，应当对美国政治制度进行改革，美国在 21 世纪面临的困境并不是由某个总统或某些派别造成的，"而是长期的、体制性的，其内外交困形势之严峻已不可逆转。美国的权力和影响力衰退，不可能仅凭政治领导的变更而起死回生。在不久

---

[1] Zbigniew Kazimierz Brzezinski, "The Bipartisan Disputes Make Things Worse," *International Herald Tribune*, Feb. 14, 2013.

[2] Joseph Nye, "The Decline and fall of the US' decline and fall," *CNN*, Oct. 7, 2011.

[3] Michael P. Noonan, "The Revenge of Great Power Politics," *U.S. News & World Report*, March 27, 2014.

[4] Peggy Noonan, "A Politician's Friendly Advice," *The Wall Street Journal*, April 6, 2013.

[5]《2014 年中期选举：权力的斗争》，2014 年 6 月 4 日，转引自《中国日报》。

的将来，这种危机可能会加速恶化"。[1]

弗朗西斯·福山在冷战结束后曾发表"历史终结论"认为，美式资本主义在各种社会制度的竞争中已经取得了最终胜利。但始于 2008 年的金融经济危机让他始料未及，由此他深入反思"历史终结论"，并从政治制度上探索美国政府运转出现问题的原因。在他看来，美国政治文化的结构性特征无论在过去有多么发达和高效，现在都出现了问题，归结起来就是政治制度走向衰败。他指出，这种衰败是制度僵化和顽固阻挠改革的政治行为体的权势日益扩大造成的。美国面临的政治制度问题主要体现在三个方面：一是美国的司法和立法机构在政治机构中持续发挥着过于强大的作用，这导致行政部门运转困难且效率低下；二是利益集团和游说集团的影响力不断扩大，扭曲了民主政策，侵蚀了政府高效运作的能力；三是在美国联邦治理结构意识形态极化的情况下，原本为防止行政权力过于强大而设计的相互制衡制度，现在已经成为"否决政治（vetocracy）"。[2]

金钱在美国政治中发挥的作用越来越大，这是美国政治走向腐败的集中体现。金钱和游说是美国政治的重要组成部分，这些年它们对政治的影响进一步上升。美国在《2002 年跨党派竞选改革法案》中确立了对竞选捐款的限制。2014 年 4 月 2 日，美国最高法院以 5 比 4 的投票结果作出裁决，推翻了对政治竞选捐款总额设限的做法。这一裁决显然使大金主在美国政治中扮演的角色更为重要。普林斯顿大学教授泽利泽（Viviana A. Zelizer）指出，根据一项研究结果，半数以上美国人对政府出台的种种政策几乎没有或完全没有影响力。"在税收政策等问题上，富裕的利益集团从决策获

---

[1] Rob Asghar, "The U.S. Political Institution Needs Reform," *CNN*, Nov. 17, 2011.
[2] Francis Fukuyama, "The Decay of American Political Institutions," *American Interest*, December 8, 2013.

得优待的可能性是普通公民的 15 倍"。[1] 由白人右翼保守势力组成的"茶党",人数虽不多,但政治能量却不小,原因就是他们钱源不断。[2] 他们的幕后金主查尔斯·科赫(Charles Koch)和大卫·科赫(David Koch)兄弟控股的科氏工业集团曾是美国第二大私营企业,年营收入高达 1100 亿美元。2012 年奥巴马赢得连任后,科赫兄弟曾筹集 1 亿美元,誓言要不惜代价将奥巴马赶下台。参议院规则和行政委员会主席、民主党参议员舒默(Charles Ellis Chuck Schumer)对支持取消捐款总额限制的肯尼迪(Anthony M. Kennedy)大法官发起炮轰指出,科赫兄弟(代指美国的超级富豪)并不缺少言论自由。托马斯·埃兹尔(Thomas Edsall)认为,对资源的争夺成为美国政治一个愈加重要的特点,即"两大主要政党为维护各自阵营取得的福利和利益展开激烈争夺"。[3] 南加州大学历史学家尼尔·加布勒(Neal Gabler)指出,自诩充满机遇的美国已经成为有史以来财产分配最不公的国家之一,1% 的最富有人口拥有国家近 40% 的财富。这种不公平表明美国政治已经成为寡头政治。[4]

美国是否会重蹈历史上帝国衰亡的覆辙,一些学者发出了较以往更加实在的担忧。里·埃利奥特(Larry Elliott)指出,"2011 年的美国就像公元 200 年的罗马或是第一次世界大战前夕的英国——一个处于权力顶峰但裂痕已开始显现的帝国。罗马和英国的经历表明,形势一旦开始恶化就无力回天。这些祸到临头的征兆大都包括:军事过度扩张、贫富分化加剧、

---

[1] 朱利安·泽利泽:《美国民主已亡?》,美国有线新闻公司(CNN)2014 年 4 月 27 日,转引自《参考消息》2014 年 5 月 22 日。
[2] 徐步、张征:《美国中期选举及茶党兴起的影响》,《南开学报(哲学社会科学版)》2011 年第 1 期。
[3] Gideon Rachman, "Prediction on the Decline of the US," *Financial Times*, May 8, 2012.
[4] Neal Gabler, "How the Future Historians Will Look at Us?" *The Boston Globe*, July 12, 2014.

经济外强中干、公民入不敷出靠举债度日、曾经有效的政策不再奏效等，诸多事实已在表明美国已经处于文化堕落状态的晚期"。[1] 美国《国际利益》主编罗伯特·梅里（Robert Merill）指出，"即便是像罗马或美国那样经过精心构思并建立巧妙制衡的制度，也不会因为他们自身的优点而永垂不朽"，他认为美国与罗马一样会面临同样命运。[2]

三、反"衰落论"仍有很大市场

是承认美国衰落并调整政策以适应变化了的全球力量对比，还是否认美国正在衰落并拒绝接受新兴大国的应有地位，美国内部存在很大争论。许多人即使很不情愿地承认全球力量对比正在发生变化，也坚决反对因此放弃美国对国际体系的主导，甚至对任何呼吁改革、完善现有国际秩序的要求都持敌视态度。在他们看来，新兴大国特别是中国和俄罗斯不仅是修正主义者，更是美国霸权的挑战者，因此竭力呼吁抵制中俄改变国际秩序的企图。总体上看，反"衰落论"的声音似乎更加响亮，态势更加理直气壮。

承认美国走向衰落的人主张，美国应理性看待力量对比的变化及由此引发的国际秩序调整。美国前总统国家安全事务助理布热津斯基表示，世界重心由西向东转移意味着西方全球霸权的结束。世界权力开始分散，不再集中在西方或美国手里。[3] 美利坚大学国际关系教授阿米塔夫·阿查里雅（Amitav Acharya）形象地把当今世界比作一个多剧场影院，认为没有一位导演能长期独占观众的注意力。他称多重世界有多层次的权威和领导

---

[1] Larry Elliott, "The Fall of the US Empire," *The Guardian*, June 6, 2011.
[2] Robert Merill, "Rome and the U.S.: the Same Fate?" *International Interest*, July 4, 2014.
[3]《老大心态放大"美国衰落"阴影》，《人民日报》2012年5月14日。

者，并将会导致现有秩序发生重大变化而无法再维系美国的优势地位。[1]

埃里克·波斯纳（Eric Posner）认为，现在的世界秩序越来越像 19 世纪的翻版——少数大国制定相互关系规则，并以大致平等为条件展开互动。小国则通过与大国结成依附关系生存下来。不同的是，19 世纪的大国是俄国、英国、法国、意大利、日本和美国，今天的大国是美国、中国、俄罗斯和欧洲。他宣称，美国主导的世界新秩序已经死亡。[2] 得克萨斯农工大学教授莱恩（Christopher Layne）指出，第二次世界大战后形成的国际秩序是一种美国秩序，是为美国利益服务。当美国决策者要中国成为一个"负责任的利益相关者"时，他们其实是想让中国接受美国政府对于"负责任的"行为的定义。他认为国际秩序是国际体系中权力分配的体现，随着权力分配不断向中国和其他发展中国家倾斜，他们必将重塑有利于自身利益、规范和价值观的国际秩序。结论是，美国试图保持现有的国际秩序并维护其霸权地位，而不调整战略以适应其国力相对衰落的现实，这很难行得通。[3]

反对"衰落论"的人摆出种种理由来论证美国并未衰落，强调国际秩序不会也不应被改变。奥巴马带头驳斥美国"衰落论"，指责宣扬这种论调的人"不是对历史作出错误的解读，就是陷入了党派政治的漩涡"，声称下一世纪仍将是美国的世纪。[4] 美国前国务卿希拉里表示，尽管新的行为体在国际事务中影响增大，全球力量的格局可能已经改变，但美

---

[1] 阿米塔夫·阿查里雅：《从单极时代到多重世界》，美国耶鲁全球在线 2014 年 7 月 3 日，转引自《参考消息》2014 年 7 月 11 日。

[2] Eric Posner, "Sorry, America, the New World Order Is Dead," *Foreign Affairs*, 5/6 2014.

[3] 克里斯托弗·莱恩：《僵尸霸权：用美国今日的霸权对冲明日的衰落？》，《中国社会科学报》2014 年 3 月 12 日。

[4] *Remarks by the President at the United States Military Academy Commencement Ceremony*, U.S. Department of State's Bureau of International Information Programs, May 28, 2014.

国的领导作用不能变。[1] 奥巴马总统前国家安全顾问汤姆·多尼隆（Tom Donilon）说，每隔 10 年左右，就有新一波严重的悲观情绪席卷美国。针对衰落论者又卷土重来，他说，"我们必须认真看待这些忧虑，不能单纯因为衰落论者以往是错误的，就认为美国将保持优势地位。美国扮演领导角色并非出于偶然，而是靠我们一次次努力争取来的"。他说，"借用杰出政治学家塞缪尔·亨廷顿的话说，'只要公众不时地深信美国即将衰落，美国就不太可能衰落。衰落论者在防止他们的预言成真方面发挥了不可或缺的作用'"。[2]

批判美国"衰落论"的观点，首先认为美国的自然禀赋及综合实力优势仍然十分明显。美国不同于历史上的大英帝国或日本。美国国土面积为世界第三，自然资源十分丰富，3 亿人生活在 916 万平方千米的国土上。美国森林面积居世界第四，可耕地面积为世界第五，能源储备十分丰富，如石油产量居世界第三，天然气产量居世界第二，煤炭储量居世界第一。在过去 40 年的大部分时间里，美国是全世界头号天然气生产国。美国的天然气价格远低于世界其他国家。国际能源署预计，美国将长期成为全世界最大石油生产国，非传统能源将助推美国经济并促进美国就业。到 2015 年，仅仅页岩气领域就提供近 90 万个工作岗位。减少能源进口使美国的贸易赤字降低，新的能源保障使得美国可以在强势位置上与全世界打交道。[3] 新加坡前领导人李光耀认为，美国的核心实力源远流长，美国是一个"持久"霸权，没有一个国家拥有美国这样的条件可以取得并维持全球

---

[1] *Remarks by the Secretary of State Hillary Rodham Clinton*, U.S. Department of State's Bureau of International Information Programs, April 10, 2012.

[2] Tom Donilon, "We Are the No.1 Power (and it won't change)," *Foreign Policy*, July 3, 2014.

[3] *Ibid*.

霸权地位。[1]

二是美国的军事实力仍然遥遥领先于其他任何国家。美国的军费和军力开支约占全球军费开支的近一半，相当于排名第二至第十五的国家军费开支之总和。美国海军5个舰队，共11个航母战斗群游弋于世界各地。美国在世界各地的海外驻军约为28.78万人，遍布欧洲、亚太与印度洋、中东与北非以及美洲四大战略区。美国前总统国家安全事务助理多尼隆说，在全世界的20艘航空母舰中，美国独占11艘，从而成为了全世界唯一真正能在全球投射影响力的国家。他特别指出，2011年5月，美国特种部队在距离美国7000多英里的巴基斯坦阿伯塔巴德成功突袭奥萨马·本·拉登的住处，突出显示了"美国绝无仅有的优势"[2]。约瑟夫·奈认为，即使中国GDP成为世界第一，也不会带来国际安全体系的实质性变化。衡量国际安全体系，更多要考虑同盟关系、海外驻军、军事力量投放能力、全球安全合作伙伴的广度和密度等多个方面，中国当前没有能力也没有意愿去改变现有的国际安全体系。[3]

三是维持美国经济领先的基本因素仍具有活力。按照所有的衡量标准，美国当前的国民经济规模都排在全世界首位。美国经济规模是名列第二位的中国的将近两倍。美国的股市价值是中国的近4倍。美国在吸引外来直接投资方面居于世界首位，同时还是全世界最大的投资经济体。美国在研发领域也领先于全世界，2014年的支出就达到4650亿美元，占到全球研发总费用的30%以上。全世界市值最高的8家最大型技术企业设在美国。突破技术的下一个新领域，比如3D制造、人工智能、纳米技术、云计算、

---

[1] Peggy Noonan, "A Politician's Friendly Advice," *The Wall Street Journal*, April 6, 2013.

[2] Tom Donilon, "We Are the No.1 Power (and it won't change)," *Foreign Policy*, July 3, 2014.

[3] Joseph Nye, "The Decline and Fall of the US' Decline and Fall," *CNN*, Oct. 7, 2011.

机器人技术、大数据、高等材料学，美国企业家和企业都处在领先位置。[1]哈佛大学经济学教授戴尔·乔根森（Dale W. Jorgenson）说，美国经济已被证明很有韧性，目前一种基于互联网的经济创新模式已经出现。[2]在经历最近一次危机之后，维系美国经济发展的基本制度安排仍将发挥作用。多数学者认为美国不会步入日本式的长期衰退，主要原因在于：第一，美国不存在离谱的房地产泡沫；第二，美国股市估值基本合理；第三，美国的科技创新基础仍未被动摇；第四，美国有更多的货币政策和财政政策储备以刺激经济；第五，关于美国的财政危机，美国的财政收入占 GDP 的比例只有近 16%。美国不征增值税，汽油的燃油税只有近 30%，而法国是 300%。美国对富人的征税空间非常大。[3]

四是美国拥有其他大国无法比拟的地缘优势。力量变化总会引起国家间的猜疑，甚至抗衡。美国是唯一不被其他大国围绕的国家，显得对其他国家不那么具有威胁性，而世界其他大国几乎都置身于一个拥挤的地缘政治环境中。普林斯顿大学政治与国际事务教授约翰·伊肯伯里（John Ikenberry）说，地理位置上的孤立使得美国可以倡导能让它进入世界各地的普适原则。"美国长期以来主张开放政策和自决原则而反对殖民主义，这与其说是出于一种理想主义，不如说是为了让欧洲、亚洲和中东向贸易和外交敞开大门的实际需要"。[4]《美国利益》杂志特约编辑沃尔特·米德（Walter Russell Mead）认为，今天的亚洲是一个崛起中的多极化地区，中国、印度正在崛起，越南、韩国、印度尼西亚和澳大利亚都是充满活力

---

[1] Tom Donilon, "We Are the No.1 Power (and it won't change)," *Foreign Policy*, July 3, 2014.

[2] 《老大心态放大"美国衰落"阴影》，《人民日报》2012 年 5 月 14 日。

[3] 《美国不会陷入日本式衰退》，《经济参考报》2011 年 8 月 29 日。

[4] John Ikenberry, "The Geopolitical Illusion," *Foreign Affairs*, May/June 2014.

的新兴大国，而日本仍然是一支强大的力量，他们都不愿受中国支配。他断言美国没有真正的竞争对手。[1]

五是美国有独一无二的同盟体系。美国的军事实力不仅来自本国，也来自其拥有当今世界最广泛的军事同盟关系以及冷战后近四分之一世纪军费开支累积的军事资产。美国与60多个国家有军事伙伴关系，华盛顿及其盟友的军事支出占全球总额的75%。美国对外结盟带来双重红利。联盟关系不仅为美国派兵提供了一个全球平台，而且分散了提供安全保障的负担。约翰·伊肯伯里认为，以美国为首的联盟体系所聚集的军事能力是中国或俄罗斯在今后几十年都无法企及的。[2] 奥巴马也称美国是世界各国有史以来无可匹敌的各种联盟的核心，认为美国在第二次世界大战之后带头建立北约组织、联合国、世界银行、国际货币基金组织等为代表的国际秩序使得美国力量倍增，减少了美国单方面采取行动的需要，并增加了其他国家之间的约束力。[3] 2021年1月20日，拜登就任美国总统后，大力强化美国的同盟战略，并且构建"四国集团"（QUAD，由美国、日本、澳大利亚、印度组成）和"三国同盟"（AUKUS，由美国、英国、澳大利亚组成），谋求借助新旧同盟机制制约新兴大国的挑战。

六是新兴强国仍然分裂严重，远没有结成团结一致的反西方集团。美国学者分析，新兴强国与西方强国的共同利益往往多于他们之间的共同利益。他们并不愿颠覆现有的世界秩序，而是要在其中争取更大的空间。美国布鲁金斯学会资深研究员、国际秩序与战略项目主任布鲁斯·琼斯（Bruce

---

[1] Walter Russell Mead, "The future still belongs to the USA," *The Wall Street Journal*, July 2, 2011.

[2] John Ikenberry, "The Geopolitical Illusion," *Foreign Affairs*, May/June 2014.

[3] *U.S. Department of State's Bureau of International Information Programs*, May 28, 2014.

Jones）称，中国保护海外商业利益的能力极为有限，严重依赖美国的军事力量。同时，中国的同盟者寥寥无几，自身难与美国抗衡。总体上看，走向对抗的冲动与促使克制的动机达成平衡，是现代国际事务中最重要的动态。目前，全球平衡向克制倾斜。美国虽不再是无敌的超级大国，但国际上仍得由美国当头。[1] 约瑟夫·奈也指出，由于中国所处的地缘政治环境，日本、印度和其他国家试图制衡中国，欢迎美国的存在。[2]

四、美国政治生态愈益右倾

美国人有关国家是否衰落的辩论，还将长期持续下去。美国称霸世界半个多世纪，且目前无论是经济、科技还是军事实力仍遥遥领先于其他任何国家。它不愿承认自身正在衰落，不甘直面全球力量对比的变化，这并不难理解。值得注意的是，美国历史上每一次有关衰落的辩论基本上都引发了对外政策的重要调整，并对国际秩序的重构产生重大影响。鉴于美国陷入衰落的现实可能性以及为了抵制衰落可能采取的极端举措，美国在未来若干年的战略取向和决策选择，将会对世界的和平、安全与稳定产生重大影响。中国自近代以来首次真正走到了世界舞台的中心，很显然美国这一次有关是否衰落的辩论，以及由此对美国对外政策走向可能带来的影响，对中国的挑战尤其不可低估。

这场辩论正在改变美国的舆论倾向，也正在改变美国的政治生态。崇尚推行对外强硬政策的声音重新泛起，政治人物纷纷右转。《美国新闻与世界报道》周刊总编辑莫蒂默·朱克曼（Mortimer Zuckerman）认为，奥

---

[1] Bruce Jones, "Americas' Enduring Leadership," *Project Syndicate*, May 8, 2014.
[2] Joseph Nye, "Decline and fall of the US'decline and fall," *CNN*, Oct. 7, 2011.

巴马削弱美国采用军事手段的可信度很危险，这使得侵略更加容易。[1] 华盛顿的电视演播室定期接待保罗·沃尔福威茨、威廉·克里斯托尔、罗伯特·卡根等这些鼓吹通过战争改造中东乃至世界的新保守主义分子。他们认为，美国的衰落只是一位软弱的总统所导致的暂时性结果。爱德华·卢斯（Edward Luce）称，由于叙利亚动用化学武器、俄罗斯吞并克里米亚、中国日益加剧的海上强势姿态以及逊尼派极端势力在伊拉克的回归，这些使得"受到惊动的美国新保守主义势力僵尸还魂，就像一具受到电击后笔直地坐起的死尸一样，持续地恢复生机"[2]。

右翼保守主义的支持者、美国前副总统迪克·切尼严厉批评奥巴马的中东政策，称"只有傻瓜会认为美国的伊拉克政策应该让步于伊朗这个世界头号恐怖活动发起国。很少有美国总统犯下这么多的错误，付出如此多的代价。只有在他任内美国衰落的速度能比得上恐怖分子控制伊拉克领土的速度"[3]。这种风向的转变既是右翼分子煽风点火的结果，也是为了讨好选票的政治人物推波助澜的产物。力求 2016 年入主白宫的前国务卿希拉里在她的新书中一方面为自己在 2003 年参议院投票支持发动伊拉克战争道歉，另一方面又强调作为国务卿，她曾希望对叙利亚进行武力干预。美国政治分析家、佛蒙特大学政治学教授戈登·罗比逊（Gorden Robison）指出，希拉里为了拉开与奥巴马的距离，表现得前后不一。[4] 面对舆论批评、共和党攻击以及党内压力，奥巴马终于一改上台以来的做法，于 2014 年 8

---

[1] Mortimer Zuckerman, "The Timid Leadership of Mr. Obama," *American News & World Report*, June 25, 2014.

[2] Edwards Luce, "The Shocked Neoconservatives Come Back," *The Financial Times*, June 22, 2014.

[3] Dick Cheny, "The Collapsing Obamaism," *The Wall Street Journal*, June 17, 2014.

[4] Gordon Robison, "The New American Isolationism," *The Gulf News*, July 8, 2014.

月8日下令对伊拉克采取新的军事行动,在伊北部开展针对"伊拉克和黎凡特伊斯兰国"(ISIS)武装的空袭。这是自2011年美国军队撤离伊拉克后首次在伊拉克进行军事行动。

中东虽然成为美国重拾强硬武力政策的首选试验场,但美国右翼保守势力的主要矛头并不是伊拉克或伊朗。他们视中国和俄罗斯为挑战美国霸权的两个主要国家,鼓吹"中国威胁论",抨击俄罗斯强硬政策,声称中俄两国正在谋求改变现有国际秩序,呼吁加大对中俄两国的防范与遏制。近年来,美国学者描述中美之间可能爆发冲突的论著层出不穷。新保守主义代表人物、卡内基国际和平基金会高级研究员罗伯特·卡根认为,世界地缘政治正日益具有竞争性,一些大的竞争者如中国、俄罗斯与我们的价值观显著不同,"他们正在塑造国际体系"[1]。彼得·D. 基尔南(Peter D. Kiernan)曾担任高盛(Goldman Sachs)高级合伙人,所著《成为中国的婊子》借助煽动性书名一度占据了亚马逊图书榜的首位。[2] 美国外交政策研究所安全问题专家迈克尔·努南认为,俄罗斯在克里米亚的行动和中国钓鱼岛及其附属岛屿耀武扬威的举动,表明他们想修改所处国际体系的条款与条件,并以一套完全不同的规则来取代原来的规则。[3] 美国布鲁金斯学会资深研究员、国际秩序与战略项目研究主任布鲁斯·琼斯指出,中国在南海和东海越来越刚愎自用,威胁着美国的地区主导地位。在叙利亚,俄罗斯和中国的不妥协态度使美国谋求外交解决的努力遭到挫折。乌克兰危机是美国收缩和全球影响力下降的又一例子。[4] 美国安全问题专家阿弗

---

[1] 《美欧关系从特殊走向正常》,《人民日报》2012年3月20日。

[2] Peter D. Kiernan, "Becoming China's Bitch," *Turner*, February 28, 2012.

[3] Michael P. Noonan, "The Revenge of Great Power Politics," *U.S. News & World Report*, March 27, 2014.

[4] Bruce Jones, "America's Enduring Leadership," *Project Syndicate*, May 8, 2014.

里·戈尔茨坦（Avery Goldstein）认为，随着美国推进"亚太再平衡战略"，而美中又未能在可能爆发冲突的问题上建立危机管控机制，两国发生冲突的现实危险增大。[1] 美国海军学院战略系教授迈克尔·弗拉霍斯（Michael Vlahos）更是通过对比历史列出了美中可能开战的十大原因，声称崛起的大国挑战霸主，不可避免会加剧紧张，以至于在某个时间节点会导致军事冲突。[2] 随着国内问题日益突出，政治极化不断升级，共和党人特朗普竞选期间及上台后，内外政策进一步右转，右翼保守势力明显得势。民主党人拜登2021年掌权后，白人右翼力量受到制约，但美国社会总体右倾的势头并未扭转。

"9·11"事件对美国的影响是直接、巨大而深远的。恐怖袭击事件发生后，美国政府相继推出"反恐战争""国土安全""邪恶轴心""先发制人""制止大规模杀伤性武器""核打击"等概念，接连发布重大战略报告，推出重大战略决策。美国新的国家安全战略彻底告别了建立在冷战结构上的战略，是美国在第二次世界大战后最大的战略调整。美国内外学者对"9·11"事件发生的根源进行了大量分析。美国人把有关分析集中在恐怖分子对美国政治制度和价值观念的敌视上。也有一些学者认为"9·11"恐怖事件发生的根源与美国主导不公平的国际政治经济秩序有着密切的关系。美国在世界范围内特别是在中东推广西方思想文化，传播美式民主制度，在中东问题上不能秉持公正立场等，这些都引起伊斯兰世界民众的广泛不满，给伊斯兰极端恐怖主义提供了滋生的土壤。一段时期以来，由于

---

[1] 阿弗里·戈尔茨坦：《中国切实而现实的危险》，美国《外交》杂志2013年9/10，转引自《环球时报》2013年10月9日。
[2] Michael Vlahos, "History's Warning: A U.S.-China War Is Terrifyingly Possible," *National Interest*, June 26, 2014.

反恐战争并未达到美国的预期目标,而与此同时一批新兴大国崛起,美国人有关国家是否衰落的辩论再次兴起并变得日益激烈。美国称霸世界半个多世纪,且目前无论是经济、科技还是军事实力,仍然遥遥领先于其他任何国家。美国历史上每一次有关衰落的辩论基本都引发了对外政策的重要调整,并对国际秩序的重构产生了重大影响。鉴于美国陷入衰落的现实可能性以及为了抵制衰落可能采取的极端举措,美国在未来若干年的战略取向和决策选择,将会对世界的和平、安全与稳定产生重大影响。

第四章

美国国家特性与"亚太再平衡战略"

美国国家特性的发展与强化要求美国维护并巩固唯一超级大国地位及其对世界事务的主导权。新时期美国全球战略最突出的目标就是维护并尽可能延长美国的霸权。面对新兴大国的崛起，冷战后美国的霸权主义既继承了老牌霸权主义的传统，又呈现出一系列新特点，更加谋求"硬权力"与"软权力"相结合，更加注重构建以超强综合实力为支撑的制度化霸权。从老布什、克林顿、小布什、奥巴马、特朗普到拜登，虽然这些冷战结束后的美国总统任期内政策侧重点不同，手段表现各异，但目的都是加强防范并遏制可能对美国霸权地位构成挑战的对手，确保美国在全球的主导地位延续下去。

第一节　奥巴马政府提出美国"再平衡战略"

从赢得冷战后的欣喜若狂，到遭受"9·11"恐怖袭击后的震惊沮丧，美国全球战略重心几次调整。奥巴马总统执政后，大幅改变以反恐战争为中心任务的对外政策，对美国的全球战略进行了重大调整。奥巴马政府提出所谓"亚太新战略"，在较短的时间内先后使用过三个词汇来表述相关概念，即"重返亚太"[1]"亚太转轴"[2]以及后来提出的"亚太再平衡"[3]。

一、"亚太再平衡战略"出笼的背景

首先是全球力量格局对比的变化。20世纪末，美国自信得意，几乎目空一切地迈入了新世纪。美国取得了冷战的胜利，感到自身的全球霸权地位不可撼动。在总统比尔·克林顿（Bill Clinton）的领导下，美国经历了在和平年代持续时间最长的一段增长期。美国的竞争力傲视全球，实现了充分就业。经济上税收滚滚，国库充盈。但紧随其后的是十年逆境。互联网泡沫破裂，美国经受了2001年9月11日的恐怖袭击，这是美国自1814年以来遭受的首次外来重大袭击。美国随后卷入耗资巨大的伊拉克战争和阿富汗战争。小布什总统为对抗现实和想象中的恐怖威胁，采取了强硬方针，四处发动战争，使美国在海外的形象受损。美国最终因房地产市场崩溃以及2008年雷曼兄弟银行破产而陷入自20世纪30年代大萧条以来最

---

[1] 2010年10月28日，希拉里·克林顿在夏威夷火奴鲁鲁就美国与亚太地区关系发表讲话。
[2] Hillary Clinton, "America's Pacific Century," *Foreign Policy*, October, 2011.
[3] 2012年6月3日，在新加坡香格里拉对话会上，美国防长帕内塔（Leon Panetta）公开提出美国"亚太再平衡战略"。

严重、最顽固的经济危机。德国评论家斯特凡·比尔林（Stefan Bierlin）指出，若要将2012年总统大选反映出的美国状态浓缩至一个词语来表达，那就是"不安"。高失业率和巨额赤字粉碎了相信生活一代好于一代的美国梦。[1] 由美国国家情报委员会公布的名为《2030年全球趋势》报告指出，"随着其他国家的迅速崛起，美国独霸的'单极时代'业已结束。'美国统治下的世界和平'，即指美国1945年以来在国际政治中占据的支配地位也在快速消退"。基辛格指出，第二次世界大战结束后，美国是明显占优势地位的国家。世界上超过50%的国内生产总值由它创造。欧洲在战后很虚弱，精疲力竭。美国的领导角色对西方来说必不可少，成了规则的制定者。现在权力中心正在转移，从大西洋转向其他地区。新的世界秩序不论被如何定义，它不再仅由美国制定规则。"我们现在面临的问题是，对于第二次世界大战后发展起来但不能再持续下去的世界秩序，应该认真思考我们的立场"。[2]

其次，亚洲的整体战略重要性突出上升。"9·11"恐怖袭击事件以来，美国在世界各地开辟了多个战场，意图将其价值观强行推行到力所能及的地方。在一连串的战争行动之后，美国不但没有达到其预定的目的，反而到处留下一个个烂摊子。与此同时，亚洲在全球经济和政治格局中的地位凸显。从很多方面来看，亚洲地区是世界的未来，这表现在人口、经济、贸易及地缘政治等各个方面。美国国家情报委员会报告指出，"从经济规

---

[1] 斯特凡·比尔林：《不安的国家——美国人垂头丧气地开始总统选举》，德国《国际政治》（双月刊）2012年11—12月。
[2] 2012年11月23日，德国《商报》刊登该报对美国前国务卿亨利·基辛格的专访，题为《严厉紧缩怎么能创造增长》。

模、技术和军事开支来看，到 2030 年，亚洲将超过北美和欧洲的总和"。[1]美国国内的经济复苏将取决于出口和美国公司开发亚洲广阔和不断增长的消费群体的能力。国务卿希拉里在谈到所谓"前置外交（Forward-Deployed Diplomacy）"时声称，"从奥巴马政府上任第一天起，这就是我们的首要任务，因为我们知道 21 世纪历史的很大部分将在亚洲谱写。这个地区将看到世界上最有变革性的经济增长，它的大部分城市将成为全球商业和文化的中心"。[2] 美国国防部长利昂·帕内塔指出，全球重心正在向亚太地区转移，将美国未来的繁荣和安全与这个快速发展的地区更加紧密地联系起来。与此同时，逐渐增加的军费开支，海上安全威胁，包括海盗、恐怖主义和自然灾害造成的破坏等在内的非传统安全威胁，使该地区的安全环境变得更加复杂。[3]《纽约时报》指出，奥巴马政府提出转向亚洲，因为"这一政策的背后逻辑不会有什么争议。在接下来的五年中，该地区将实现近 50% 的世界经济增长。这一政策的思想是，为了在全球范围内竞争，美国需要在太平洋地区强化其经济和战略力量"[4]。美国智库全国亚洲问题研究所称，到 2030 年，世界上近一半人口将生活在亚洲地区，该地区的国内生产总值和贸易量占全球总量的比例将分别达到 43% 和 35%。一个巨大的市场正展现在眼前，奥巴马认为美国和亚太地区的命运比以往任何时候都更紧密地联系在一起，这是新的地缘政治和地缘经济现实。[5] 随着亚太

---

[1] 杰夫·戴尔：《美国强权下的世界和平正在"消退"》，英国《金融时报》2012 年 12 月 10 日。美国政府下属的 16 个情报机构每四年公布一次研究报告，提出对未来 20 年世界局势的看法。该研究报告旨在帮助每届新当选政府制定长期战略规划。

[2] Kahala Hotel, "Secretary of State Hillary Rodham Clinton on America's Engagement in the Asia-Pacific," October 28, 2010, http://www.state.gov/secretary/rm/2010/10/150141.htm.

[3] 《美国转向亚太再平衡》，《参考消息》2013 年 1 月 9 日。

[4] "Pivoting Asia," *New York Times*, November 19, 2012.

[5] 《奥巴马将美战略重心转向亚洲》，《参考消息》2012 年 11 月 21 日。

地区的崛起，美国开始恐慌，既要想搭上亚太经济发展的高速列车，又要想通过政治、军事手段把亚太地区的发展掌控在自己手中。在这一思维的支持下，美国在亚太地区推出外交、军事和经济三条战线上的重返战略。2011年11月17日，美国总统奥巴马在澳大利亚议会发表演讲，重点阐述美国未来的亚太政策。奥巴马说，美国看到世界经济形势发生变化，亚太地区蕴藏着很大的发展潜力，"毋庸置疑，21世纪是亚太时代。我们慎重作出决定把重心转移到亚太地区"。

第三，欧洲在全球战略格局中的地位相对下降。苏联解体及冷战结束后，欧洲形势出现了深刻变化，以美苏为首的两大阵营对峙的军事格局崩溃。2003年，围绕美国对伊拉克战争，美欧双方关系产生严重裂痕。双方不仅在安全领域分歧严重，欧元逐渐走强也在金融上对美国构成较大压力，在经济贸易领域的矛盾摩擦也层出不穷。美国前国防部长拉姆斯菲尔德甚至把欧洲划分为新老两大阵营，以区分对美国的亲疏远近。近年来，美欧关系经过修补再次拉近，但欧洲深陷经济及金融危机，在国际事务中的影响力继续下降。奥巴马政府为了削减不断增长的财政赤字，提出了大幅缩减预算的计划，包括在今后10年内削减4890亿美元的国防开支。在美国急于寻找拉动经济增长因素的背景下，亚洲的增长和活力对促进美国的经济和战略利益越来越具有重大意义。美国对亚太地区的出口在2009年超过了6000亿美元，占到美国出口总值的58%。与欧洲和北美相比，中国、印度和亚洲其他国家的经济持续增长很有可能使这一份额继续上升。美国芝加哥大学教授约翰·米尔斯海默（John J. Mear-sheimer）认为亚洲正在取代欧洲，成为世界上最重要的区域，美国应加强在该区域的影响力。[1] 美国把战略重心移向亚太，使跨大西洋关系正经历战后最大的结构性调整。美欧关系的特殊性在不断衰减，正向"正常"关系转变。二者关系的亲疏分合实际上反映了冷战以来世界政治经济格局的演变。苏联解体之后遗留的战略空间基本上已被多极化的格局所填充，新兴市场的力量已不容欧美忽视，集中在亚太地区的新兴国家对全球性战略演变越来越具有影响力。美国乔治敦大学教授查尔斯·库普钱则认为，美国军事上的调整并不意味着欧洲在美国全球战略中地位的降低，这只是反映了欧洲总体上和平以及世界在变化的现实，美军因此重新部署，寻求向亚太及中东地区的"再平衡"。[2]

第四，崛起大国与守成大国之间的安全困惑。在美国眼里，中国近些年来在亚太地区的影响突出上升，格外引人注目。1997年亚洲遭遇金融危机，中国坚持人民币不贬值，赢得域内国家的广泛信赖。2002年中国与东盟启动自由贸易区谈判，2012年5月13日，中国、日本、韩国正式签署中日韩投资协定，并同意年内启动中日韩自由贸易区谈判。2000年，美国同东盟的贸易占东盟整体贸易的16%，中国占4%。到了2010年，东盟与中国的贸易比重上升到11%以上，而美国的比重则下降至9%。[3] 布热津斯基提出"美国在大变动时代的大战略"，即"平衡东方、升级西方"。他认为美国在未来几十年内最核心的挑战是复兴自身，同时促进形成一个扩大的、合作的西方（从北美、欧洲，经过欧亚，一直到日本和韩国），并在东方支

---

[1] 约翰·米尔斯海默、王文：《专访米尔斯海默：论中美战争前景》，共识网2012年5月28日，http://www.21ccom.net/articles/qqsw/zlwj/article_2012052860599.html；Christopher Layne, "The Global Power Shift from West to East," *The National Interest*, No. 119, May/June 2012, pp.21-31.

[2] 《美欧关系从特殊走向正常》，《人民日报》2012年3月20日。

[3] 陈刚：《美国重返亚太，军事虚经济实》，《环球时报》2012年8月3日。

持一个可以适应中国崛起的复杂平衡。[1] 美国国际政治学者 F. 威廉·恩达尔（F. William Engdahl）指出，由于经济的快速增长和保护国家利益这一决心，中国仅仅因为它的存在，就被五角大楼树立成了新的"敌人形象"，代替了"9·11"事件后小布什政府为在全世界寻求获得统治权而塑造出的伊斯兰"敌人"，或者是冷战时期的共产主义苏联。美国对中国采取的新军事立场其实与中国自身的威胁没有任何关系。五角大楼决定升级对中国的军事姿态，"仅仅是因为中国在全世界的经济和地缘政治中变成了一个独立发声体，而在华盛顿打造的全球化世界中，只能容得下它的附属国"[2]。专家们指出，美国重返亚洲是其全球战略调整的必然之举，是应对"权势东移"的战略选择，是"规范"中国崛起的迫切需要。[3] 全球国际体系转型的重要特点是，以中国、俄罗斯和印度等新兴国家的集体崛起为标志，国际政治、经济重心正从欧洲地区向亚洲地区转移。[4] 中国加大在亚洲的布局力度，使美国具有强烈的危机感。[5] 美国企图通过其安全战略遏制中国、抑制日本、牵制俄罗斯、控制大洋通道，以防止某一国家挑战美国的领导地位，独霸亚洲。[6] 美国学者戴尔·伯奈特（Alexander Burnet）认为，奥巴马宣布美国将把重心转向亚洲，这标志着其执政以来的一个重大政策改变。"这一改变部分是因为美国对中国实力的感知发生了改变，但一定

---

[1]《美欧关系从特殊走向正常》，《人民日报》2012年3月20日。

[2] F. 威廉·恩达尔：《奥巴马的地缘政治转移》，阿根廷南南网2012年9月3日。

[3] 赵明昊：《"重返"还是"重构"：试析当前美国亚太战略调整》，《当代世界》2010年第12期。

[4] 刘清才、刘文波：《东北亚国际体系转型与中国面临的机遇和挑战》，《吉林大学社会科学学报》2011年第3期。

[5] 雷志华：《美国战略东移考验中国外交》，《南风窗》2011年第25期。

[6] 王生：《美国战略重心东移背景下中国的安全环境及战略应对》，《当代世界》2010年第10期。

程度上也是美国财政实力削弱的结果。美国债务日益严重，政府急需减少开销、设备及人力。国防部长帕内塔提议裁员10万人、减少新的侦察机和运输机并缩减在新式联合打击战斗机上的开支"。[1]

第五，地缘政治及地缘经济因素的影响。美国全球战略的核心目标是阻止任何一个对手挑战美国的霸权，而在美国决策者看来，这样一个对手越来越明显将来自亚洲。奥巴马的前地缘政治顾问布热津斯基在1997年出版的《大棋局》一书中阐述了华盛顿的立场："防止在欧亚大陆上出现任何一个能够统治欧亚，进而挑战美国地位的挑战者是非常有必要的。因此，要制定全面和整体的欧亚地缘战略。对美国来说，欧亚是美国最重要的地缘政治目标。美国的全球优势地位直接取决于它对欧亚大陆的主导地位能保持多久和如何保持。美国如何'管理'欧亚大陆是个至关重要的问题。欧亚大陆是世界上面积最大的大陆和全球地缘政治轴心。主宰欧亚大陆的国家将能控制世界最先进和经济最发达的三个地区中的两个"。[2] 欧亚大陆拥有全世界约75%的人口，欧亚大陆的国内生产总值占世界总量的约60%，世界已知能源资源的3/4左右也在欧亚大陆。新保守主义的代表人物、卡内基国际和平基金会高级研究员罗伯特·卡根认为，世界地缘政治正日益具有竞争性，"一些大的竞争者如中国、俄罗斯与我们的价值观显著不同"，"他们也正在塑造国际体系"。他认为，欧盟以为地缘经济比地缘政治重要，软实力比硬实力重要，欧盟将是新国际体系中的成功榜样。"但欧盟错了，历史并未终结，地缘经济并未取代地缘政治，硬实力

---

[1] http://www.yaleglobalfd.fudan.edu.cn/content/%E5%85%A8%E7%90%83%E5%8A%9B%E9%87%8F%E8%B，检索日期：2014年10月。

[2] Zbigniew Brzezinski, *The Grand Chessboard: American Primacy and Its Geostrategic Imperatives*, 1997, p.31.

仍然重要，世界回到各种全球性的角逐"。[1] 赵穗生认为，美国是为了对冲而非遏制中国的崛起，是一种自我防范行为。[2] 朱锋认为，美国不仅判断目前最大的中长期国际战略压力来自亚太地区的"崛起中大国"，更重要的是，随着东亚的力量变更，美国认为东亚地区秩序的不稳定性可能对美国造成长期的战略压力。美国"战略重心东移"已经成为既定事实。[3] 美国在亚洲的军事调整是牵制中国的重要手段。[4] 金灿荣认为，地缘政治"冲击力"、地缘经济"引力"、国内政治"角力"、领导人"个人情结"、区域国家"拉力"是美国重返亚洲战略的主要推动力。[5] 学者陈亮智认为，美国重返亚洲主要是为了应对中国，积极寻求突破所谓的第一岛链的企图。

二、实施"亚太再平衡战略"着重军事手段

2011 年 11 月，奥巴马在澳大利亚议会声称，美国将加强与澳大利亚的军事合作，澳大利亚的达尔文港将成为美军在亚太地区新的重要军事基地。他指出，"作为太平洋沿岸国家，美国将在这一地区及其未来的塑造方面发挥更重要的长期作用"。帕内塔在 2011 年 7 月就任美国国防部长后 4 次访问亚洲，致力于加强合作伙伴的作战能力以及美军与该地区国家军队之间的互动能力，深化在信息安全、情报、监视、侦察以及从网络空

---

[1]《美欧关系从"特殊"走向"正常"》，《人民日报》2012 年 3 月 20 日。
[2] Suisheng Zhao, "Shaping the Regional Context of China's Rise: How the Obama Administration Brought Back Hedge in Its Engagement with China," *Journal of Contemporary China*, Vol. 21, No. 75, Feb 2012, pp.369-389.
[3] 朱锋：《奥巴马政府对外战略调整：评估与展望》，《和平与发展》2010 年第 1 期。
[4] S. R. Joey Long, "The United States, Southeast Asia, and Asia-Pacific Security," *Asia Policy*, Vol 12, 2011, pp.2-7.
[5] 金灿荣、戴维来：《冷静看待美国重返亚洲》，《当代世界》2012 年第 4 期。

间到外太空等其他高科技领域的合作,加强与联盟和伙伴关系国家的联合培训和联合军事演习。帕内塔称,美国转向亚太再平衡战略是美国为适应21世纪新形势制定的新国防战略,强调灵活性、技术和军力投放。他声称,美国亚太再平衡战略建立在所谓"四大支柱"上,即协助促进该地区的和平与安全;加强并不断更新美国在该地区的联盟和伙伴关系;加强美国在太平洋和印度洋地区的存在;军力投放。[1] 随着美国在太平洋地区的军事集结,美国在军事上的部署也不断细化。

一是增派美军兵力和加强武器部署。美国在太平洋地区部署有32万人的部队。美国国防部表示,美军在世界其他地区的缩减不会影响到亚太地区。不仅如此,美国还加大与亚太地区有关国家的军事合作。奥巴马总统2011年11月访问澳大利亚时宣布,2500名美国海军陆战队从2015年起将把达尔文港作为轮换基地。美国同澳大利亚达成协议,这些人于2016年全部部署到位。美国原本在太平洋和大西洋各配备了50%的舰船,而到2020年,60%的舰船驻扎在太平洋地区,包括6艘航空母舰和海军多数驱逐舰、巡洋舰、潜艇和濒海战斗舰,而只有40%驻扎在大西洋地区。美国和日本在2012年9月达成一项协议,美军将在日本领土部署第二套美国先进导弹防御雷达。与此同时,美国同菲律宾的防务合作也在加强。美国希望增加在菲驻军,美国军舰将更频繁地访问菲律宾。美国更多关注亚洲的另一个标志是,从2012年年底开始,美国国防部长和参谋长联席会议主席每隔一周要与美军太平洋司令部司令举行一次加密的为期一小时的视频会议。[2]

二是加强同盟国的全面军事合作关系。日本是美国在亚太地区最重要

---

[1]《美国转向亚太再平衡》,《参考消息》2013年1月9日。
[2] "The U.S. Sent Signals of Pivoting to Asia," *The New York Times*, November 10, 2012.

的盟国。希拉里说,"我们与日本的同盟关系居于首位,这是我们在亚太地区进行接触的基石","我们的伙伴合作关系远远超过了安全领域"。[1]美国驻日本冲绳军事基地正在恢复成为美国向中国投射军事力量的基地。2010年,驻扎日本的美军人数达3.5万人,还有大约5500名文职官员。美国第七舰队总部设在日本横须贺,美国第三海军陆战队远征部队驻扎在冲绳岛,美国空军的130架战斗机驻扎在三泽和嘉手纳空军基地。2011年日本政府开始设计以遏制中国威胁为目标的武器装备扩充计划。近年来,美国加强了同日本、韩国、澳大利亚、泰国和菲律宾的双边联盟,此外还同台湾保持着事实上的联盟。美国同新加坡保持着密切的安全关系,同马来西亚保持着长期的伙伴关系,正在同印度尼西亚重新建立关系。除了加强同澳大利亚的军事合作外,美国还谋求加强同新西兰的军事合作关系。新西兰与美国的军事合作原本不活跃,美国国防部长帕内塔于2012年访问新西兰,他是30年来首访新西兰的美国国防部长。新西兰已经成为美国"亚太再平衡战略"的重要一环,美国谋求通过加强与太平洋岛国的全面联系,构建在亚太地区的网络化安全布局。

三是提升同印度的军事合作关系。2010年的早些时候,美印两国启动战略对话(U.S.-India Strategic Dialogue)。奥巴马总统2010年11月初访问印度,将美印伙伴关系提升到一个全新的高度。2011年7月18至21日,美国国务卿希拉里·克林顿访问印度,两国签署了包括《终端用户监督协议》在内的三项重要协议,印度实际上得到了购买美国先进武器的"许可证"。希拉里鼓动印度在亚洲扮演更大胆的领导者角色,声称新德里应该运用政治影响力,与快速增长的经济地位相匹配,积极塑造亚太地区的未

---

[1] http://www.america.gov/st/eap-chinese/2010/October/20101029034247x0.4677175.html, October28, 2010.

来。2012年6月5日，美国国防部长帕内塔开始访问印度，这是他出任国防部长后第一次访问印度，双方就北约从阿富汗撤军计划以及两国联合军事训练等议题进行了讨论。帕内塔还向印方详细说明了美国"亚太再平衡战略"。帕内塔称，美国正处于一个转折点，正在关键的亚太地区对其军力进行"再平衡"。他说，在这一战略中，与印度的国防合作是关键。"印度是该地区也是世界上最大、最有活力的国家之一，拥有强大的军力"。印度军队共有130万现役军人以及100万后备役兵源。美印在防务领域内的合作不断加大，美印军队每年都会举行例行演习，美国已成为印度主要的武器提供国之一。小布什政府时期，面对中国在亚洲的逐渐崛起，华盛顿就将印度确立为美国的军事盟友。2011年美印双方开展了50多次重要的军事活动。前五角大楼顾问、著名地缘政治分析家罗伯特·卡普兰（Robert Kaplan）认为，印度洋是重要的海上能源通道，也是中东和远东国家的贸易通道。他指出，从战略意义上说，它更是中国、非洲和拉美之间的南南经济轴心的心脏。印度洋被冠以"伊斯兰弧带"的称号，从东非到印度尼西亚，包括了波斯湾和中亚国家。印度洋已经变成了全球战略重心，谁能控制这个重心，谁就能控制包括中国在内的欧亚地区。

　　四是用南海问题牵制中国。遭受恐怖袭击后，美国迅速以反恐战争为借口，同菲律宾和印度尼西亚军方签署了军事合作协议。近年来，美国与东南亚国家在南海问题上进行合作，把矛头指向中国。2011年，美国军方开始与越南合作，举行联合"和平"军事演习。华盛顿支持菲律宾和越南在南海问题上对中国提出主权诉求，为这两个国家不寻求外交途径解决领土问题壮胆。2011年11月16日，希拉里登上了停泊在马尼拉港的退役美国海军导弹驱逐舰"菲茨杰拉德号"，参加了在那里举行的《美菲共同防御条约》签署60周年纪念仪式并发表讲话。希拉里使用了"西菲律宾海"这一菲律宾单方面的说法来代指南海。希拉里还宣称美国政府将在南海主权争议上支持菲律宾，她和菲律宾外长罗萨里奥（Albert del Rosario）签署《马尼拉宣言》，承诺为菲律宾提供军事及经济领域的一系列合作，并希望升级两国的同盟关系，以满足 21 世纪的"新挑战"。菲律宾认为找到了靠山。2012 年 4 月，菲律宾"德尔毕拉尔号"巡逻舰卷入与中国在黄岩岛的激烈对抗。就在 4 月，美国和菲律宾还在巴拉望岛举行了年度联合军事演习。2012 年 7 月，越南国会通过了《越南海洋法》，把中国西沙群岛和南沙群岛包含在所谓越南"主权"和"管辖"范围内。从越南经济开始对外自由化之后，美国对越南的影响作用越来越具有决定意义。从韩国到菲律宾和越南，五角大楼和美国国务院煽动中国周边邻国向中国提出对南海的领土诉求，以便让美国军事力量以"捍卫"越南、日本、韩国或菲律宾的利益为由进驻该地区。

五是构筑美国主导的制度性区域架构，并尽可能把更多亚太国家纳入这一体系。美国"再平衡战略"的一个核心内容是倡导由美国主导的多边主义，通过"建章立制"为区域内国家树规立矩。美国加大对亚太地区架构建设的投入，包括签署《东南亚友好合作条约》（Treaty of Amity and Cooperation in Southeast Asia，TAC），出席东亚峰会（East Asia Summit），进一步参与太平洋岛国论坛（Pacific Island Forum），大力推动跨太平洋伙伴关系计划（Trans-Pacific Partnership）。美国积极鼓动签订"南海行为准则"，旨在形成对华制约。在美国看来，中国越来越强大，美国必须在中国变得不可控制前制定一系列规则把中国牢牢套住。小布什政府时期的美国国安会主管亚太事务的高官格林坦言，如果中国愿意帮助美国，并且遵守规则，那么美中两个大国就可以像当年英美两个霸权那样长期和平共存。他的逻辑是，现有国际体系是美国创立的，但大家都从中受益，既然如此，中国就无须修改它，而是理应照办。[1] 为了把更多国家拉进来，美国重新定位和发展同蒙古、越南、老挝、缅甸、柬埔寨等国的关系。2012年6月，美国参谋长联席会议主席马丁·登普西（Martin E. Dempsey）在结束对泰国、菲律宾和新加坡的访问后表示，"我们希望在亚太地区和盟国结盟，同时以轮换的方式存在，可以让我们建立共有能力，保障区域内的共同利益"。2012年7月12日，美国国务卿希拉里出访蒙古国，在同蒙古国政要会谈时，她把美国比作是蒙古国的"第三邻国"，高调宣称蒙古国是"亚洲民主典范"。她到访越南时又称，"越南正在发生非凡的变革"。法国《回声报》对此评论说，这些国家的一个共同点是，它们都在经济上不同程度依赖中国。美国虽想通过贸易"重返"亚洲，但有关国家普遍感到"远水解不了近渴。"[2]

六是军事上着力进行"前置驻军部署计划"。美国军事部署谋求体现三个原则：第一，防卫态势更具政治可持续性；第二，军队调动运作更具韧性；第三，军事部署更重视地理分散性。为贯彻这些原则，美国在东亚地区的军事部署既全面铺开，又突出重点。其主要表现在：着力提升关岛的军事地位，加强与日本和韩国的军事同盟关系；加大在新加坡的驻军；强化与泰国和菲律宾的准同盟关系；与新西兰建立新的军事合作关系；拉近同澳大利亚的防卫关系；扩大同印度在太平洋地区的军事合作。2011年底，美国国防部披露新的军事方针，即所谓"空海一体战"（Air Sea Battle）概念。美国媒体报道称，该理论强调空军、海军和海军陆战队力量协同发展，以对抗中国的"反介入、区域拒止能力"。美国有专家称，该理论是一个里程碑，意味着美国将对中国采取冷战式方法，"美国曾对前

---

[1]《美官员称重心转移亚太意在维稳而非威胁中国》，环球网2013年4月27日，http://mil.huanqiu.com/observation/2013-04/3880621.html。

[2]《美重返亚太战略下的"求合游"》，人民网2012年7月13日。

苏联采取海洋战略，现在对中国采取的海空战亦与之类似"[1]。根据有关战略谋划，美国的隐形潜艇和隐形轰炸机将摧毁建立在中国内陆的远程监控雷达和导弹定位系统。在最初的"盲目行动"之后是范围更广的同样针对中国的空中和海上打击。这项已经悄然开始的战略关键点在于，美国的海空军事力量可以同时出现在日本、中国台湾、菲律宾、越南和整个南海及印度洋地区。海上力量和澳大利亚军队部署的目标都是把南海和印度洋纳入其战略范畴，以保护马六甲海峡和南海的航行自由为借口，实际是在爆发全面冲突时切断中国的战略通道和石油运输线，确保美国的军事优势。

三、TPP 与经济领域的"亚太再平衡战略"

虽然亚太再平衡战略的重点集中在军事安全领域，美国也清楚这只是一条腿，难以走远。因此，奥巴马总统在第二任期内决心加大对另一条腿的投入，即努力在亚太地区建立由美国主导的区域自由贸易体制。具体表现是，大力推动《跨太平洋战略经济伙伴关系协定》（Trans-Pacific Partnership，简称 TPP）谈判，并推进与欧洲国家的《跨大西洋贸易与投资伙伴关系协定》（Transatlantic Trade and Investment Partnership，简称 TTIP）谈判，以便欧亚同时并进，遥相呼应。奥巴马 2012 年出席在柬埔寨举行的东亚首脑峰会期间与东盟有关国家领导人全面接触，发出了希望加速 TPP 谈判进程的强烈呼声。美官员称，根据美国和东盟达成的联合倡议，双方将磋商简化海关流程、建立统一的投资保护措施和企业行为规范。[2]

TPP 的雏形是 2001 年 1 月正式生效的新西兰与新加坡自贸协定。智利于 2002 年同新西兰和新加坡在 APEC 领导人非正式会议期间发起三国自贸倡议。文莱于 2005 年 4 月加入谈判后，扩大为四国。经过几年谈判，

---

[1] "Pentagon Unveils the New Battle Theory," *Washington Times*, Nov. 9, 2011.
[2] "U.S. President Pushes TPP with Asean Leaders," *Reuters*, November 19, 2012.

四国达成了自由贸易协定。但TPP真正引起世人的关注是在2008年2月美国正式宣布参加TPP谈判后。美国的态度对其他国家产生很大促动，到2011年，澳大利亚、秘鲁、马来西亚和越南也成为TPP谈判成员。TPP是涵盖宽领域、高水平、综合性的自由贸易结构，对服务贸易和货物贸易自由化作出明确规定，要求消除电子商务交易、投资、关税、竞争、贸易等各领域的技术障碍，并对政府采购、知识产权保护和卫生植物检疫等都有具体规定。[1] 与APEC以"协商加自主行动"的运作形式不同，TPP的规则具有强制性，标准之高和覆盖领域之广前所未有。[2] 从整体看，它是商流、物流、人流全面自由流动的政策平台。[3] 该平台包括的国家占据全球经济总量的一半、全球贸易份额的40%，美国希望将TPP打造成21世纪美国主导的有广泛代表性和高标准的区域经济合作平台。[4]

美国加入并大力推动TPP，既有现实需要，也有长远图谋。美国的目的主要有：第一，为美国经济寻找新动力。在亚洲经济日益成为世界经济发动机的情况下，美国对加强与东盟国家经济合作的需求上升。作为美国第四大出口市场和第五大贸易伙伴，东盟保持经济高速增长不仅将为美国产品出口创造机遇，也将为美国的就业市场提供机遇。美国受金融危机和欧债危机打击，近年来经济和就业遭受重挫。奥巴马为了重振经济，特别重视扩大对外出口，希望借TPP分享亚太地区经济增长红利，拓展美制造业、金融服务业、电讯业的海外市场。第二，维护美国在亚太经济合作领域的主导权。当美国和欧洲受困金融危机之时，亚洲国家经济仍然保持

---

[1] 刘昌黎：《泛太平洋战略经济伙伴关系协定的发展与困境》，《国际贸易》2011年第1期。

[2] 孙建杭：《美国力推TPP的图谋》，《环球财经》2011年11月25日。

[3] 刘非：《中国如何应对TPP》，《学习时报》2011年12月19日。

[4] 张捷：《中国APEC二十年——TPP衔枚疾进APEC或临拐点美国欲重构资源版图与信用体系》，《环球财经》2012年第1期。

良好发展势头,特别是中国与东盟和中日韩与东盟等区域合作机制深化发展,美国深感在亚太经济事务中面临被边缘化的危险。TPP是美国对东盟提出的《区域全面经济伙伴关系协定》(Regional Comprehensive Economic Partnership, RCEP)作出的回应。RCEP谈判包括东盟十国,加上中国、日本、印度、韩国、澳大利亚和新西兰,但美国不在其中。TPP和RCEP不可避免地形成竞争关系。在美国的策划下,TPP目前对中国的加入持消极姿态,表明美国不愿看到中国成为亚洲特别是东亚经济合作中的主导性力量。很显然,美国有意借TPP支撑美国在亚洲的战略存在,以维持并加强其在亚太地区的霸权地位。第三,制定新的国际贸易规则。从TPP的制度设计看,TPP明确提出要为全球贸易树立"新标准"。这显示在世界贸易组织(WTO)多哈回合谈判久拖不决的背景下,美国改弦更张寻求在WTO之外推动美国主导的自贸规则新途径。事实上,由于TPP成员经济水平相差很大,对外开放程度极为不同,加上TPP有关规则十分苛刻,TPP的发展进程并不顺利,即使在美国国内也存在很多不同的声音。

第二节 "亚太再平衡战略"与中国

"亚太再平衡战略"是否完全针对中国而来,在美国和中国都有不少争议。美国学者大都否认这一战略旨在遏制中国,但不否认这一战略与中国有密切关联。中国很多学者则大都对美国官方的言论持怀疑态度,倾向认为这一战略的实质在于防范并遏制中国。

一、如何看待"亚太再平衡战略"的中国因素

美国官员一再表示，有关"亚太再平衡战略"是针对中国的看法是一种误解。美国时任国防部长帕内塔指出，"事实并非如此。再平衡的一个重要组成部分是，与中国军方保持一种健康、稳定和持续的关系"。[1] 美国国防部负责东亚及亚太安全事务的副助理部长赫尔维（David Helvey）说，"'再平衡'的成功需要看能否与中国建立起积极和有成效的关系。所以说，'再平衡'完全不是针对中国。不过，中国的行为必然会对我们如何看待这个地区造成影响"。[2] 美国前副防长史洛康（Walter Slocombe）认为，美国在亚洲所作所为虽然不完全针对中国（against China），但在某种程度上确实都跟中国有关（about China），美国亚洲战略的首要任务就是与中国打交道。[3] 美国企业研究所高级研究员、前副国务卿约翰·博尔顿（John Bolton）更是声称，"潜在的敌对不再只是假设。消极被动将让北京接二连三地占据上风，直至美国的弱点暴露无遗，中国取得全面胜利"。[4] 美国宣布"重返"及"亚太再平衡战略"以来，亚洲秩序发生急剧变化，以经济发展为中心的区域关系更多具有军事及安全竞争性。

应该说，史洛康所言不无道理。奥巴马政府的"亚太再平衡战略"涉及中国的内容颇为复杂，表现出来的政策特点是虚实结合，既挑起事端，又防止生战，避免使自己陷进去。在南海问题上，美国挑拨有关国家同中国的关系，向它们提供新的军事援助，提升它们与中国抗衡的能力，菲律

---

[1]《美国转向亚太再平衡》，《参考消息》2013年1月9日。
[2]《美官员称再平衡意在维稳》，环球网2013年4月27日，http://mil.huanqiu.com/observation/2013-04/3880621.html。
[3] 参见2012年9月26日香港中评社报道。
[4] "The U.S. Lacks Methods to Respond the Chinese," *The Wall Street Journal*, September 11, 2012.

宾是个明显的例子。美国认为在东南亚盟友当中，菲律宾是最薄弱的环节，因而大幅增加对菲军援，包括协助菲律宾政府购买了美国海岸警卫队刚刚退役的两艘巡逻舰。另一方面，美国坚称只想保障航行自由，主权争议各方应该通过和平手段消除分歧。针对美国是否该对菲律宾履行共同防御条约的义务，华盛顿在这个问题上始终没有表态，从而避免与中国发生直接对抗。在2012年初卸任负责政策的美国国防部副部长米歇尔·弗卢努瓦（Michele Flournoy）说，菲律宾最近错误地认为，美国重新接触该地区是它在领土争端上更加强硬对抗中国的机会。美国一方面要向该地区盟友发出明确的支持信号，但另一方面也要确保这些做法不会鼓励盟友肆意妄为。她对菲律宾领导人可能误解美国意图颇为担忧，称马尼拉有可能"误把美国的支持当作更加激进地声张主权的机会。我想我们必须谨慎地说，我们没有鼓励这种对抗性态势"[1]。理解弗卢努瓦这番话对我们分析美国政府的现行政策是有帮助的。美国要干扰中国同东盟国家的关系，但也不愿在领土争端问题上"选边站"，不希望把自己拖入一场无解的争端甚至冲突。2012年10月16日，美军太平洋司令部司令洛克利尔（Samuel J. Locklear III）在曼谷表示，美军正在实施重返亚太的战略，但不会介入该地区的任何冲突。"关于中日东海岛屿争议，美国仍将保持中立；在南海问题上，美国也同样保持中立。这是因为美国的政策是不就任何领土争议采取立场"[2]。

针对中国与日本围绕钓鱼岛主权问题的争端，美国采取了类似立场。美国政府高官多次在不同场合称，钓鱼岛"属于《美日安保条约》第五条

---

[1] "Former U.S. Officials Urge Not to Misunderstand American Support," *The Wall Street Journal*, September 14, 2012.

[2] "The U.S. Won't Get Involved in the Territorial Conflicts," *The Financial Times*, October 17, 2012.

的适用范围",日本因此"挟美自重"。2012年9月17日,美国国防部长帕内塔在东京先后会晤日本防卫相森本敏和外相玄叶光一郎,再次表示钓鱼岛适用于《美日安保条约》,并于当天宣布两国就在日本搭建第二套反导系统达成一致意见。此举有意为日本撑腰打气,助推日本在中日争端中的地位,使中日之间低烈度紧张局面持续下去。很显然,美国对日本的行为表态暧昧,给了日本领导人想象的空间。日本驻美大使佐佐江贤一郎说,美国政府的立场表明,日美安保条约包括钓鱼岛。若出现使用武力的情况,美国的立场将不可能中立。[1] 事实上,美国的立场还有另一面。美国官员一再强调,"我们不在钓鱼岛最终主权上采取特定立场"。[2] 2012年9月28日,美国国务院主管东亚与太平洋事务的助理国务卿坎贝尔（Kurt Campbell）被问及钓鱼岛争端时说,"我们已经很清楚地表明,这是中日两国之间的一个外交问题。美国无意,也不会扮演调解角色,但是我们有高度的信心,中日两国有判断能力确认双边关系对两国的重要性。我们坚信,积极的对话将会产生良好的结果"。[3] 不难看出,美国并不愿意介入中日之间的大规模军事斗争,因此也要防止日本单方面做出过激举动。《时代周刊》指出,美日在钓鱼岛问题上立场并不相同。日本南部立命馆亚太大学国际战略中心主任佐藤阳一郎就对美国的"协防"表示质疑。他说,"美国对日本的承诺含糊其词。美日安保条约称,日方须在领土防务中承担主要责任,这使美国人有空子可钻,最终导致日本孤立无援"。[4] 美国亚太安全问题专家伯纳德·科尔（Bernard Khol）指出,"美国对日中岛屿争端

---

[1] 《佐佐江说美国将明确支持日本》,《朝日新闻》2012年10月31日。

[2] 《日本揭内幕想拉美国下水》,《环球时报》2012年11月2日。

[3] 中新社华盛顿2012年9月28日电,http://www.top81.com.cn/2012/0930/10849.html,检索日期：2014年8月。

[4] "Japanese Scholars Doubt the U.S. Promise," *Time*, September 14, 2012.

不持立场，而美日安保条约又适用于这些岛屿。针对中日冲突的这种可能性，我们玩过两次战争游戏，而这两次东京和北京都是通过和平方式解决了分歧，同时美日关系遭到重创，因为华盛顿拒绝立即派军舰支援日本自卫队"。[1]

二、在"寻求中国帮助"与"遏制中国"间摇摆

奥巴马政府既想得到中国帮助，又要遏制中国，二者不可能兼顾。美国国务院前情报官克拉克对美国的现行政策提出质疑，他指出，美国亚太再平衡战略实际上增加了东亚的紧张局势，因为它使与中国有领土争端的国家误解了美国立场，它们更大胆地采取针对中国的军事行动。他担心"被亚洲一些国家绑架，这才是美国的真正风险"[2]。波士顿学院的中国安全问题专家罗伯特·罗斯（Robert Ross，中文名：陆伯彬）说，"我们正在做两件事：一是向中国的国家安全发起挑战，二是煽动中国的民族主义情绪。没有任何一个大国会对破坏其国家安全的改变安之若素"。[3]

美国凯托学会外交政策研究主任贾斯廷·洛根（Justin Logan）同样担心美国的政策被利用。他说，如果亚洲安全的核心问题变成美中之间的竞争，那些自称是美国伙伴的国家就会不时挑动华盛顿与北京争斗，而不是与美国合作来防范中国。他引用泰国学者提迪南·蓬素提拉的观点说，东盟国家不希望中国和美国完全达成共识，因为中美之间的紧张和对立关系

---

[1] "Five Possibiities for the Dispute," *Defense News Weekly*, September 24, 2012.
[2] 刘扬：《安倍欲封死钓鱼岛后路》，《环球时报》2013 年 1 月 12 日。
[3] "The U.S.-China Relation Needs to Be Readjusted," *The Wall Street Journal*, November 7, 2012.

让它们有空间施展影响力并与双方讨价还价。[1] 奥巴马第一次总统竞选团队重要成员弗兰克·詹努齐（Frank Jannuzi）说，奥巴马在第一届任期内奉行由三大支柱支撑的亚洲战略，即支持盟国、促进地区主义和建设对华合作关系，但目"第三大支柱与前两者相比最薄弱，这似乎是他在第二届任期内需要将精力转移的地方"。詹努齐指出，在当前经济危机条件下，美国将太多时间和精力耗费在对华贸易纠纷上。他希望奥巴马政府"不仅是再平衡对亚洲的政策，而且要再平衡对华政策，以使其不那么专注于贸易纠纷，而更专注于中国实行政治改革以及与美国合作应对全球挑战方面的需要"[2]。美国的亚太再平衡战略解决不了亚洲的难题，相反可能因承诺过高、兑现不足而增加该地区的不确定性。美国企业研究所学者迈克尔·奥斯林（Michael Oslin）认为，这一政策的错误之处可归纳为四点：高谈阔论、不切实际、资源吃紧、先勾起期望而后引起怀疑。因此，"是时候抛弃奥巴马政府将支点向亚洲转移的政策了"[3]。

不少专家指出，奥巴马政府的所谓战略重心转移，只是为了掩饰从阿富汗和中东撤退的难堪。广义的中东是指包括北非和巴基斯坦在内的"大中东"。美国在中东的地缘战略利益巨大，涉及大西洋、欧洲和以色列的安全。在奥巴马第二个任期内，伊朗核问题、叙利亚内战、埃及的动荡、利比亚的"基地组织型"恐怖袭击仍将继续。在这样的背景下，美国肯定还远不能对上述问题放手不管。没有多少分析人士相信在第二个任期的四年里奥巴马能够将美国关注的焦点从中东转移开。[4] 有分析认为，如果

---

[1] Justin Logan, "The Re-balancing Strategy Should be Re-balanced," *The U.S. Defense Weekly*, January 14, 2013.
[2] 《前幕僚称奥巴马重返亚洲关键是再平衡对华政策》，韩联社 2012 年 11 月 10 日。
[3] "The U.S. Needs No Pivoting to Asia," *The Wall Street Journal*, September 27, 2012.
[4] Jay Soloman, "Challenges Await the President," *The Wall Street Journal*, November 7, 2012.

美军和多国部队真的在 2014 年从阿富汗撤军，则可能导致阿富汗塔利班武装的全面反扑，西亚及南亚地区将出现"巴尔干化"倾向。[1] 传统基金会亚洲研究中心主任沃尔特·洛曼（Walt Loman）认为，美国作战部队在 2014 年底前撤出阿富汗使得该国更易出现类似于 20 世纪 90 年代导致塔利班上台的内战。

批评再平衡战略的人既有右翼保守派人士，也有谨慎的温和派。美国前副国务卿博尔顿（John Robert Bolton）是有名的强硬保守派，他批评奥巴马政府将战略重心从中东转向亚洲时声称，"美国是一个全球性大国，它的利益遍布世界各地。我们不能像风向标那样把战略重心从一个地区转移到另一个地区，特别是认为中东不再重要、我们可以减少对该地区关注的想法是愚蠢的"。[2] 2012 年美国总统选举共和党竞选人罗姆尼（Willard Mitt Romney）的东亚政策顾问、普林斯顿大学教授亚伦·弗里德贝格（Aaron Friedberg）说，"转向亚太"战略只是标语，而最新提出的"空海一体战"理念更是模糊概念。"从绝大部分内容来看，'转向'战略更多是个口头上的工具，为从阿富汗撤军提供政治掩饰"。"在美国政治中，没有总统会想说他要撤军。政治上讲，如果说是'我们正从阿富汗转向亚洲'要好得多。而在现实中，美国仅仅是结束了在阿富汗的战争，维持了在亚洲的现有政策"[3]。在 1993—1999 年曾是宾夕法尼亚州民主党国会议员的保罗·麦克黑尔（Paul Mchale）说，从美国军事角度看，太平洋地区爆发战争的风险比美国卷入范围更大的中东和西南亚地区多个可预见地方的战争的风

---

[1]《美国为重返亚太作准备》，日本《产经新闻》2012 年 11 月 13 日。

[2] "America Lacks Means to Stop the Chinese," *The Wall Street Journal*, November 11, 2012.

[3] Aaron Friedberg, "The So-called Rebalancing Strategy Is An Excuse for Exit," *Foreign Affairs*, Autumn 2012.

险要小,"让美国陆军为了将来对中国打一场持久的陆地战而做准备没有意义,我们的军事战略不应当是图口舌之快,中央司令部辖区必须是国家军事战略的焦点,因其辖区是'一个不稳定和暴力的弧形区'"。[1]

三、"亚太再平衡战略"在美国内引发争议

华盛顿知名智库"战略与国际研究中心"(CSIS)在《美军亚太姿态战略》评估报告中指出,美军亚太军事姿态的目标是"塑造和平安全环境,同时维持威慑力,以消除盟友和伙伴疑虑,劝阻可能的对手"。在这个过程中,"美国与亚太盟友和伙伴面临的地缘战略不确定性的中心是,中国不断增长的国力和影响力未来如何影响地区秩序与稳定"。[2] 奥巴马政府推出再平衡战略,引起美专家学者的广泛评论,其中不乏批评的声音。

针对如何构建同中俄的关系,美国国内的建设性看法不占主导地位。约翰·伊肯伯里认为,中俄已深深融入现有国际秩序,两国所作所为与其说像修正主义国家,不如说像老牌大国。他们与美国的较量都是围绕争取在现行秩序内的发言权展开。[3] 布热津斯基指出,核武器的出现、日益交织的全球经济以及意识形态的淡化,使得当今形势与全球争霸、彼此仇恨、妖魔化对方的19世纪、20世纪大不相同。[4] 约瑟夫·奈批评把当前的中美关系比为1914年前的英德关系,认为当今世界与1914年不同,"美国和中国能否处理好彼此关系将由人的选择决定,而不是由某种历史铁律决

---

[1] Kaven Philis, "The Political Strategy Not the Military Strategy Matters," *the Star Flag*, December 4, 2012.

[2] 2012年9月24日,美国智库"战略与国际研究中心"(CSIS)举行"美国在亚太地区前置存在"研讨会。《美军亚太姿态战略》评估报告系五角大楼委托研究项目。

[3] John Ikenberry, "The Geopolitical Illusion," *Foreign Affairs*, May/June 2014.

[4] Zbigniew Kazimierz Brzezinski, *International Herald Tribune*, February 14, 2013.

定"。[1]

事实上，一个时期以来，美国高官及前政府要员频频攻击中俄两国的对外政策，明显偏袒与中俄有矛盾的国家，甚至挑动他们与中俄对抗。针对日本安倍政权修改宪法解禁集体自卫权，美前常务副国务卿斯坦伯格（James B. Steinberg）声称，这将增进地区和平与稳定，并不具有军国主义或对外侵略的意图。[2] 美国前助理国务卿坎贝尔称，"在解决与亚洲邻国摩擦的过程中，中国应当遵守数十年来维持了世界和平及稳定的国际法等国际秩序"。[3] 美国政府推出"亚太再平衡战略"后，加强在亚太地区的同盟关系和军事部署。在经贸层面，美国在亚太地区力推建立泛太平洋经济合作伙伴关系协定（TPP），却有意把中国这个亚洲最大经济体、全球最大货物贸易国家排除在外，其谋求通过制定新规则来规范甚至排斥中国的图谋昭然若揭。俄罗斯与乌克兰的冲突为美国加大对俄的围堵提供了新的机会，美俄关系跌入冷战结束以来的新低点。

美国亚太再平衡战略存在严重的内在矛盾。美国国务卿克里说，奥巴马总统明确阐明美国欢迎一个和平、繁荣、稳定的中国的兴起，"要坚决避免落入战略对立的陷阱，并建立一种能让我们扩大在共同利益上的合作并建设性地处理我们之间的分歧和不同意见的关系"[4]。尽管美国高官否认美在亚太地区的有关举措针对中国，但美国学者纷纷解读其真实用意在于防范中国。美国国务院前官员、专栏作家斯蒂芬·哈纳（Stephen

---

[1] Joseph Nye, "1914 Revisited?" *Project Syndicate*, January 13, 2014.
[2] 《是时候给中国亮明底线了》，《日本经济新闻》2014 年 5 月 15 日，美国前常务副国务卿斯坦伯格专访。
[3] 《中国应遵守国际秩序》，日本《每日新闻》2014 年 5 月 15 日，美国前助理国务卿坎贝尔访谈。
[4] John Kerry, *Speech on America's Asia Pacific Policy*, State Department Information Agency, August 13, 2014.

Harner）引用凯托学会外交政策研究室主任贾斯廷·洛根（Juatin Logan）7月23日在《中美聚焦网》的一篇文章认为，"关于美中政策，美国领导人一直说谎。每当有人称美国在包围或是遏制中国的时候，美国领导人总是会反驳。但事实上，华盛顿就是在包围并遏制中国"。洛根认为，美国领导人的这些说辞其实不是主要说给中国听的，而是说给该地区其他国家听的，因为如果美国直率地宣称，它就是要遏制中国的军事力量，那华盛顿将会很难得到该地区其他国家的合作。哈纳还援引麻省理工学院（MIT）战略研究所负责人巴里·波森（Barry Posen）《克制：美国大战略的新基础》的内容称，冷战的结束实际上并没有对美国的亚洲战略或中国战略产生影响。波森指出，"奥巴马政府转向亚洲的战略是一种对中国进行冷战式遏制的战略，它是建立在美国政治及军事领导针对一个敌对同盟的基础之上"。哈纳指出，奥巴马政府言行不一，反映了美国对亚洲政策的冲突和矛盾，也许更重要的是，美国的"大战略"也一样充满矛盾。[1]

一些美国学者公开对政府提出批评，指出美国让亚洲国家站队的要求既不合理，也不现实。华盛顿国际战略研究中心高级顾问、朝鲜问题专家车维德（Victor Cha）认为，美国不应过分强调亚洲战略的"转向（Pivot）"或者"再平衡（Rebalance）"，因为美国人自己也未必清楚能给亚洲国家带去什么。美国前副国务卿阿米蒂奇（Richard Lee Armitage）也认为，如果亚洲国家被迫在美国和中国之间选择站在哪一边，那将是美国的梦魇。美国外交学会国家情报研究员葆拉·布里斯科（Buora Briscoe）建议美国政府，要消除中国的担忧，同时保留美国在该地区的势力。美国应避免关于再平衡的夸夸其谈，比如将海军资产调配到太平洋的言论，很可能不必要地增加了中国的担忧。"再平衡战略不仅仅是军事性质的。它的主要宗

---

[1] Stephen Harner, "Time to Be Honest with China," *Forbes*, August 12, 2014.

旨包括加强双边安全联盟；深化我们与新兴国家，包括与中国的工作关系；扩大贸易与投资；建立一种有广泛基础的军事势力；推进民主与人权"。[1] 美国著名的地缘战略家布热津斯基表示，奥巴马提出将战略重心向亚太转移，此举是美国对远东和亚太地区崛起的正常回应，但不幸的是，这种政策转向被赋予了很多军事特征。中美应立即开始细致认真的工作。"双方必须以不同的方式寻求共存，在地缘政治上、经贸上，甚至最终在价值取向上更加接近，这需要长期的努力，需要双方的努力。这不仅是美国的责任，也是中国的责任"。[2]

第三节 实施"亚太再平衡战略"面临诸多困难

通过上述分析，我们似乎可以得出这样的结论，即奥巴马政府的"亚太再平衡战略"从内容、形式到目标并不清晰。也可以说，它的内容太庞杂，形式太烦琐，目标过于宏大，以致不少人怀疑其实际上所能达到的效果。事实上，这一战略的实施，确实面临诸多牵制。

一、"亚太再平衡"是否是逃避战略

美国一些评论家认为，所谓转向亚太的战略，实际上是一种逃避中东的战略。反恐战争以来，美国加大在中东的民主改造工程，改变了中东原

---

[1] Paula Brisco, "Not Only Military Re-balancing," *Foreign Affairs*, November 20, 2012.
[2] "Mr Brzezinski Predicts the Future of the U.S.- China Relations," *BBC*, November 7, 2012.

来的政治生态和地区格局。"阿拉伯之春"这些年席卷中东许多国家,许多中东政坛的传统强人被推翻。然而,最初的狂热过后,中东民众发现所谓民主觉醒没有给他们带来实际成果,贫困和失业依旧,社会更加动荡。"自由幻想的春天过后,用暴力发泄不满、即将发生内战或内战已经发生但结果尚无定论的漫长严冬随之而来。没有人相信明天会比昨天和今天更好"。[1]

奥巴马上台之时,美国在中东面临诸多难题:伊拉克混乱不堪,伊朗成为新的战争风险;美国谋求从阿富汗撤军,但缺乏与撤军相伴的政治过渡;叙利亚内战不断,不听话的巴沙尔·阿萨德大权在握;埃及经历了一段民主躁动,之后成为伊斯兰极端势力的天堂;巴勒斯坦和以色列冲突不时发生,和平进程看不到尽头。中东局势像一团乱麻,从伊朗穿过沙漠到埃及,再到利比亚等北非国家,到处都是问题。德黑兰的核野心、海湾国家的抗议、越来越不稳定的埃及、萨赫勒地区的恐怖分子等,美国到处有麻烦,而其中每一个问题都有可能蔓延到整个中东地区。面对上述乱局,奥巴马认识到在中东难有作为,美国很难在短期内搞定中东。奥巴马竞选期间就打出了要改变小布什反恐战争的口号,对他来说,最简单又有效的做法显然就是从中东的泥潭抽身走开,集中精力解决国内的经济问题,在国外寻求新的政策重心。

奥巴马第一任期内致力于进行所谓的战略转向。然而问题在于,"历史告诉我们,中东不喜欢被忽视。通过飞涨的能源价格或恐怖主义的肆虐或其他灾难,中东有迂回潜入美国议事日程的习惯"[2]。在全球化日益发展的今天,这个世界不再能简单地被划分为一个个泾渭分明的地区。一旦伊朗拥有核武器,不仅中东格局受影响,全球不扩散机制也将崩溃。埃及

---

[1] 米夏埃尔·施蒂默尔:《中东政治漩涡中的大动荡》,《参考消息》2012年11月26日。
[2] Gerald F. Sebou, "Obama Finds that His Influence Is Limited in Middle East," *The Wall Street Journal*, July 30, 2013.

等国正在进行伊斯兰教与民主嫁接的试验,能否成功将影响整个伊斯兰世界。如果叙利亚分崩离析,恐怖组织不但会变得装备精良,而且非常有可能获得大量化学武器。许多美国人认定中东是奥巴马政府绕不开的麻烦。美国布鲁金斯学会高级研究员、新保守主义分子罗伯特·卡根说,当前的世界秩序是不可分割的整体,需要同样整体的全球战略来维系这一秩序。欧洲、亚洲和中东是全球三个重要区域,这些区域在经济和战略上的内部关联都比以往更加紧密,美国必须同时对这三个地区保持介入。[1]

二、中东民主化改造问题欲罢不能

中东是美国全球战略的重要环节。美国要维护其霸权地位,要控制中东的石油,要铲除恐怖分子的温床,要安抚国内强大的亲以色列游说集团,不可避免地要被继续拽入中东事务。事实是,那种期望美国离开中东的想法是一种幻觉,奥巴马原本希望从中东脱身的想法没有实现,拜登政府和特朗普政府没有也不会放松对中东事务的卷入及控制。

奥巴马执政时期,中东内乱不断。萨达姆之后的伊拉克炸弹爆炸持续,卡扎菲之后的利比亚动荡不定,换了总统的伊朗依然与美国对着干。在大片土地上,逊尼派与什叶派对抗,世俗主义者与伊斯兰主义者对抗。奥巴马面临两大难题:一是钱包渐小、军队疲惫的美国是否有能力控制事态;二是对 10 年伊拉克战争感到厌倦,美国是否还有心去干预中东事务。在埃及,穆巴拉克 2011 年倒台后,过渡进程拉开帷幕。2013 年 7 月 3 日,埃及发生政变,军队领导人推翻民选的穆罕默德·穆尔西(Mohamed Morsy)领导的穆斯林兄弟会政府。

---

[1] Robert Kagan, "The World Needs A Superpower," *The Washington Post*, November 21, 2012.

埃及的穆罕默德·穆尔西上台不到一年就被推翻，代表了"阿拉伯之春"迄今为止的最大受益方伊斯兰运动面临重大挫折。[1] 美国时事评论家法里德·扎卡里亚认为，"穆尔西总统领导的政府在许多方面都是失败的，它早已变得不得人心"。他指出，在许多发展中国家，民主与自由是分离的，选举正在产生非自由政权。1991年，伊斯兰主义者赢得了阿尔及利亚全国选举。这次选举是自由和公正的，几十个政党参加了角逐，并开展了公开的、活跃的竞选活动。阿尔及利亚军方宣布选举结果无效，随即大举抓捕，对获胜政党采取了暴力行动。1995年，伊斯兰主义者赢得土耳其选举。两年后，土耳其军方发动了一场"软政变"，强迫这个伊斯兰政党下台。2006年巴勒斯坦选举哈马斯获胜，引发美国及其大多数盟友对巴勒斯坦选举产生的新政府的抵制。"穆尔西领导下的埃及就是非自由民主政体的活教材"。[2]

在埃及军人发动政变之前的几天里，美国政府试图说服新上台的埃及军队领导人不要把总统穆尔西赶下台。但对美国已经失去信心的埃及军方决定对美国的请求不予理睬，这让美国左右为难。军人推翻民选政府，不符合美国倡导的民主选举理念。可是，选上来的是极端伊斯兰势力，这又与美国推行民主的初衷大相违背。面对军人推翻穆罕默德·穆尔西，美国可以说是爱恨纠结，里子与面子难以两全其美。于是，自那以后，美国很难继续站在埃及的那些将军们一边，赞同他们有关民选政府的倒台不同于政变的说法。与此同时，美国又对埃及军人们的做法睁一只眼闭一只眼，听由其在埃及为所欲为。针对2013年7月3日埃及首任民选总统穆尔西遭罢免，美国一些外交政策方面的自由派人士倒是说出了真话。他们对穆尔西遭罢免一事异口同声地表示欢迎，认为这是一个美国的开明派理应支

---

[1] Liz Slay, "Mohamed Morsy (Morsi) Went Away and Broought Back Trouble," *The Washington Post*, July 4, 2013.

[2] Fareed Zakaria, "After the Coup," *Times*, July 22, 2013.

持的"良好的军事政变",因为它是以人民的名义发动的政变,推动了进步的价值观。而且,最重要的是,它让政治伊斯兰主义者失去了大权,为埃及世俗主义者打开了大门。[1]

中东地区形势十分复杂,各种宗教矛盾、种族矛盾相互交织。美国既要在以色列与伊斯兰阿拉伯世界之间周旋,又谋求在中东伊斯兰国家中扶植亲美力量。在取得对埃及、伊拉克、沙特等国重大影响后,叙利亚和伊朗成为美国打压的重要对象。奥巴马时期,美国一方面见不得叙利亚总统巴沙尔·阿萨德继续掌权,另一方面又不愿意大规模军事卷入叙利亚内战,唯恐陷入伊拉克式的泥潭。美国参谋长联席会议主席马丁·邓普西(Martin Dempsey)对那些认为有限行动可以决定性打破叙利亚平衡的人大泼冷水。他反驳称,"干涉将意味着战争,必将会付出鲜血和财富的代价,产生不可预知的后果"。2011年8月,奥巴马明确声称阿萨德该下台了。美国一再强化对叙利亚的遏制,致使阿萨德政权面临日益严峻的外部环境和国内经济困难,内部反对势力变得越来越强大。2024年12月28日,阿萨德迫于压力不得不放弃总统职位,并流亡俄罗斯。

在奥巴马第二任期内担任国务卿的约翰·克里(John Kerry)改变了前任确定的政策重心,把重启中东和谈作为自己的首要任务。2013年7月29日,在克里国务卿无数次电话沟通并6次访问中东之后,以色列和巴勒斯坦官员坐到了谈判桌前,决定重新启动中东和平谈判。克里促使双方做出这样的承诺——至少要给和谈九个月的时间。这将为寻找办法争取一些时间,同时不必担心有人退出谈判。克里当天在国务院说,他的目标是,推动中东大部分难题的"合理妥协"。他指出,谈判会十分艰难,但不努

---

[1] Nader Hashimi, "Not to Look at the Coup with the Western View," *the Christian Science Moniter*, July 9, 2013.

力的后果会更糟。会谈将在华盛顿开始，而不是在该地区开始。克里让自己充当这一棘手启动程序的唯一发言人，而不让会谈双方担任发言人。鉴于巴勒斯坦和以色列两方严重缺乏信任、双方同时受到的政治约束以及双方地位严重悬殊，很少人对谈判的前景持乐观态度。批评克里的人说，"由于国务卿把推动中东和平视为第一要务，这让风险变得更高。一旦失败，很长时间内都将无人敢再次尝试"。[1]

2023年10月7日，以色列遭到加沙地带巴勒斯坦武装组织数千枚火箭弹袭击，以军很快发起反击，中东陷入新一轮战争。2024年1月28日，美国中央司令部在约旦东北靠近叙利亚边境的一个军事基地遭到无人机袭击，造成三名美军士兵死亡，另有40人在这次袭击中受伤。美方指责伊朗支持了袭击行动，并随后展开军事报复行动。截至2024年2月，以巴双方2万多人死于战火，战争的外溢效应日益突出。中东局势一再表明，美国既想牢牢控制中东，又想从中东脱身，以便聚焦大国竞争，这种一厢情愿只能事与愿违。

三、亚洲国家一味紧跟美国者不多

美国的亚洲盟友各有难处，难担重任。美国所谓"回到"亚洲，其实不是自己投资，在目前美国自己也无法追加投资，而是想利用美国盟国和朋友的力量保持和壮大自己。有关国家不得不在美国和中国之间搞平衡，既要保持与中国的强大经济联系，又要维护与美国的防务合作。新加坡国防部长黄永宏进行了很意味深长的评论，他指出，东南亚国家联盟、澳大利亚、日本和韩国都以中国为最大的贸易伙伴，但它们又认为美国是常驻

---

[1] Michael Gorden, "The Middle East Talks Restarts Amid Doubts," *The New York Times*, July 29, 2013.

该地区的"主要安全力量",经济伙伴关系与防务伙伴关系之间的差异将挑战现有的国与国之间的联盟,"没有哪个国家想要选边站队"。[1]澳大利亚防长斯蒂芬·史密斯(Stephen Smith)对美国在亚太增兵的计划表示欢迎,但他又希望这不会影响到堪培拉与北京的关系。[2]

韩国和日本也是夹在中间,既想利用美国钳制中国,又怕得罪中国。2011年,中韩贸易额达到2456亿美元,双方相互投资累计超过510亿美元,中国已经成为韩国最大贸易伙伴、最大出口市场、最大进口来源国、最大海外投资对象国。两国人员交往在2011年超过600万人次,每周有830多个航班往来于两国30多个主要城市。2008年5月,韩国总统李明博访华时,中韩双方宣布将两国关系定位为"战略合作伙伴关系"。[3]日本目前是全世界债务最多的国家,债务总额超过其GDP的225%,日本的预算赤字至少将达到4800亿美元。日本经济萎缩,出口下滑,赤字高企,人口老化,即将面临新一场经济危机。[4]日本学者佐桥亮(Ryo Sahashi)指出,日本现在约20%的贸易依赖中国,预测2030年将超过40%。"从今天各国国家利益的角度看,无论是第一次世界大战前多极化的欧洲出于均势目的合纵连横,还是冷战期间建立的政治、经济都对外封闭的两个阵营之间的竞争性秩序,都是不会受到欢迎的。即使某些国家因领土争端加深对立,其他国家也会避免被卷入其中"。[5]

---

[1] 庞中英:《美国战略转移是什么意思》,《新华国际》2011年8月19日。
[2] "No Country Wants to Make the Choice," *Daily News*, Pakistan, June 4, 2012.
[3] 戴维·布朗:《国家机密在越南遭泄露》,香港《亚洲时报》2012年12月22日。
[4] Martin Vorker, "The Coming Economic Crisis for Japan," *UPI*, November 19, 2012. 据日本财务省2024年2月9日公布数据显示,2023年末,日本政府债务总额达到1286.45万亿日元,创历史新高,是其GDP的2.5倍。
[5] (日)佐桥亮:《亚太秩序的变化与日本的战略》,转引自王辑思主编《中国国际战略评论(2012)》,世界知识出版社2012年版,第33页。

第四章 美国国家特性与"亚太再平衡战略"

亚洲多数国家对美国的再平衡战略心存疑虑。中国与亚洲国家已经形成了密切的政治经济联系，一损俱损。中国与东盟国家贸易额从1991年的不足100亿美元上升到2011年的3628亿美元，中国是东盟最大贸易伙伴，东盟是中国第三大贸易伙伴，双方相互依存和利益融合达到前所未有的水平。[1]分析显示，以柬埔寨和印度为例，美国的亚太新战略缺乏经济支撑，难以持续。2012年11月中旬，奥巴马总统访问柬埔寨，这是越战时期轰炸该国之后美国总统首次到访金边。然而，在东盟峰会期间，柬埔寨就南海争议问题没有支持菲律宾和越南的提议，而是顺应了中国的意愿。美国对中国和柬埔寨轴心几乎毫无办法，尽管美国和柬埔寨最近承诺要在多个领域展开合作。[2]中国与印度的关系虽然存在一些困难，但近年来两国关系总体上发展迅速。2010年12月，温家宝总理访问新德里，与印度总理辛格达成建立战略经济对话机制的共识。中国已成为印度最大贸易伙伴，印度则是中国第七大出口市场，2011年双边贸易额达到740亿美元。[3]贾瓦哈拉尔·尼赫鲁大学中国问题专家斯里坎特·孔达帕利（Srikant Contag Paley）认为，"我认为中印对话取得了令人满意的进展"。[4]美国退休海军上将、原美国太平洋舰队司令沃尔特·多兰（Walter Dolan）指出，印度拥有60年在大国争吵中"不结盟"的传统，尽管新德里对北京有自己的担忧，但无意成为华盛顿太平洋遏制战略的一个边锋。[5]

除了亚洲国家并不一心要同美国围堵中国，前苏联地区的所谓"重新

---

[1] 2023年中国与东盟国家贸易额达到6.41万亿美元。
[2] Roberto Tofranil, "Cambodia Challenges the U.S. Pivoting Strategy," *World Political Review*, December 21, 2012.
[3] 2022年中印双边贸易额达到1359亿美元。
[4] 《中印举行第二次战略经济对话》，《参考消息》2012年12月27日。
[5] Sydney Friedgerg, "Unwise to Push India for the Anti-China Alliance," the *U.S. On-line*, December 21, 2012.

苏维埃化"让美国分身乏术，牵扯很大精力。希拉里国务卿曾表示，俄罗斯人正带头做出旨在更大程度上实现地区一体化的尝试，俄罗斯、白俄罗斯、土库曼斯坦以及其他苏联20年前解体时产生的国家的国民自由状况出现逆转。她痛惜地说，"有关举措旨在让该地区重新苏维埃化"。她批评一些前苏联国家政府压制持不同政见者，在阻止自由表达和交换意见方面都变得越来越盛气凌人，并称"我们在这些地区一直在做的所有努力都正被宣布为非法行为。这种情况在俄罗斯最为显著"[1]。2013年6月23日，被美国联邦检方以从事间谍活动、窃取和转移政府财产提出刑事诉讼的前美国中央情报局（CIA）雇员斯诺登（Edward Snowden）在香港藏身2周后，抵达俄罗斯。8月1日，斯诺登离开俄罗斯谢列梅捷沃机场前往莫斯科，并获得俄罗斯为期1年的临时避难申请。这一事件使本来就不睦的美俄关系雪上加霜。奥巴马拒绝前往莫斯科参加原定9月初与俄罗斯总统普京举行的双边会谈，这是奥巴马第一次公开羞辱普京。

法国专家说，美国修复与俄罗斯关系的战略已告失败，这不是冷战，而是一种"冷危机"。[2] 美国国内就对俄政策问题一直分为两派：一派认为只有通过对话的途径才能取得成效；另一派坚持只有用强硬的作风才能使俄罗斯人妥协。后者认为奥巴马犯下的错误之一就是给俄罗斯造成了"软弱"的印象。美国一些学者称，俄罗斯不顾美国的要求，决定给斯诺登庇护身份，凸显了一个更深层的事实，即奥巴马总统现在难以引导世界事件向他所希望的方向发展。奥巴马政府在这之前也同样未能说服香港和中国

---

[1] Bradley Kllper, "Hillary Clinton Worries About the Soviets Come Back in Europe," *The Associated Press*, December 6, 2012.

[2] 洛兰·米约：《俄罗斯—美国：不可能重好》，法国《解放报》2013年8月10日。

内地政府逮捕斯诺登，或至少阻止他逃离最初的海外落脚点香港。[1] 美国国会两党重要议员要求对俄罗斯采取行动，让美俄外交关系重新进入冰期。来自纽约的民主党参议员查克·舒默（Chuck Schumer）称，俄罗斯的做法是"背后捅刀"，"胆小鬼"斯诺登在俄罗斯自由活动一天，这把刀"就在我们身上转一下"。[2]

把战略重心由中东转向亚太地区，把战略矛头由对准恐怖势力到对付新兴大国的挑战，把战略理念由大力推动民主改造到回归传统现实主义，美国的战略调整与变化都是美国国家特性在新时期的集中反映。这些调整与变化表明，美国的对外战略或对外政策不是一贯的，它们随着美国利益的需要不断变换。同样是民主选举，美国可能喜欢，也可能不喜欢。同样是军人政变，美国可能高兴，也可能不高兴。选举也好，政变也罢，关键都取决于会出现什么结果。只要结果对美国是有利的，选举就是好选举，政变也可以是好政变。既然美国的国家特性建立在美国意识形态的基础之上，那么美国就必须大力维护美国的意识形态。与此同时，由于美国人对美国意识形态的认同建立在美国可以给自己带来财富的基础上，美国就不能不格外重视现实利益。这就是为什么美国可以抛弃追随它几十年的埃及军人领袖穆巴拉克，也可以抛弃埃及首位民选总统穆尔西。

奥巴马政府推出"亚太再平衡战略"，意在防止中国在亚太地区做大，针对中国的一面相当明显。但奥巴马政府官员及美国学者大都否认这一战略旨在遏制中国，只承认这一战略与中国有密切关联。中国很多学者则大都对美国官方的言论持怀疑态度，认为这一战略的实质在于防范并

---

[1] Gerald F. Sebou, "Russia Put the U.S. in a Difficulty Position," *The Wall Street Journal*, August1, 2013.
[2] 马蒂亚斯·吕布：《美国和斯诺登事件：在伤口里转刀》，德国《法兰克福汇报》网站 2013 年 8 月 2 日。

遏制中国。

  总体上看，奥巴马提出所谓"亚太再平衡战略"，旨在调整"9•11"恐怖袭击事件后以反恐为中心的对外战略，这是美国全球战略自冷战结束以来的重大调整。在遭遇"9•11"恐怖袭击事件后，美国在世界各地开辟了多个战场，意图将其价值观强力推行到力所能及的地方。在一连串的战争行动之后，美国不但没有达到其预期目的，反而到处留下一个个烂摊子。与此同时，亚洲在全球经济和政治格局中的地位凸显，美国日益认识到无论从人口、经济、贸易，还是从地缘政治等方面，亚洲就是世界的未来。美国转向"亚太再平衡战略"是为适应21世纪新形势制定的新国防战略，它建立在所谓四大支柱上，即促进该地区由美国主导的和平与安全；加强并不断更新美国在该地区的联盟和伙伴关系；加强美国在太平洋和印度洋地区的存在；加强美国在亚太地区的军事投放能力。美国全球战略的核心目标是阻止任何一个对手挑战美国的霸权，而在美国决策者看来，这样一个对手越来越明显将来自亚洲。

第五章

美国国家特性与
对华战略竞争

任何大国的战略收缩都是不得已的产物。无论是第一次世界大战后的德国还是第二次世界大战后的日本，或是冷战结束之后的俄罗斯。导致这些国家战略收缩的主要因素往往是在战争中被打败，或者在战略竞争中遭到严重削弱。从历史上看，没有一个胜利者能够使它在战争时期形成的同盟在战后延续下去。通常而言，威胁消失了，黏合同盟的因素也随之消失。因此，第二次世界大战结束后，美国很快同苏联分道扬镳。然而，构建同盟体系及形成世界范围内的主导性秩序，是霸权国家维护自身权力的重要路径。冷战结束后，美国一直在寻求新的敌人，无论是北约东扩、反恐战争、挑起乌克兰与俄罗斯的争端，还是针对中国的战略竞争，都是美国寻求新的敌人这一全球战略的组成部分。美国现在的全球战略更像是俾斯麦领导下的德国所推动的全球战略，竭力同一些次要大国结盟，以防止这些国家联合起来反对自己。

第一节　从特朗普到拜登的对华战略调整

大国兴衰并不以某个政治人物的个人意志为转移，而是时代变迁及各种因素共同作用的产物。另一方面，政治人物在历史发展进程中扮演重要角色，虽不能改变这一进程的大趋势，但往往力图施加影响，以期使这一进程朝着有利于本国及个人政治利益的方向转变。正因如此，无论是特朗普还是拜登，所采取政策手段虽有区别，但都谋求削弱对手，强化自身，使美国在全球竞争及大国博弈中处于优势地位。由于中国的综合实力和发展势头，美国把中国作为对外战略的聚焦点。

一、美国国家特性嬗变及其影响

美国国家特性有两个基本的组成部分：一个是文化，一个是信念。所谓文化，指的是源自最早来自北欧特别是英国移民定居者的文化，以及他们在宗教上信奉的基督教特别是新教。所谓信念，指的是美国人所信奉的反映在美国立国宪法及相关文件中的价值观念。这两者密切相连，文化中包含信念，信念是文化的内在要素。[1] 随着美国实力的变化、在世界地位的变化，以及在全球角色定位及所追求目标的变化，美国国家特性所包含的内容也不断变化。这种变化也包括另一层面的含义，即随着美国全球利益及维护相关利益的行动不断扩大，同时也由于美国国内不同阶层及人种利益诉求日益分化，美国的国家特性变得越来越模糊，政治人物及精英人士的危机感也因此愈发凸显出来。亨廷顿在 1997 年就撰文指出，美国的国家特性不断受到侵蚀，而来自中国的威胁将推动美国特性找到新的方向

---

[1] Samuel P. Huntington, "The Erosion of American National Interests," *Foreign Affairs*, September/October, 1997, pp.28-49.

和目标。[1]

美国并非天生是个霸权国家。在美国成立后的相当长时期内，美国也面临来自欧洲列强的威胁，忙于为生存而努力。但随着美国走向世界舞台，并在第二次世界大战后成为超级大国，美国的世界观和使命感也发生了重大改变。苏联瓦解及两极格局崩溃后，美国成为世界唯一超级大国。美国作为"非凡国家"的地位更加突出，在全球拥有"非凡利益"的身份认知也更加突出。长期以来，美国被认为致力于维护它所建立的机制及所宣扬的准则，而这些机制及准则又服务了美国的利益。但美国正变得越来越不负责任及自私自利，其结果是"美国将会发现这个世界更加危险，而美国则更不受欢迎"[2]。所有伟大的国家都有自我认定的雄心壮志，这种使命感往往是由历史经验、地理位置、文化信仰及神话传说等多种因素综合塑造而成。美国在外交上日益依赖军事打击和经济制裁，但军事手段效果有限，实施单方面经济制裁又难起作用。在全球化时代，权力利益分散，美国的信誉不断受到质疑。无论是拜登掌权还是特朗普执政，以"美国第一""美国优先"为标志的特朗普主义都不会消失。但人类已进入互联网时代，全球经济日益相互依赖，远程导弹和核武器也使战争的毁灭性空前加剧，大国围绕权力竞争的传统游戏规则必须改变。美国破坏现存国际秩序特别是经贸及金融规则，日益被视为全球法治民主的反面教材。

美国在国际事务中鼓吹以实力说话，信奉权力政治。回顾历史，几乎没有一个大国会甘愿放弃霸主地位，或对自身实力下降及大国地位衰落听之任之。美国著名历史学家保罗·肯尼迪在研究奥斯曼帝国、西班牙帝国、

---

[1] Samuel P. Huntington, "The Erosion of American National Interests," *Foreign Affairs*, September/October, 1997, pp.28-49.
[2] Jonathan Kirshner, "Gone but not Forgotten, Trump's long shadow and the end of American Credibility," *Foreign Affairs*, March/April, 2021, p.20.

拿破仑帝国和大英帝国及苏联帝国的兴衰历史后指出，帝国的衰落通常源于"帝国战略过长"，即其预期的国防需求与它所拥有的履行所承担义务的手段之间不能保持适度平衡，并逐渐失去经济和科技领先水平。所有的大国都会进行挣扎，试图尽力保护长期形成的既得利益，并竭力维护有利于推进自身利益的秩序及制度。[1]美国于1894年跃升为全球经济总量第一大国，在完成对北美大陆的扩张后走上全球扩张的道路。美国在1898年发动针对西班牙的战争，夺取了西班牙在美洲和亚洲的殖民地，这是美国随着自身经济实力上升逐渐成为军事强国后发动的第一次帝国主义战争。此后，随着美国综合实力不断增长，特别是军事实力遥遥领先，美国对外政策中的冒险性、好战性日益突出。这在冷战结束、美国一家独大的背景下更为凸显。从轰炸前南斯拉夫到第一次海湾战争，从全面打击阿富汗塔利班政权到派数十万大军全面占领伊拉克，从军事打击叙利亚到不断在亚太地区炫耀武力，美国对外政策中的军事性和侵略性愈发突出。

拜登政府标榜为中产阶级服务，实质是把选举政治与个人利益结合起来。拜登提出对外政策要致力于给美国的中产阶级带来切实利益。这是拜登执政的一个重要政治理念，与特朗普"使美国再次强大"（MAGA）的执政理念如出一辙，核心是在选举政治中争取普通美国人特别是蓝领白人的支持。特朗普和拜登都把贸易保护主义当作扶持美国制造业、扩大美国出口、减少对外贸易逆差的重要抓手。罗伯特·莱特希泽（Robert Lighthizer）曾在2017年至2021年担任特朗普政府的贸易代表，被认为是特朗普对华贸易政策的总设计师。他把美国经济面临的困难归咎于自由贸易和全球化发展，强烈主张把贸易和金融"工具化"，认为美国需要通过政府干预、建立贸易壁垒和扩大出口，来建设一个强大的美国。他

---

[1]（美）保罗·肯尼迪：《大国的兴衰》，王保存等译，求实出版社1988年，第624页。

在 2023 年出版《没有免费的贸易（No Trade Is Free）》，鼓吹中国是美国建国以来面临的最大地缘政治威胁，主张对华"战略脱钩"（Strategic decoupling），声称必须提高对中国的商品关税以实现对华贸易平衡。

特朗普在 2024 年竞选期间就宣称，若他再次当选美国总统，将对所有中国商品征收 60% 的关税，甚至对在墨西哥生产的中国电动汽车征收 100% 的关税。美国采取极端贸易保护主义举措，严重违反自由贸易原则，严重损害全球产业链供应链正常运转，严重破坏全球市场经济秩序。这也必将反噬美国自身，从根本上动摇美国长期以来所建立的世界霸权的制度根基。特朗普的外交政策可以被定义为"非常规的、交易性的、多变的、不可信任的、粗鲁的、个性化的，而且从言辞、性格和特点上都是极为狭隘的"[1]。特朗普主义在美国颇有市场，并不完全是特朗普个人的原因，而是美国政治制度积弊和美国社会变化的产物。

美国人的两面性格十分突出，既不是严格的孤立主义信奉者，又对卷入欧亚大陆的战争保持谨慎。不过在拥有绝对军事实力碾压对手，且不会招致有效反击的情况下，美国则易于采取军事手段，包括派遣大规模地面部队。美国在阿富汗和伊拉克的军事行动充分说明了这一点。与欧亚大陆两洋相隔，使美国人倾向认为世界其他地区的动荡及战乱十分遥远，美国可以置身事外。但美国人又自认为是"上帝选民"，理应发挥领导作用，统管世界事务。这从一定程度上解释了为何面对德国和日本对邻国实施侵略行为，以及欧洲和亚洲在二十世纪上半叶发生的两次大战，美国起初听之任之或隔岸观火。但到了局势出现重大变化，美国深感其全球利益受到严重威胁，又进行全民动员或战争准备，并最终大规模直接卷入。

---

[1] Jonathan Kirshner, "Gone but not Forgotten, Trump's long shadow and the end of American Credibility," *Foreign Affairs*, March/April, 2021, p.18.

美国为维护全球霸权地位所做的挣扎导致其在政策上剑走偏锋，采取不正常行为模式对其他国家施压，包括对盟国施压、要求盟国更多承担责任、为美国分忧解难等。美国谋杀伊朗苏莱曼尼（Qasem Soleimani）将军，对中国商品征收巨额关税，对乌克兰提供大规模军事援助，实际上都是在新形势下所做的"压力测试"，即通过施压测试运用美国实力的底线，最大限度上迫使对手让步，以维护美国国家利益。有关国家权衡利害得失，对是否有必要与美国摊牌以及何时摊牌加以综合评估，未必急于出手。即便是美国的盟国，更不用说国际社会的广大成员，往往采取"对冲"政策，即避免自己对美国的政策跟得太紧，而是留有余地，使自己有多种选项。这一方面使得现有的国际秩序和制度在被扭曲中得到延续，另一方面也使美国认为"压力测试"有所得手，甚至可能以为仍有测压余地。美国因此可能采取进一步措施，加大走边缘冒险政策，谋求利益最大化。罗伯特·卡根称美国是个邪恶超级大国（Rogue Superpower），而"面对邪恶超级大国所带来的梦魇，美国的盟国往往采取绥靖或哄骗策略，防止与美国关系失控"，这助长了美国政治人物的赌徒心态。[1]

二、美国确立对华战略竞争政策

2017年1月20日，特朗普宣布就任美国总统，对内实施《减税和就业法案》等推动经济增长的举措，对外实施强硬的贸易政策，大力奉行"美国第一""美国优先"的外交政策。特朗普主张贸易保护主义，并签署行政命令宣布退出《跨太平洋伙伴关系协定》（TPP）、退出联合国教科文组织等一系列国际及区域多边机制。2017年特朗普在亚太之行及同年发布

---

[1] Robert Kagan, "A Superpower, Like it or not," *Foreign Affairs*, March/April 2021, p.36.

的《美国国家安全战略报告》中提出"印太"概念，美国国防部于2019年6月1日发布《印太战略报告》。2017年11月8日，特朗普在就任美国总统后首次访华，中美两国领导人就共同关心的重大问题进行战略性沟通。特朗普访华期间，中美两国企业共签署合作项目34个，金额达到2535亿美元。然而，特朗普不久之后开始调整对华政策，谋求重构中美关系的框架与内涵。2018年3月22日，特朗普政府决定对从中国进口的商品大规模增加关税，并限制中国企业对美投资。新冠疫情暴发后，特朗普等人无端指责中国，企图把美国国内民众对政府无能的不满情绪转嫁给中国，为自己推卸责任。特朗普政府反华政策不断升级，动摇了两国关系的重要基础，破坏了双边关系的发展方向，中美关系由此陷入全面困境。

拜登于2021年1月20日入主白宫，基本延续了特朗普政府对华强硬政策。拜登政府认为，中国是美国最严峻的竞争者，给美国繁荣、安全和民主价值带来直接挑战，把对华关系定位为战略竞争关系，企图从各方面对中国进行遏制和打压。美国务卿布林肯称，中国在所有国家中对美构成的挑战最大，中国是唯一具备经济、外交、军事及科技实力挑战稳定、开放国际体系的国家。拜登政府发布的《国家安全战略报告》称，中国是唯一有可能综合运用经济、外交、军事和技术力量，对稳定、开放国际体系发起持续挑战的竞争者。拜登政府执政以来的对华政策显示，美方虽称中美关系很复杂，涉及竞争、合作及挑战多个方面，但显然其对华政策的重点是竞争，实则是谋求以实力优势压倒中国，破坏中国的发展进程。

拜登政府聚焦对华战略竞争，操弄、制造、煽动各种议题，不断给中国制造麻烦。美在涉疆、涉藏、涉港等问题上对中国蓄意攻击抹黑，经济上打"贸易战"，高科技领域搞"脱钩"。美国商务部长雷蒙多声称，中方采取反竞争性、胁迫性措施伤害美国工人和企业。美贸易代表戴琪明确表示，美需通过加大战略投资力度、供应链弹性和贸易执法力度来应对中国政府的战略和雄心。在2021年6月举行的七国集团（G7）领导人会议上，美提出所谓"重建更美好世界"（B3W）全球基建计划，有意针对中国提出的"一带一路"国际合作倡议。美加强同台湾的实质政治及军事关系，阻挠中国的统一大业。美助理国防部长拉特纳称，美军应在印太地区保持可信的战斗态势，以威慑和阻止中国武力收复台湾的企图。美国务卿布林肯发表声明，支持台湾"积极、有意义地参与联合国系统"。美方声明严重违反一个中国原则和中美三个联合公报规定，违背自身所作承诺，违反国际关系基本准则，向"台独"势力发出严重错误信号。美在南海问题上拉偏架、乱插手，甚至大肆攻击中国。布林肯在北约总部发表演讲时不顾事实，污蔑中国不断加强军备建设，在南海实施军事化，威胁所谓"航行自由"。

美国大力实施所谓"印太战略"，在强化自身在亚太地区军力存在的同时，着力构建美澳英三国同盟（AUKUS）、美日印澳四国集团（QUAD）以及美日澳菲四方机制。美国渲染意识形态斗争，全力打造由其主导的价值观阵营，破坏中国的外部安全环境，干扰中国在全球及地区的产业链、供应链。应当认识到，美国对中国奉行战略竞争的定位已经确立，对中国进行打压的措施已经铺开，这是强权政治与冷战思维逻辑的产物。美国政治人物深陷传统权力政治理念和大国博弈观念，用霸权主义及殖民主义心态看待世界，谋求通过实施强权政治及"零和游戏"等手段维护自身利益。第二次世界大战之后，美国基于超强实力构建了由其主导的世界秩序。苏联解体、美苏两极格局瓦解后，美国成为唯一超级大国，谋求独霸世界。美国一些学者也欣喜若狂，欢呼"历史终结"。美国政治学者弗朗西斯·福山声称，苏联崩溃标志美式资本主义已经成为人类社会的终极政治制度，从这个角度看历史已经走到了尽头。然而，历史发展的进程绝不是一条直线，更不会是一些国家或个人一厢情愿的结果。中美之间的战略竞争将是长期的、激烈的和不可避免的。这既是大国力量对比变化导致世界格局变化的历史昭示，也是大国兴衰过程中结构性矛盾演变的必然结果。中国要崛起，要实现中华民族伟大复兴。美国要维护霸主地位，要"让美国再次伟大"。美国对中国的大肆打压，与中国对自身发展的不断追求，两者之间的矛盾不可回避。澳大利亚前总理陆克文（Kevin Michael Rudd）认为，不论中美两国采取什么战略，或采取什么行动，双方的紧张关系必定上升，双方的竞争必定加剧。

基辛格是一个现实主义地缘政治战略家，但也不乏理想主义的政策理念。他认为，美国的战争目标不仅是惩罚敌人，还要改善人民的生活。追求胜利不是为了占领土地，而是分享自由的果实。"这样的国家必定与众不同。如果放弃这一重要的理想主义，美国就是背叛自己。不理会这一核心内容，美国就无法安抚朋友，战胜敌人。"[1]基辛格认为，美国要想取得成功，必须对深层因素客观冷静分析，必须研究其他地区文化和地缘政治结构，必须了解对手的决心和策略。在基辛格看来，美国是个"心情矛盾的超级大国"，既希望美国外交政策高举道义大旗，反映美国价值观，又希望务实有效，获取切实利益。[2]然而事实是，美国在对外政策上越来越依赖实力，越来越缺少克制，越来越不顾忌合法性。值得注意的是，美国对武力的滥用往往发生在欧洲及中东等"后帝国时代"的地区。在这些地区，没有其他大国具有与美国匹敌的力量。[3]而在亚太地区，美国则更多谋求凭借实力改变规则，通过构建新型同盟关系钳制中国，这种做法实质上反映了美国实力的局限。在陆克文看来，中美竞争加剧并不意味着

---

[1]（美）亨利·基辛格：《世界秩序》，胡利平等译，中信出版集团2015年版，第430—431页。

[2] 同上。

[3] Timothy Garten Ash, "Post imperial Empire," *Foreign Affairs*, May/June 2023, p.64.

必定走向军事冲突。为此他提出"可管控的战略竞争（Managed Strategic Competition）"，认为中美应当建立"护栏"，防止触发灾难性事件，通过管控竞争可减少发生公开冲突的风险。[1] 然而，陆克文指望通过建立"均势（Balance of Power）"制衡中国，甚至要求中国在台湾、南海、东海等涉及核心主权利益的问题上自我束缚，他开出的药方失之偏颇，显然行不通。

三、美国的挑战主要来自内部积弊

美国这样拥有强大实力的国家，最大的敌人并不是来自外部，而是来自内部。2021年1月6日发生的"国会冲击案"突出显示了这一点。2020年11月3日，美国举行第59届总统选举。共和党总统候选人特朗普谋求连任，但遭到民主党总统候选人拜登的有力挑战。两人所获支持票数接近，计票结果显示拜登获胜，但特朗普拒不承认失败。2021年1月6日，是美国国会召开联席会议确定第59届总统选举最终结果的日子。选举结果按照法律规定由时任副总统兼国会参议院议长彭斯宣布。彭斯忠心耿耿地追随特朗普数年，被认为是其亲信。这一原本是毫无悬念的程序性活动，由于两党争斗十分激烈，而备受美国内外关注。就在国会联席会议正在开会之时，特朗普的支持者暴力闯入国会大厦，国会内乱作一团，玻璃窗被打碎，联席会议被迫中断，国民警卫队及联邦警察到国会控制场面。警方与示威者爆发冲突，造成多人死伤，华盛顿哥伦比亚特区当日晚上6时起实施宵禁。美国媒体称，这场"国会冲击案"是1814年英国军队袭击华盛顿以来，美国国会第一次被暴力占领，是200多年来美国历史上的罕见之举。

自从2020年11月美国总统大选结果初步出来后，特朗普就不断通过

---

[1] Kevin Rudd, "Shoot or war," *Foreign Affairs*, March/April 2021, p.58.

各种途径发表看法，质疑大选投票的有效性，指责对手篡改选举结果，呼吁支持者与他站在一起。在特朗普看来，法律赋予副总统彭斯宣布大选结果的权利，是帮助其推翻不利于自己选举结果的最后机会。特朗普的盘算是，只要彭斯拒绝承认选举人团的投票结果，或者宣布有关投票结果存在争议，他就可以先把总统权力交接仪式搅黄，然后再乱中寻机。他为此多次向共和党内要员施加压力，要求彭斯与他合作。随着国会联席会议临近，特朗普一方面加大指责民主党窃取胜利，另一方面猛烈抨击共和党内的软弱分子向民主党投降，明确要求副总统彭斯在关键时刻采取果断行动。特朗普多次声称1月6日是个伟大的日子，鼓动支持者向首都华盛顿汇聚，怂恿他们通过各种手段向国会两院施加压力，企图推翻总统选举结果。

这场充满戏剧色彩的"国会冲击案"，被美国各大媒体描绘成是一场由特朗普亲自发动的暴乱，甚至是一场政变。美国当选总统拜登发表讲话，称美国的民主受到前所未有的侵犯，袭击国会不是表达异议，而是"煽动叛乱"。一些政治人物及媒体要求将特朗普绳之以法，共和党内不少支持特朗普的政客也与其切割，以保住并延续自己的政治生命。面对美国国内巨大的政治压力，特朗普不得不软化立场，表示将和平移交总统权力。特朗普原本虽然输掉选举，但因所得支持票数与对手拜登差距并不大，在美国政坛仍具有显著的影响力，特别是在共和党内独享无与伦比的号召力。也正因此，共和党内那些谋求在今后几年的美国政坛上有所作为的人，都不得不看特朗普的脸色行事。然而，"国会冲击案"使特朗普变得更具争议，不仅改写了美国总统选举的历史，也给美国未来发展方向蒙上巨大阴影。

美国面临的最大挑战是自身经济社会矛盾和政治极化分裂。美国政治制度的深层问题突出表现在：一是制度严重异化。美式"三权分立"制度相当程度上演化为"三权分裂"，民主党与共和党为了一党之私相互掣肘，争斗日益激烈。二是民主明显变味。民粹主义和白人种族主义等极端思想充斥美国社会。特朗普推特施政，制造话语操弄民意，美国所谓的民主沦为少数人的滥政。三是社会分化加剧。美国社会两极分化严重，贫富差距不断加大。民众对国家的认同存在观念差异，对体制的认同缺乏广泛共识。四是经济发展失衡。美国经济地区间发展不平衡，实体经济与服务业发展不平衡，不同群体所享发展红利不平衡，美国不再是广大民众财富增长的梦想之地。五是精英更加自私。大批精英不深刻反思美国自身存在的政治、经济和社会问题，却忙于寻找借口转移公众视线，竭力把责任甩到国外去。

美国谋求通过打压中国重拾制度自信，但挑起与中国的经济、贸易、金融及科技纠纷只会加速美国的衰落。美国社会贫富差距越来越突出，越来越多的人对"美国梦"失去信心。2018年美国最富有1%的家庭占有家庭财富总额的比例为32%，比1989年上升9个百分点，而最底层50%的家庭财富净增长基本为零，40%的美国人拿不出400美元的紧急支出。[1] 种族政治进一步加剧美国两党政治极化，党派分野甚至已经超越种族、宗教及地理等因素，成为美国人政治身份的主要标志。[2] 美国所谓的民主政治实际上变成金钱政治，选举成为金钱游戏。从2008年金融危机到占领华尔街运动，再到2020年种族斗争运动以及2021年初特朗普的支持者冲闯并占领国会大厦暴力事件，美国内部矛盾凸显，政治体制遭遇重创。毫无疑问，美国的问题不是中国造成的，美国也不可能通过打压中国解决自身问题。世界知名咨询公司欧亚集团发布的《2021年世界十大风险报告》将"撕裂的美国"排在了第一位，称美国国内出现的政治极化、民主制度陷入困境、社会不公以及失败外交政策导致的一系列问题，令这个"超级

---

[1]《美国贫富分化现实如此冷酷》，新华网2020年3月16日，http://www.xinhuanet.com/2020-03/16/c_1125717322.htm。

[2] Amy Chua, "Divided We Fall, What is Tearing America Apart?" *Foreign Affairs*, 2020(7), https://www.foreignaffairs.com/reviews/review-essay/2020-06-01/divided-we-fall。

大国难以回归正轨"。中国是世界经济发展最重要的牵引力量，美国自身在过去数十年来从与中国的合作中获得巨大收益，中美保持健康稳定的合作关系对双方是共赢的政策选择。哈佛大学研究员奥弗霍尔特指出，现在世界消费市场的重心是亚洲，主要是中国。主张脱钩的人通常只将中国视为商品供应国，这种错误观点可能会导致美国急剧衰落。"我们需要活在现实世界里，而不是活在我们所希望的世界里。"[1]

第二节 中美应当通过相互适应寻求和平共生

进入 21 世纪，大国之争日益呈现为融合经济、政治、军事特别是科技领域为一体的综合竞争。科技竞争已经成为争夺的主战场，越来越被视为事关全局的制高点。美国对中国展开战略竞争是中美关系相当长时期的主线。美国把中国定位为最主要的战略竞争者，竭力对中国展开全方位围堵尤其是科技打压。如何在竞争中谋求合作，使竞争得到有效管控，使分歧得到妥善处理，避免发生对抗和冲突，这是中美两国都必须面对的问题。科技及经济战略不同于军事战略，资金、市场和人才在其中扮演十分重要的角色，这种竞争在本质上与传统的零和博弈有很大区别。

---

[1] William H. Overholt, "China and America: A New Game in a New Era," *The Journal of Complex Operations*, Vol.9, No.2, 2021.

一、在复杂激烈竞争中探索相处之道

是选择两败俱伤甚至两败俱毁，还是谋求竞争共存或合作共赢？任何大国在制定对外战略时都必须认真思考。中国式现代化创造了人类文明新形态。中国希望并积极努力保持中美关系总体稳定，妥善应对美采取的针对中国的经贸打压举措。与此同时，中国在涉及领土主权等自身核心利益的问题上，同美方进行了强有力的斗争。

中美经贸合作虽有所下降，但中国对外整体经贸关系展现出强大的韧性和活力，中国对外贸易并未因美国对中国商品征收高额关税受到严重冲击，相反中国企业在严酷的打压下不断提高自身竞争力。美国高科技企业及产品失去中国巨大的市场，不仅盈利大为缩水，竞争力和创新力也严重受损。大多数美国在华企业盈利可观，在市场经济条件下，没有企业会甘愿放弃如此庞大的市场。澳大利亚前总理陆克文（Kevin Rudd）表示，2020年全世界经济处于负增长，只有中国恢复到1.5%—2%的增长水平，这是一项了不起的成就，中国对内需依赖上升成为其政策的转折点，也必将在政治和经济上对中美关系产生深远影响。[1] 新加坡前外交官、著名学者马凯硕（Kishore Mahbubani）指出，西方国家应该从魔幻现实主义中清醒过来，现在对中国强硬行不通。美国前财长保尔森（Henry Paulson）表示，过去几年美对抗性对华政策无论对中美还是全世界，都没有任何一方受益。[2] 哈佛商学院学者泽莱克（Andy Zelleke）认为，美国应"接受中国最终成为世界最大，并可能是最强大的经济体"，"从根本上尊重中国是一个伟大的文明、主权国家和超级大国，尊重中国的政治制度和政治经济

---

[1] "Kevin Rudd on China's New Economic Approach," *Asia Society*, September 8, 2021, https://asiasociety.org/video/kevin-rudd-chinas-new-economic-approach.

[2] Kishore Mahbubani, "Results Matter: Pragmatism Prevails in Asia," *Global Asia*, Vol.5, No.1, 2010, pp.37-42.

学模式"。[1]

拜登政府经过几年对华政策试探、摸底，深感一味强硬收效远不如预期，不得不调整对华政策。2021年9月10日，习近平主席应约同美国总统拜登通电话，指出中美关系不是一道是否搞好的选择题，而是一道如何搞好的必答题。中美应该展现大格局、肩负大担当，坚持向前看、往前走，拿出战略胆识和政治魄力，推动中美关系尽快回到稳定发展的正确轨道，更好造福两国人民和世界各国人民。拜登表示，世界正在经历快速变化，美中关系是世界上最重要的双边关系，美中如何互动相处很大程度上将影响世界的未来，两国没有理由由于竞争而陷入冲突。[2]

中美紧张关系出现缓和迹象的一个标志性事件是华为公司首席财务官孟晚舟在被拘押近三年后重获自由。2021年9月25日，孟晚舟搭乘中国政府包机离开加拿大回到中国。2018年12月1日，孟晚舟途经加拿大温哥华，加拿大警方应美国要求实施拘捕，指控她在华为与伊朗有关业务上犯下"银行欺诈罪"。2019年1月29日，美国正式向加拿大提出引渡孟晚舟的请求。中方认为这完全是美方编造莫须有罪名炮制的政治案件，是美方对中国高技术企业滥用国家力量，实施"国家霸凌"的拙劣表现。美国在国际上搞"长臂管辖"违反国际法，严重侵犯中国公民的合法、正当权益，性质极其恶劣。经过近三年的司法程序，在中国政府大力施压下，美加两方不得不以与孟达成"暂缓起诉协议"的方式让孟晚舟重获自由。美国白宫发言人普萨基称，在9月10日中美两国元首通话中，习近平主

---

[1] Andy Zelleke, "What Is the End Game of US-China Competition?," *The Diplomat*, November 3, 2020, https://thediplomat.com/2020/11/what-is-the-end-game-of-us-china-competition/.

[2] 《习近平同美国总统拜登通电话》，外交部网站2021年9月10日，https://www.fmprc.gov.cn/web/zyxw/t1906016.shtml。

席向拜登总统提及孟晚舟案。[1] 曾经有与孟晚舟相似经历的法国阿斯通公司高管弗雷德里克·皮耶鲁奇（Frédéric Pierucci）说，他没有孟晚舟幸运，因为他身后没有像华为公司这样坚定的支持，也没有像中国政府这样坚强的后盾，结果不仅公司被罚以巨资，他也在美国被监禁5年。[2] 孟晚舟事件最终得到解决，显示拜登政府上台后重新审视对华政策。

2023年，美国务卿布林肯、商务部长雷蒙多和财政部长耶伦等主要官员访华。中共中央政治局委员、中央外办主任、外交部长王毅等多位中方要员也对美开展访问。美方在经贸领域一味强硬的调门有所变化，出于无奈而不得不调整政策的声音在政府内部逐渐增加。美商务部长雷蒙多称，尽管中国采取出口补贴、默许知识产权窃取等经济政策，置美企于不利地位，但鉴于中国市场体量，美须与中方开展贸易，美中进行积极商业接触将有助于缓解任何潜在紧张关系。[3] 美国贸易代表戴琪在美智库战略与国际研究中心（CSIS）发表演讲并现场答问，阐述拜登政府对华贸易政策。她称美中关系复杂，充满竞争性，对中国国家主导的非市场贸易行为表达严重关切，将动用现行所有政策手段并在必要时开发新的政策工具，保护美经济利益和劳工权益，继续与盟友一道塑造21世纪公平贸易规则。她声称中国长期不遵守全球贸易准则，损害美劳工及业界利益，并在全球贸易体系中获得不公平优势。但另一方面，她又称拜登政府全面评估了美中

---

[1] "China-US Relations: Xi Jinping Raised Meng Wanzhou Case in Talks with Joe Biden," *South China Morning Post*, September 28, 2021, https://www.scmp.com/news/china/diplomacy/article/3150443/china-us-relations-xi-jinping-raised-meng-wanzhou-case-talks.

[2] 《在美国坐过牢的法国高管：我没孟晚舟幸运》，澎湃新闻2021年9月29日，https://m.thepaper.cn/baijiahao_14718517。

[3] "China-US Relations: Xi Jinping Raised Meng Wanzhou Case in Talks with Joe Biden," *South China Morning Post*, September 28, 2021, https://www.scmp.com/news/china/diplomacy/article/3150443/china-us-relations-xi-jinping-raised-meng-wanzhou-case-talks.

经贸关系，认为美中第一阶段经贸协议有助于稳定市场，并使美在某些商业领域获益，将同中方官员讨论美中第一阶段经贸协议执行情况，启动有针对性的关税排除程序，并对可能的额外关税排除持开放态度。雷蒙多称，与中国贸易"脱钩"在全球经济背景下并不现实，应思考如何确保美在与中国"再挂钩"过程中占据产业链主导地位，利用所有可行的政策工具维护美合法利益。[1]

中美两国高级官员多次在第三国举行建设性会晤，探求双方在新形势下的相处之道。2023年初以来，中共中央政治局委员、中央外办主任、外交部长王毅同美国总统国家安全事务助理沙利文在奥地利、马耳他、泰国等举行会晤。双方就中美关系和共同关心的国际与地区问题全面、坦诚、深入交换意见。有关会晤具有建设性意义，有益于增进相互了解。双方同意采取行动，落实两国元首共识，加强战略沟通，妥善管控分歧，避免冲突对抗，寻求互利共赢，共同努力推动中美关系重回健康稳定发展的正确轨道。王毅指出，美方应深刻认识两国关系互利共赢的本质，正确认识中方内外政策和战略意图。中方反对以"竞争"来定义中美关系。王毅表示，中方重视拜登总统关于中美关系的积极表态，注意到美方表示无意遏制中国发展，不搞"新冷战"，希望美方采取理性务实的对华政策，同中方一道尊重彼此核心利益和重大关切，走中美相互尊重、和平共处、合作共赢之路。美白宫网站发布消息称，美将继续同中国高层接触，以确保负责任的竞争。[2]

---

[1] Shannon Tiezzi, "Biden's US Trade Representative Outlines Approach to China," *The Diplomat*, October 5, 2021, https://thediplomat.com/2021/10/bidens-us-trade-representative-outlines-approach-to-china/.

[2] 《王毅与沙利文在曼谷闭门会晤》，凤凰卫视2024年1月27日。

二、中美元首会晤与两国关系前景

中美关系十分引人注目的动向是，在中美关系总体紧张、美对华加大围堵背景下，中美两国元首近年来多次举行视频会谈及面对面交流，为两国关系止跌企稳起到关键作用。2022年11月14日，中美两国元首在印尼巴厘岛二十国集团领导人第17次峰会期间举行会晤。2023年11月15日，习近平主席和拜登总统在美国旧金山再次会晤。这一系列会谈会晤具有显著特点：

第一，会晤内容具有全局性、根本性和战略性。双方就事关中美关系发展以及共同关心的重要问题进行了充分、深入的沟通。双方交流的内容既包括对发展道路、对外政策原则等全局性战略性议题的阐述，也包括文明制度、台湾问题等重大问题的沟通；既包括经济贸易、能源资源等事关两国经济发展的重要议题，也包括气候变化及公共卫生等全球性非传统安全问题。双方还就阿富汗、伊朗核问题和朝鲜半岛局势等其他共同关心的国际和地区问题交换了意见。

第二，明确发展中美关系的新原则。习近平强调，总结中美关系发展经验和教训，新时期中美相处应该坚持三点原则，即相互尊重、和平共处、合作共赢。拜登表示，美方不寻求改变中国体制，无意与中国发生冲突。美方愿同中方相互尊重、和平共处，加强沟通，减少误解，以建设性方式妥善处理分歧。

第三，提出中美关系优先关注的工作重点。习近平强调，中美应该着力推动四个方面的优先事项：一是展现大国的担当，引领国际社会合作应对突出挑战。二是本着平等互利精神，推进各层级各领域交往，为中美关系注入更多正能量。三是以建设性方式管控分歧和敏感问题，防止中美关系脱轨失控。四是加强在重大国际和地区热点问题上的协调和合作，为世界提供更多公共产品。

第四，构建双方长远关系的战略框架。习近平指出，中美存在分歧很自然，关键是要建设性管控，避免扩大化、激烈化。拜登表示，美中双方对世界和两国人民负有责任，应为美中关系设立常识性"护栏"，确保两国竞争不会演变为冲突。双方应在美中利益一致的领域加强合作，共同应对全球性挑战，让两国人民都能过上更美好的生活。[1]

第五，展示了加强文化文明对话的新意愿。习近平强调，中国倡导和平、发展、公平、正义、民主、自由的全人类共同价值。搞意识形态划线、阵营分割、集团对抗，结局必然是世界遭殃。冷战的恶果殷鉴不远。希望美方把不打"新冷战"表态落到实处。拜登表示中国在5000多年前就已经是一个大国，多次重申美方不寻求改变中国的体制，不寻求通过强化同盟关系反对中国，无意同中国发生冲突。他称应该鼓励年轻一代更多接触，了解彼此文化，从而使这个世界变得更加美好。

第六，中美双方就台湾问题重申立场。习近平阐述了中方在台湾问题上的原则立场，指出台海局势面临新一轮紧张，原因是台湾当局一再企图"倚美谋独"，而美方一些人有意搞"以台制华"，如果"台独"分裂势力挑衅逼迫，甚至突破红线，我们将不得不采取断然措施。拜登表示，美坚持一个中国政策，不支持"台独"。两国元首都认为，有关会晤是坦率、建设性、实质性和富有成效的，有利于增进双方相互了解，增加国际社会对中美关系的正面预期，向中美两国和世界发出了强有力信号。双方同意继续通过各种方式保持密切联系，推动中美关系重回健康稳定发展的正确

---

[1] "Readout of President Biden's Virtual Meeting with President Xi Jinping of the People's Republic of China," November 16, 2021, https://www.whitehouse.gov/briefing-roo-m/page/2/.

轨道，造福中美两国人民和世界各国人民。[1]

尽管中美关系出现了一些缓和、改善的迹象，但总体上看只是拜登政府对特朗普政府极端政策的有限调整，且拜登与特朗普两届政府的对华政策也并无本质上的区别。从深层次看，中美关系要走上真正稳定健康的道路，在相当长时期内还面临来自美方的诸多制约因素。一是美国坚持对华战略竞争的定位。战略竞争是对中美两国关系相当消极、负面的定位，其设定的目标只是通过管理避免竞争升级为冲突，而非努力建设积极的、良好的新型大国关系。二是美国还放不下高人一等的教师爷心态。文化文明没有高低贵贱之分，但美国统治精英坚持认为美国价值观优于其他国家和民族的价值观，对其他国家的政治制度及价值观念妄加评判，并试图把美式制度及理念强加给包括中国在内的广大发展中国家。三是美国不会放弃借助经济、贸易、科技等手段干扰中国的发展。美国想的是如何既给中国的发展制造麻烦，又不损害美国自身利益。这种想法显然不切实际。四是美国不会停止利用台湾问题、煽动南海问题及炮制其他问题给中国添乱。美方既想玩火，又企图避免引火烧身，这是非常危险的政策。五是美国各派反华势力汇聚一起煽动"中国威胁论"，使对华示强甚至妖魔化中国在美国国内成为"政治正确"。华盛顿的决策越来越被非理性的舆论绑架，一些政治人物如前国务卿蓬佩奥甚至热衷于捏造谎言，操纵舆论。可以预料，激烈竞争将是中美关系的新常态，如何通过强有力的外交手段对激烈竞争进行负责任的管理，防止这种激烈竞争演变为严重冲突，将是中美关系今后一个时期的主要内容及特点。

世纪疫情与百年未有之大变局相互叠加，对人类社会的危害日益显现。

---

[1]《习近平同美国总统拜登举行视频会晤》，外交部网站 2021 年 11 月 16 日，https://www.mfa.gov.cn/web/zyxw/t1919210.shtml。

世界经济严重衰退，西方国家社会矛盾激化，广大发展中国家面临更大困难。恩格斯指出，"不要过分陶醉于人类对大自然的胜利。对于每一次这样的胜利，自然界都会对我们人类进行报复"。面对国际政治、经济、安全、健康卫生等领域的种种困难和挑战，各国必须跳出狭隘的本国利益，摒弃"你输我赢"的冷战思维。中美两国作为世界上最大的经济体和联合国安理会常任理事国，在应对和战胜跨国性、全球性挑战方面担负着重大责任。经济全球化是生产力发展的大势所趋，全球范围内的经济联系不断增加，观念互动不断加深，利益冲突也进一步显现。美国国内逆全球化及反全球化势头上升，美国政治人物为了迎合选民，获取私利，竭力推行单边主义、保护主义、霸凌主义政策，给世界和平、稳定和发展造成严重破坏。

中美两国在文化、历史、经济发展水平等方面存在差异，双方在一些问题上有不同看法并不难理解，关键是要相互尊重、平等相待，以建设性方式妥善管控和处理问题。在全球化深入发展的今天，只有致力于弘扬和平、发展、公平、正义、民主、自由的全人类共同价值，努力建设相互尊重、公平正义、合作共赢的新型国际关系，大力推动构建人类命运共同体，世界才能真正走向携手合作、和平发展、共同繁荣之路，中美关系也才能真正有健康、稳定、美好的未来。

三、美国重拾冷战遏制政策行不通

中美关系是当今世界最重要的双边关系。作为全球两个最大的经济体，中美关系如何互动、能否健康稳定发展，对世界特别是亚太地区的和平、稳定与发展有着显著影响。美国不乐见中国发展壮大，不甘心任由中国崛起成为实力最强大的国家，但中美关系的融合性又超出历史上任何相互竞争的两大强国。美国政府无节制滥发钞票，通货膨胀在 2022 年一度上升近 10%，联邦债务到 2023 年底突破 34 万亿美元。美联储面临刺激经济增长与缩减量化宽松政策两难困境，美为了纾困不得不谋求同其他经济体进行对话合作。中国是世界最主要经济体之一，中美经贸关系完全脱钩也必将重创美自身经济，美财政部长耶伦等高官因此多次表示并不寻求对华脱钩。美国一方面竭力阻挡中国崛起，另一方面又认识到强化对中国打压可能使自身加速衰落。因此，美对华战略竞争在具体实施时受到内外诸多因素影响与制约，呈现出多面性、自相矛盾性和动态调整性。

中美关系的复杂性远远超出历史上守成大国与崛起大国之间关系的广度与深度。基辛格曾说，中美对抗对世界造成的灾难将不亚于第一次或第二次世界大战。哈佛大学研究员奥弗霍尔特指出，美国与中国虽存在需要采取果断行动加以解决的冲突，但两国也有巨大的共同利益。中国对美国贸易投资的开放程度远超作为美盟友的日本和韩国，这是美在 2007 年至 2008 年金融危机期间得以保住大量就业岗位、克服危机困难的重要因素。"汽车公司、电影业、全球主要奢侈品制造商以及其他大部分经济部门，只有在能够满足中国需求的情况下才能生存。"[1] 美国学者戴维·桑格说，美中两个经济体之间的密切关联是冷战中从未有过的，1989 年柏林墙倒塌之年，美国向苏联出口的商品价值 43 亿美元，从苏联进口仅 7.09 亿美元。而在世界经济受到疫情严重影响的 2020 年，美国仍向中国出口了 1240 亿美元商品，从中国进口的商品额则达 4340 亿美元。中国是美国最大的商品供应国，也是继加拿大和墨西哥之后的第三大美国出口商品消费国。"在当前这场超级大国对峙中，所有的界限都是模糊不清的。"[2]

---

[1] William H. Overholt, "China and America: A New Game in a New Era," *The Journal of Complex Operations*, Vol.9, No.2, 2021.

[2] David Sanger, "Washington's Echoes and Concerns from the 50's of Last Century: Is It A Cold War with China?" *New York Times*, Oct. 17th, 2021.

拜登政府把阵营建设作为增加实力的着力点，但时过境迁，这一招对中国很难奏效。一段时间以来，美大力构建美、日、澳、印四国合作机制，竭力激活七国集团和北约等冷战残留西方帮派。布林肯接受美国有线电视新闻网（CNN）采访时称，特朗普对华采取更强硬政策是正确的，但他的应对方式是完全错误的。他认为美必须以实力应对中国，这意味着美要有强大的联盟，而非诋毁盟友。美通过的《国家安全战略报告》称，美要通过民主联盟形成统一阵线和共识，设立有效的国际规则，让中国承担责任。2021年3月24日，布林肯在北约总部发表演讲称，要重振并重塑同盟关系以应对中国。在七国集团和北约峰会上，美竭尽全力游说其他国家支持在会议文件中塞入涉华反华内容。但美方一厢情愿吹响的反华集结号，并未得到包括多数盟友在内的其他国家积极响应。与苏联不同的是，中国已深入融入世界，既与美国经济紧密交织，也与世界上其他国家深度融合。美国副国务卿坎贝尔曾撰文称，把中国比作苏联并不恰当，因为中国与苏联相比在经济上更为强大，外交上更加成熟，意识形态上更加灵活。他建议中美双方对竞争进行管理，防止不可避免的紧张局势演变成彻底对抗。他指出，冷战的类比夸大了中国对美国所构成的生存威胁，贬低了中国与美国进行长期竞争的优势。[1]

美国与中国打"新冷战"不符合时代潮流，与国际社会广大成员的愿望相悖。中国大力支持多边主义，积极倡导构建人类命运共同体。美国则大肆推行"美国优先"，竭力谋求霸权地位。美国搞排他性俱乐部，企图纠合反华联盟，到目前为止收效甚微。美外交关系委员会主席哈斯指出，美国改变不了中国，决定不了中国的未来，蓬佩奥所推行的对华政策注定

---

[1] Kurt M.Campbell and Jake Sullivan, "Competition without Catastrophe, How America Can both Challenge and Coexist with China," *Foreign Affairs*, September/October 2019.

要失败。[1]事实上，很多欧洲国家和东南亚国家都已明确表示不愿意看到世界陷入新的对抗。菲律宾学者海达里安指出，东南亚多数国家认为，印太地区出现美国支持的任何军事联盟对东盟在塑造地区事务中的核心地位都是一个威胁。"东盟事实上的领导者印度尼西亚对澳英美的行为发出了抗议，并称对该地区持续的军备竞赛和力量投射深感担忧。"[2]韩国前外长郑义溶表示，韩国是美国的盟友，但绝不是"反华国家"的一员。他说，"非我即敌"的划分方式是冷战遗毒，这种冷战式的思维早已过时，韩国和国际社会应当努力听取中方的主张。[3]新加坡东南亚研究所区域战略和政治研究项目研究员黄氏霞表示，印度尼西亚和马来西亚一直公开批评澳英美联盟，理由是担心可能引发军备竞赛以及全球核不扩散机制可能受到破坏。[4]法国总统马克龙明确质疑将北约打造成反华工具的做法，称北约需要明确战略重点，而中国不是北约优先针对的目标。默克尔等德国政治人物也反对"唯我独尊"的政策行为，主张欧盟应当加强基于欧洲利益的外交及安全政策建设。她指出，面对诸多跨国性挑战，我们比以往任何时候都更需要多边合作，而不是单边行动；需要全球性行动，而不是单个国家的行动；需要对外开放，而不是走向孤立主义。[5]

---

[1] Richard Hass, "What Mike Pompeo doesn't understand about China, Richard Nixon and U.S. Foreign Policy," *The Washington Post*, July 26, 2020.
[2] 理查德·贾瓦德·海达里安：《澳英美潜艇协议将东盟分裂成支持和反对两个阵营》，《亚洲时报》2021年9月23日。
[3] Council on Foreign Affairs, "A Conversation With Foreign Minister Chung Eui-yong of the Republic of Korea," September 22, 2021, https://www.cfr.org/event/conversation-foreign-minister-chung-eui-yong-republic-korea.
[4] 黄氏霞：《澳英美联盟对东盟的挑战》，新加坡《海峡时报》2021年9月25日。
[5] 《德国总理默克尔哈佛演讲：打破无知与狭隘的"墙"，一切皆有可能》，搜狐网2019年6月18日，https://www.sohu.com/a/321465264_806664。

第三节　美国国家特性与处于历史十字路口的中美关系

美国国家特性是美国独有的特性。综合而言，美国国家特性的显著特点是以个人主义为原动力、以美式价值观为意识形态、以三权分立为政治模式、以"美国第一"为发展路径、以武力战争为重要手段、以称霸世界为战略目标。这种特性建立在美国独有的历史文化、政治体制、经济发展、种族宗教及地理资源等基础之上，它们共同作用产生了致力于称霸世界的美国大战略。但由于实力地位、种族构成及外部环境等因素不断变化，美国国家特性在不同的历史阶段内涵并不完全相同，因而对国家外交政策的影响也有明显区别。尽管如此，美国国家特性中一些核心要素对美国外交战略所产生的影响是长期的，应当予以重视。

一、"扩张"是美国国家特性的核心要素

美国的国家特性源自于在其历史发展过程中，不同种族、宗教、文化背景的人相互碰撞进而形成的颇为独特的文明。美国人传统上具有很深的宗教情结，以"美国例外论"为核心的特殊使命观在他们心中占有重要位置。在美国文化信念中，人们热衷于追求财富，特别强调功成名就，坚信通过努力就能取得进步，以发展的眼光而非传统、静止的眼光看待历史。美国人崇尚个人追求，相信个人主义与自由平等既相互对立，又相互补充。

"扩张"之所以成为美国国家特性的一个核心要素，既与美国人的宗教文化有密切关系，也与美国人对利益的不断追求有关。在美国建国两百多年的历史中，来自欧洲的白人移民从北美东部大西洋沿岸到中部密西西比河流域，再到翻越洛基山脉来到太平洋沿岸，从没停下扩张的脚步。这

些白人移民在扩张的过程中与土著印第安人斗,与欧洲宗主国的英国人斗,与妨碍其扩张的法国人斗,与比他们早到北美且占据了大片土地的西班牙人斗,"好斗"这一特点融入了他们的基因。虽然他们对卷入北美大陆之外的事件也表现出过迟疑,但一旦自身利益受到损害,他们便竭尽全力进行干涉,或加入战斗甚至发动战争。

美国人对自由的追逐和对财富的追求是美国国家扩张精神的源泉。扩张政策给美国人带来更大范围的自由和更加可观的财富,这使美国的扩张政策往往能获得美国大众的支持。美国新保守主义理论家罗伯特·卡根认为,美国走向战争是美国不断增长的实力的产物,而不断增长的实力又促使美国一次次选择战争。"美国公众走向战争的意愿,与大多数人相信美国有能力获胜这一事实有很大的关系"。[1] 因此,硬扩张与软扩张、国家的扩张与个人的追求,互为作用,共同推进。

从历史上看,"边疆"或"边界"在美国人眼里并非是固定的概念,相反,它们是动态的、可变的,可以随着美国的利益需要赋予相应的内容。"边疆"或"边界"可以是有形的,也可以是无形的,关键在于美国利益的扩张不能受到阻碍。门罗主义主张美洲是美国的美洲,门户开放政策主张中国不能被瓜分,一个要筑起门墙,一个要撤掉门墙。做法不同,实质是边界的开与放、有与无,要由美国说了算。杰弗逊购买路易斯安那和美国对西班牙战争是美国扩张边界史上两个极为重要的事件。1803年4月,杰弗逊任美国总统期间,花费1500万美元从法国人手里买下了路易斯安那。路易斯安那地区在密西西比河和落基山脉之间,面积达260万平方千米,北起加拿大,南到墨西哥湾,相当于现在美国中西部15个州,使美国当

---

[1] (美) 罗伯特·卡根:《危险的国家:美国从起源到20世纪初的世界地位》,袁胜育等译,社会科学文献出版社2011年版,第536页。

时的国土面积一下翻了一番。买下路易斯安那改变了美国的版图，更改变了美国发展的进程，其重要性"与独立宣言和美国宪法一样重要"。[1]

杰弗逊此举极大地刺激了美国对领土扩张的兴趣，他的思想观念事实上为美国后来通过战争在世界上获取利益并取得霸权提供了最初的理论依据。19世纪末，美国与西班牙战争的爆发使美国进入另一个新的历史阶段。在美国人眼里，美国是"被邪恶的西班牙政府屠杀的"古巴人的"解放者"，"代表着人性和文明"，"给这个岛屿带去和平、自由和独立"。[2] 在相当程度上，这是美国第一次为"荣誉""道德"及"人道主义"而进行的战争。卡根认为，这场战争是深植于美国人对他们国家在世界上的位置的态度的产物，它是与《独立宣言》相关联的一种普世主义意识形态的产物，反映了回溯到国家建立之前，美国人就将他们自己视为文明的前哨。"简而言之，美国与西班牙的战争显示出了美国人是谁，以及他们将他们的国家塑造成了什么"。[3]

与此同时，不能忽视的是，美国人在精神上两极分裂现象十分明显，这导致美国人的特性建立在对于暂时联合与动态分化的自我认同上。例如移民与本土居民、个人主义与公共标准、竞争与合作、严守传统与自由思想、责任感和愤世嫉俗等特点往往同时存在。由于这些复杂特性，美国对外政策前后不一定一致，有可能前后矛盾甚至截然相反。这种善变及多变是美国人实用主义及功利主义的集中体现。马克思、恩格斯曾经非常关注美国的社会变化和内战进程，他们对美国的发展趋势作过颇有远见的预测。

---

[1] Jon Kukla, "The Louisiana Purchase," from Booknotes on American Character by Brian Lamb, *Public Affairs*, 2004, p.23.
[2] （美）罗伯特·卡根：《危险的国家：美国从起源到20世纪初的世界地位》，袁胜育等译，社会科学文献出版社2011年版，第536页。
[3] 同上书，第545页。

1864年11月24日，恩格斯在英国曼彻斯特写给美国内战时期军官魏德迈尔的信中指出，美国"南北战争的结果无疑会决定今后几百年美国的命运。奴隶制度，这个美国政治和社会发展上最大的障碍一经粉碎之后，美国就会繁荣起来，不久它一定可以在世界历史上占完全不同的地位"。[1] 1888年，恩格斯赴美国旅行，他在札记中曾写道，"在美国，一切都必须是新的，必须是合理的，必须是实际的"，他们认为"我们是懒惰的、不切实际的人，带有狭隘的、陈腐的偏见，害怕一切新事物"。[2] 应当看到，在马克思和恩格斯生活的时代，美国经济上处于蓬勃发展的上升时期，来自欧洲的白人移民占到美国人口的90%以上，美国忙于在北美的扩张而尚未走向世界，当时的美国与现在大为不同。

二、意识形态对美国外交政策有重要影响

美国的意识形态是独特的，获取美国的公民身份与血缘和文化并没有必然联系，它只取决于是否出生在美国以及是否自愿。成为美国公民是一种契约关系，移民成为美国人都要宣誓真诚地效忠美国，完全放弃对以前所属任何外国亲王、君主、国家或主权之公民资格及忠诚，支持并保卫美利坚合众国的宪法和法律，对抗国内和国外的所有敌人。美国新保守主义理论家罗伯特·卡根认为，美国的民族主义具有国际主义的内核，美国人深信他们命中注定要成为全球领袖。但对于美国是否是一个民族国家，美国学者看法并不一致。美国历史学家戴维·阿米蒂奇（David Armitage）认为，美国与通常意义上的民族国家大不相同。其理由是，美国作为一个民族形成于国家成立之后，因此美国不是一个民族国家（a nation-state），而是一

---

[1] （德）马克思、恩格斯：《给美国人的信》，人民出版社1958年版，第73页。
[2] 同上书，第328页。

个国家民族（a state-nation）。如何把一个国家升华成为一个民族，这对美国人来说不是件容易的事。因为移民到北美大陆的欧洲人来自欧洲不同国家，说着各自不同的语言，有着各自不同的文化背景，大家没有共同的祖先。这就是为什么到1828年，当美国已经立国52年后，美国还没出现"民族主义"这个词汇。

由于美国历史文化的特异性，美国人长期以来通过撰写历史来缔造一个民族的故事。美国的历史学家们在创立美国历史及美国人文化精神特点的过程中发挥了重要作用。他们把历史文化背景并不相干的欧洲移民关联起来，把美国国家的建立说成是天定命运，把美国的扩张美化成天经地义的事，把1776年才立国的美国历史编造的十分久远。第一部有关美国民族的历史书籍叫《美洲大陆被发现后的美国历史》，这套书共10卷，1834—1874年间陆续出版，前后历时40年。值得注意的是，该书作者乔治·班克罗夫特（George Bancroft）不仅是位历史学家（被誉为"美国史学之父"），还曾在三位美国总统任内任职，并曾担任美国在北美大陆扩张时期的战争部长。他在书中写道："我们的语言源头可以追溯到印度；我们的宗教源自巴勒斯坦；我们教堂中唱的圣诗有些源自意大利，有些源自阿拉伯沙漠，有些源自幼发拉底河沿岸；我们的艺术源自希腊；我们的法学源自罗马。"[1]

拥有共同的历史和文化渊源，是一个民族生生不息的根本。然而，这恰恰是美国所没有的，也是美国政治精英们最担忧的事。美国历史学者和政治人物通过撰写历史来创造历史，编造美国民族、美国民族主义以及美帝国的神话。他们联手打造美国强大的故事，以此凸显美国是"上帝选民"的正统性和合理性，从而维护精心编织起来的民族凝聚力和向心力。也正

---

[1] Jill Lepore, "A New Americanism: Why a Nation Needs a National Story," *Foreign Affairs*, March/April, 2019, pp.11-15.

因此，美国政治人物和国会议员们对给 60 万无家可归的美国人提供栖身之地没有兴趣，对给广大民众提供医疗保健缺乏兴趣，而对军工集团及军事部门提出的要求则有求必应，军费开支一年达上万亿美元，大量采购战斗机、坦克和炸弹。[1] 这也是为什么美国政治人物对发动战争或卷入冲突有超乎寻常的冲动，甚至是喜好。深层次看，对其他任何有可能撼动美国世界霸主地位的大国，美国政治精英担心的不仅是美国经济实力被超越，更担心美国作为一个国家和民族的根基被动摇。

美国的国家特性相当程度上是"敌人"驱动的。所谓"敌人"，是指在美国人追求自身利益过程中出现的阻碍因素。这些因素最初可以是土著印第安人，也可以是阿巴拉契亚山脉；可以是英国人，也可以是"西进"进程中恶劣的天气。在北美大陆扩张完成后，美国开始向海外拓展"边疆"，这时"敌人"变成为西班牙人、德国人、日本人、俄国人以及一切有碍美国获取海外利益的国家和个人。第二次世界大战后，美国的"敌人"也不断变化。冷战时期，美国最大的敌人是苏联。苏联作为美国的对手崩溃后，美国担心日本和德国经济壮大会危害美国霸权，因而不时出手打压。近年来，美国又担心俄罗斯再起特别是中国崛起。

除了有可能对美国的霸权地位形成挑战的主要大国外，美国这些年的"敌人"还有伊朗、伊拉克、叙利亚、朝鲜、古巴等与之作对的小国，以及"基地"组织和"伊斯兰国"组织等"恐怖势力"。1983 年，小阿瑟·施莱辛格（Arthur Schlesinger）在其文章《外交政策和美国特性》中写道，外交政策是一个国家面向世界的脸面，最能使一个国家自发地统一其思想和价值观的力量，莫过于来自外来的威胁和意识形态的冲击，这一点在美国独立战争时期以

---

[1] 参见美国国会议员伯尼·桑德斯在美国国际政策中心（Center for International Policy）会议上的发言，2024 年 2 月 6 日，https://www.thenation.com/article/world/bernie-sanders-speech-center-for-international-policy/。

及第二次世界大战时期都是显而易见的。[1] 路德克（Luther Luedtke）指出，1990年到1991年的海湾战争在美国国内激发了1945年以来从未有过的爱国主义和效忠意识。"对许多美国人而言，美国再一次成为拥有神圣使命、共和制度、连贯精神和高科技的救世主国家"。[2]

美国国家特性及其对美国外交政策的影响是深刻的。美国人对于自己在外交上追求私利的目标自以为是，很少加以掩饰。自第二次世界大战以来，美国民主党的国内政策倾向于自由主义，外交政策倾向于理想主义；共和党的国内政策倾向于保守主义，外交政策倾向于现实主义。但自里根政府以来，越来越难以用理想主义和现实主义来划分美国的外交政策。在美国人看来，由于他们的宗教情怀、道德情操以及价值观念比别人更加优越，因此他们最适合也理应成为世界警察。他们相信，由他们担当世界警察时，他们给世界提供的公共产品，如稳定、秩序及法治，对所有人都是好事。他们清楚，这样做首先是为他们自己，因为通过充当世界警察，他们可以从别的国家的财富中获得他们自己想要得到的部分。与此同时，他们也深信，他们这样做为世界提供了公共产品，客观上有利于其他国家的人。美国人甚至相信，美国为自己做得越多，对世界的贡献也就越大，美国的利己就是利人。当他们在担当世界警察遭遇挫折时，他们会反思并退缩。但由于其宗教的信念、冒险的本性和战争的基因，他们往往不会善罢甘休。这些都是美国国家特性的复杂性特别是内在矛盾性造就的特点。

美国对霸权的追求是由美国国家特性所决定的。而美国最大的特性就是，美国是一个基于观念即意识形态而非基于单一人种或固有土地而形成的

---

[1]（美）小阿瑟·施莱辛格：《外交政策和美国特性》，转引自卢瑟·S. 路德克：《构建美国——美国的社会与文化》，王波、王一多等译，江苏人民出版社2006年版，第12页。
[2] 同上。

民族国家。美国著名作家兼历史学家西奥多·H.怀特(Theodore H. White)认为，"其他国家都是在这样的人民中形成的，即他们出生在他们的家族自古以来繁衍生息的地方，不论他们的政府如何更迭，英国人是英国人，法国人是法国人，中国人是中国人。而美国是由一个观念产生的国家。不是美国这个地方，而是美国独有的观念缔造了美国政府"。[1]自由、民主、公民权利、三权分立、政教分离、以私有财产不可侵犯为基础的市场经济、宪法至高无上的法治等，都是受到美国社会广大成员普遍接受且不容挑战的原则。

这些传统的自由主义原则在美国的历史进程中早已融为一体，不管是标榜自由主义的民主党还是提倡保守主义的共和党，其意识形态的基本原则是相同的。所有美国政治派别，都将"自由"视为自己的旗帜。富兰克林·罗斯福总统概括的"四大自由"（即言论自由、信仰自由、免于匮乏的自由、免于恐惧的自由）是家喻户晓的经典表述。[2]特别值得关注的是，美国的意识形态既是世俗的，又是宗教色彩极为浓厚的，它们都是"美国例外论"的重要基础。约翰·温斯罗普在殖民地时期指出，来到美国的清教徒们"同上帝达成了契约"，致力于建设"山巅之城"。[3]温斯罗普的论述是"美国例外论"的宗教来源。美国长期以来被看作是西方发达国家中最宗教化的国家，"山巅之城"成为民族认同的核心。[4]

由于意识形态在美国国家特性中占据重要地位，美国国家利益往往被意识形态化。美国历史上重大的军事行动或战略调整，虽然都是地缘战略

---

[1] Theodore H. White, "The American Idea," in Diane Ravith, *The American Reader*, HarperCollins Publishers, 2000, p.572.

[2] 王缉思：《美国霸权的逻辑》，《美国研究》2003年第3期。

[3] Thomas B. Byer, "A City upon a Hill, American Literature and the Ideology of Exceptionalism," in Dale Carter, ed., *Marks of Distinction, American Exceptionalism Revisited*, Aarthurs, Denmark: Aarhus University press, 2001, p.52.

[4] 周琪主编：《意识形态与美国外交》，上海人民出版社2006年版，第136页。

和现实利益的产物,但也都与意识形态紧密联系在一起。冷战、朝鲜战争、越南战争、反恐战争,乃至所谓"亚太再平衡"战略,都被美国政治精英打上意识形态烙印。美国把世界分成对立的两面:以美国为代表的"自由世界"和以美国的敌人为代表的"邪恶世界"。20世纪末一项题为"你作为美国人最感到骄傲的是什么"的民意调查显示,69%的人回答说"自由"。[1] 就其扎根于美国社会的深度而言,就其文本和其他体现形式的广度而言,就其历史生命力和世界影响力而言,美国意识形态超过历史上其他霸权国的思想基础,对美国的对外政策产生重大影响。

值得关注的是,美国人对意识形态的重视并非完全建立在理想主义的追求之上。美国国家特性重要的一点是实用主义,这在意识形态问题上表现十分突出。一方面,意识形态是否成为外交政策的决定因素,取决于美国对现实利益的判断;另一方面,美国对意识形态的认识随着时势变化作出调整。资中筠因此说,美国意识形态能够适应新形势,补充新观念,而且万变不离其宗。在意识形态上,美国人将自己凌驾于其他国家民众之上,这就使得他们不容易在国际事务中"换位思考",甚至很难理解其他国家的复杂国情。美国人认为自己的使命就是"捍卫自由世界"和"消灭邪恶势力",灰色地带是不存在的。资中筠用"对内立民主,对外行霸道"来描述美国的政策特点。[2] 王缉思指出,在美国意识形态指导下产生的国内体制和政治行为,与同样受美国意识形态指导的对外政策主张和行为有着深刻的矛盾:前者倡导权力制衡,后者主张美国独霸;前者强调人人生而平等,后者否认大小国家一律平等;前者主张法律高于一切,后者经常无视国际法的基本准则;前者摒弃政治斗争的暴力方式,后者动辄使用武力

---

[1] (美)埃里克·方纳:《美国自由的故事》,王希译,商务印书馆2002年版,第461页。
[2] 资中筠主编:《冷眼向洋:百年风云启示录》(上卷),三联书店2000年版,第21—22页、第286—299页。

解决国际争端；前者禁止军队干预政治，后者允许国防部和军方在对外战略决策中发挥重要作用，如此等等。[1]

三、美国对华战略竞争是长期博弈过程

影响美国国家特性未来走势的变量很多，其中最重要的变量有四个：一是美国能否保持在经济、军事、科技等领域的全面优势地位；二是美国人口种族结构会否及何时发生根本性变化；三是美国内会否再次发生类似2021年初国会冲击案事件并引发美国内政治动荡；四是美国将如何应对中国崛起及由此产生的难以预料的后果。

在全球化浪潮冲击下，随着大批新移民进入美国，美国的国家特性内涵不断异化。欧洲裔白人占全美总人口比例明显下降，致使文化多样性由推动美国创新发展的积极因素日益演化成国内政治矛盾的催化剂。一个缺乏共同文化、共同种族、共同宗教的"美利坚民族"的根基是什么？依靠什么来凝聚？美国历史学家小阿瑟·施莱辛格的解释是：美国比过去任何一个历史时期都更需要民主、自由、人权这些信念来支撑。[2] 法国历史学家托克维尔在对美国社会经历长期考察后于1835年指出，"在世界上，只有爱国主义或宗教能够使全体公民持久地奔向同一目标前进"[3]。在造就美国民族历史的进程中，美国人一直在思考如何才能保持美国不同族群间的凝聚力。外交是国内政治的延续，是为国内政治服务的。从这个角度看，美国在外交上大力宣传并竭力输出美式价值观念，通过战争等手段把美国

---

[1] 王缉思：《美国霸权的逻辑》，《美国研究》2003年第3期。

[2] Arthur Meier Schlesinger, Jr., *The Disuniting of America: Reflections on a Multicultural Society,* New York: W.W. Norton, 1998.

[3]（法）托克维尔：《论美国的民主》，董果良译，商务印书馆1989年版，第105页。

意识形态强加给其他国家，一个重要目的是提升美国人的民族认同感和自豪感，从而达到内聚人心的目的。

在美国政治精英编织的神话中，战争表现了这样的信念：只要团结起来，组织起来，心甘情愿地为所向往的目标贡献自己全部人力和物力，美国人就能做到想做的一切，能够缔造国家及重建社会，能够加速进步，给世界带去自由和民主。[1] 1998年2月，时任美国国务卿奥尔布赖特（Madeleine Korbel Albright）在为美国向伊拉克发射巡航导弹的行动辩护时说，"如果我们不得不使用武力，那是因为我们是美国。我们是不可缺少的国家。我们站得高，看得远"[2]。美国社会学家李普塞特指出，"与其他国家不同，我们很少认为自己只是在捍卫本国的利益。由于每一场战争都是善与恶的较量，因此唯一可接受的结局就是敌人'无条件投降'"。[3] 然而，事实上，冷战结束以来美国所有的对外军事行动都显示，无论是美国对南斯拉夫的轰炸，还是对阿富汗及伊拉克的战争，都给有关国家的人民造成巨大伤亡，带去巨大灾难。美国的政治精英们对此往往轻描淡写或视而不见。

正是由于美国长期以来在国际上管事越来越多，战线越拉越长，包袱也越背越重。尽管人们对美国实力是否下降、美国是否衰落存在不同看法，但相较于美国霸权的鼎盛时期，美国经济总量大为下降是客观事实。美国哥伦比亚大学教授亚历山大·库利指出："美国全球领导地位并非仅仅是

---

[1]（美）詹姆士·罗伯逊：《美国神话美国现实》，贾秀东等译，中国社会科学出版社1990年版，第447页。

[2] Andrew J. Bacevich and Lawrence F. Kaplan, "Battle Wary," *New Republic*, May 25, 1998, p.12.

[3]（美）西摩·马丁·李普塞特：《一致与冲突》，张华青等译，上海人民出版社1995年版，第316页。

简单的衰退,而是崩溃。美国实力下降不是周期性的,而是永久性的。"[1]应当看到,美国综合国力的下降不会是直线式的,有时可能会有反复,但"单极时刻已经过去,而且不会再回来"[2]。问题在于,不少美国政治人物不甘心承认这一事实。他们想方设法抵御美国实力下降的进程。美国前总统国家安全事务助理多尼隆强调,"一个经济体最重要的优势不是单纯的规模。历史表明,单单规模不是决定最强大国家的最重要因素。当英国的全球实力处于顶峰时,尽管全世界最大经济体是中国,但该国当时只是个中等国家,正陷于中国所谓'耻辱世纪'的痛苦之中"。[3] 沃伦·巴菲特在给股东的一封信中总结指出,"我始终认为,把宝押在美国不断繁荣发展上是一件十拿九稳的事。在过去的237年里,谁曾因为赌美国衰落而得益?如果把美国的现状与1776年相比,你们会惊讶得不敢相信。我们的市场经济蕴含的活力将会继续制造奇迹,美国的好日子还在后面"。[4]

中美构建新型大国关系的道路不会平坦,其间会充满曲折和斗争。无论是多尼隆还是巴菲特,他们作为政府高官或成功的投资家,显示了典型的美国人的特性,即向前看、具有冒险精神。同时,他们的思想也透露出美国人特性的另一面,即狂妄、好斗、容不得自己被别人超越。历史地来看,在大国力量对比经历重大变化并由此引发国际格局和国际秩序出现重大调整的时期,大国之间围绕政治权力和经济利益的争夺和较量变得尤为激烈,现存的霸权国家为了阻止崛起大国挑战自身霸主地位,往往在对外政策和行动上更加好斗,更具有冒险性及进攻性。美国的战略决策是由国家特性

---

[1] Alexander Cooley and Daniel H. Nexon, "How Hegemony Ends," *Foreign Affairs*, July/August, 2020, p.144.

[2] *Ibid*., p.156.

[3] Tom Donilon, "We Are the No.1 Power (and it won't change)," *Foreign Policy*, July 3, 2014.

[4] *Ibid*.

决定的，而美国的国家特性形成于美国不断扩张和壮大的进程中，这一进程一旦出现断裂或停止，对美国的打击将是巨大的。也就是说，如果美国的实力呈现下降或衰落的趋势，美国人的国家认同观念和意识形态观念将出现混乱，美国建国之基、立国之本、强国之源将发生动摇。正因此，美国不甘心别国超过它，竭力要防范其他大国的兴起，一心要阻止其他力量对美国超级大国地位可能形成的挑战。所谓"其他力量"，可以是第二次世界大战时期的德国和日本，可以是冷战时期的苏联，也可以是迅速崛起的中国。中美关系中出现的新情况、新问题、新挑战，与当前美国实力相对下降以及由此引发的战略自信缺失有很大关系。

美国对中国的战略一直具有明显的两面性：接触中有遏制，遏制时也谋求接触。接触与遏制两种手法交替使用，在不同的时期及根据不同的需要侧重点不同。美国历史文化学家康马杰指出，美国人是地地道道的功利主义者，"唯一可以称之为他们的哲学的乃是'有用即可'的工具主义"[1]。奥巴马第一任期内的很多做法，受到希拉里·克林顿国务卿及库尔特·坎贝尔助理国务卿的影响，曾引起美国国内一些学者的批评。有美国学者认为，在克林顿当国务卿时期，美国国务院将美国对亚洲政策的决策权外包给了五角大楼，致使美中关系成为一个灾难。2013年6月，中国国家主席习近平同美国总统奥巴马在加利福尼亚州安纳伯格庄园举行会晤，美中关系面临"重启"的良好前景。但美方并没有真正打算就中方关心的核心利益问题进行认真的讨论，相反在南海及东海等涉及中国主权利益的问题上偏袒与中国有争议的国家，不但使安纳伯格庄园会晤重启中美关系的承诺沦为空洞，而且使中美两国的猜疑愈加变大。2023年11月，习近平主席在美国旧金山斐洛里庄园同美国总统拜登举行中美元首会晤，这是中美关

---

[1]（美）H. S. 康马杰：《美国精神》，杨静予等译，光明日报出版社1988年版，第25页。

系在历史重要关头面临的又一次"重启"机会。但旧金山会晤以来拜登政府对华政策举措表明，美方关注的焦点是如何满足其自身需求，而并未采取切实措施回应中方的关切。相反，美方不顾市场原则及国际贸易规则，进一步加大了在贸易及高科技领域对中国企业的打压。斯蒂芬·哈纳指出，"虚伪不能为美国利益服务，只会导致更大的伤害。是时候该诚实和直率了。最重要的是，我们应该谨记布热津斯基的警告：如果我们像对待敌人一样对待中国，那中国就会变成敌人"。[1]

纵观历史，守成大国与崛起大国之间的关系充满矛盾、斗争，甚至战争。破解"修昔底德陷阱"，避免重蹈历史覆辙，是国际社会广大国家和人民的共同愿望。中国的发展并不是为了超越其他国家，而是要让自己的国家变得更加富强，人民更加幸福。事实上，中美两国有着广泛的共同利益。面对日益严峻的全球性和跨国性挑战，中美两国必须携手合作。中国在经济总量上接近美国，军事实力不断增强，美国视中国为最主要的竞争对手和挑战者。美国是中国在国际舞台上最重要的打交道对象，这不仅因为美国的经济体量和世界影响力，更是因为中美之间在诸多方面已经形成深度的利益捆绑。中美 2013 年贸易额达 5210 亿美元，其中中国对美出口达 3684 亿美元，约占中国出口总额的 1/6。[2] 2022 年，中美贸易即使是在美对华发起贸易战的背景下，总额仍然达到约 7000 亿美元。与此同时，必须看到，即使美国走向衰落，但凭借其幅员广阔、人口众多、资源丰富、科技优势和地理环境优越等条件，美国仍将会长期保持世界一流大国的实力与地位。习近平主席指出，我们应该"积极树立双赢、多赢、共赢的新

---

[1] Stephen Hanner, "Time to Be Honest with China," *Forbes*, August 12, 2014.
[2] 中国海关统计：《2013 年 1—12 月中国进出口商品主要国别（地区）统计》，《国际贸易》2014 年第 2 期。

理念"，致力于与美国共同推动国际关系的民主化、法治化、合理化。[1]

中美谁都无法取代谁。美方用"战略竞争"定义中美关系，这是看待中美关系的一种消极态度。沿着这样的思路走下去，战略竞争就有可能升级为战略摩擦甚至是战略冲突。中美建交以来两国关系发展历程表明，合则两利，斗则俱伤。在完善国际秩序的过程中，中美两国作为世界两大最主要经济体，作为亚太地区最重要的两个大国，如何判断彼此战略意图，将直接影响双方采取何种政策、发展何种关系。格雷厄姆·艾利森指出："中国的发展太快了，过去几十年从历史的角度看也就是一眨眼的功夫，可以说美国人还没有来得及感到惊讶，中国就成了强大对手。这是'修昔底德陷阱'引起极大关注的原因。"[2] 美国学界一些人认为，中美战略竞争如同一场马拉松赛跑，只有两条获胜路径：比对手跑得更快或绊倒对手。很显然，拜登政府既希望跑得比中国快，也竭力谋求绊倒中国。一些美方学者对美对华政策引起中美激烈竞争颇感忧虑，提出两国应当探讨如何加装"护栏"以防止失控。[3] 美国外交关系协会会长哈斯表示，中美冲突对双方都将产生可怕的结局，应管控好危机，避免最坏情况发生。如何重建中美经贸架构而非陷入"非此即彼"的零和博弈，是中美双方面临的重大挑

---

[1] 习近平：《在和平共处五项原则发表60周年纪念大会上的讲话》，新华社2014年6月28日。
[2] 2023年3月博鳌亚洲论坛期间，笔者受邀主持"地缘政治展望"分论坛，哈佛大学教授格雷厄姆·艾利森是本次分论坛的嘉宾之一。会议期间，笔者多次与他展开深入交流。艾利森教授是"修昔底德陷阱"学说的创立者。
[3] 2023年6月，笔者在担任中国国际问题研究院院长期间访美，同美国外交政策全国委员会、美国外交关系全国委员会、约翰·霍普金斯大学中国研究所、美国威尔逊中心基辛格中美关系研究所、美国战略与国际问题研究中心、美国布鲁金斯学会、新美国安全研究中心及欧亚集团等多家智库进行了广泛深入的交流。

战。[1]

习近平主席指出,"中国是当代国际体系的参与者、建设者、贡献者"。[2] 他强调,中国将坚定不移走和平发展道路,将与国际社会一道推动建设持久和平、共同繁荣的和谐世界。"中国不认同'国强必霸论',中国人的血脉中没有称王称霸、穷兵黩武的基因"。[3] 这是中国领导人和中国政府有关国际秩序最明确的政策宣示。中国成功走出一条中国式现代化道路,在国际上扮演着越来越重要的角色,但中国仍然是一个发展中国家,人口多、底子薄、发展不平衡。中国领导人清醒地认识到了这一点,因此强调"改革开放只有进行时、没有完成时"[4]。 中国参与当代国际体系是中国自身发展的需要,是中国改革开放的必然结果。应当承认,现行国际体系远不完善,有必要进行改革,使之更加公正合理。首先,国际政治体系尚不健全。以多边主义为基础、以联合国为核心的强有力的国际体系尚未确立;联合国在维护世界和平与安全的权威地位和作用上有待加强。其次,国际经济体系尚不合理。发展问题未得到足够的重视;多边贸易体制不够开放、公平、公正;国际金融体系脆弱,遭受冲击的风险仍然存在;发达国家在为实现全球普遍、协调、均衡发展方面承担责任不够。第三,国际安全体系尚不稳定。冷战思维仍然存在;联合国作为集体安全机制的核心地位面临挑战;防扩散体系受到冲击;争夺地区安全体系主导权的斗争激烈。第四,国际

---

[1] 2023年6月,笔者在担任中国国际问题研究院院长期间访美,与时任美国外交关系协会会长理查德·哈斯就有关问题进行了深入交流。
[2] 习近平:《在和平共处五项原则发表60周年纪念大会上的讲话》,新华社2014年6月28日。
[3] 同上。
[4] 习近平:《关于〈中共中央关于全面深化改革若干重大问题的决定〉的说明》,《中共中央关于全面深化改革若干重大问题的决定》辅导读本,人民出版社2013年版,第63页。

文明对话体系尚不完善。国际思想文化领域的斗争深刻复杂；不同文明、宗教间的冲突持续发展甚至激化。

　　中美战略博弈的走向尚不确定，但中美冲突的结果一定是中美两国和两国人民的灾难，也一定是世界的灾难。如果美国抱守冷战思维，信奉"唯我独尊"，一味搞战略竞争，只顾自身绝对安全，那么中美关系就不可能稳定下来，就不可能跳出大国冲突这一历史传统的窠臼。基辛格称，中国认定美国竭力遏制中国发展，美国认定中国一心要把美国赶出亚洲，并构建自己主导的世界秩序。世界和亚洲的未来"在很大程度上取决于中国和美国的远见，以及两国在多大程度上认同对方的地区历史角色"[1]。中国宣示坚持走和平发展道路，推动构建人类命运共同体，大力弘扬全人类共同价值，表明了中国政府胸怀天下的担当。上述三者是有机关联的整体，统一于中国式现代化建设的历史进程中，体现在人类文明新形态的伟大创造中，其精髓是既通过维护世界和平来发展自己，又通过自身的发展来促进世界和平。中美双方应本着相互尊重、和平共处、合作共赢的原则，致力于推动构建人类命运共同体，努力建设一个更加美好的世界。

---

[1]（美）亨利·基辛格：《论中国》，胡利平等译，中信出版集团2015年版，第517页。

参考文献

参考文献

一、英文专著与论文

（一）英文专著

1. Allan Bloom, *The Closing of the American Mind,* New York: Simon & Schuster, 1987.

2. Walter Russell Mead, *Special Providence: American Foreign Policy and How it Changed the World*, New York: Alfred A. Knopf, 2002.

3. Michael H. Hunt, *Ideology and U.S. Foreign Policy*, New Haven: Yale University Press, 1987.

4. Arthur Meier Schlesinger, Jr., *The Disuniting of America: Reflections on a Multicultural Society*, New York: W.W. Norton, 1998.

5. Chalmers Johnson, *Blowback: The Costs and Consequences of American Empire*, New York: Henry Holt and Company, 1999.

6. Andrew J. Bacevich and Lawrence F. Kaplan, "Battle Wary," *New Republic*, May 25, 1998.

7. Robert N. Bellah, Richard Madsen, William M. Sullivan, *Habit of the Heart: Individualism and Commitment in American Life*, Berkeley: University of California Press, 1985.

8. Robert S. McNamara, *In Retrospect: The Tragedy and Lessons of Vietnam*, New York: Random House, 1995.

9. Nancy Soderberg, *The Superpower Myth*, John Willey & Sons, Inc. 2005.

10. Anatol Lieven, *America: Right or Wrong, An Anatomy of American Nationalism*, London: Oxford University Press, 2004.

11. Zbigniew Brzezinski, The *Grand Chessboard*, New York: Basic Books, 1997.

12. Brian Lamb, *Booknotes on American Character*, United States: Public Affairs, 2004.

13. Rebecca Nelson, *The Handy History Answer Book*, United States: Visible Ink Press, 1999.

14. Margaret Macmillan, *Paris 1919, Six months That Changed the World*, Toronto: Random House, 2001.

15. Thomas H. Kean, *The 9/11 Commission Report, Final Report of the National Commission on Terrorist Attacks Upon the United States*, New York: W.W. Norton & Company, 2005.

16. Thomas P. M. Barnett, *The Pentagon's New Map, War and Peace in the Twenty-First Century*, New York: Berkley Books, 2004.

17. Stefan Halper & Jonathan Clarke, *America Alone, the Neo-Conservatives and the Global Order*, Cambridge: Cambridge University Press, 2004.

18. Peter G. Peterson, *Running on Empty*, New York: Picador, 2004.

19. Ivo H. Daalder and James M. Lindsay, *America Unbound, the Bush Revolution in Foreign Policy*, Washington: the Brookings Institution, 2003.

20. Gregory R. Suriano, *Great American Speeches*, New York: Random House, 1993.

21. Kishore Mahbubani, *Beyond the Age of Innocence*, New York: Public Affairs, 2005.

22. Henry Kissinger, *Does America Need A Foreign Policy*, New York: Simon & Schuster, 2001.

23. Humphrey Hawksley & Simon Holberton, *Dragon Strike, The Millennium War*, London: Sidgwick & Jackson, 1997.

24. Edward Burman, *China, The Stealth Empire*, Great Britain: the History Press, 2008.

25. Muthiah Alagappa, *The Long Shadow, Nuclear Weapons and Security in the 21st Century Asia*, Stanford, CA: Stanford University Press, 2008.

26. David Runciman, *Political Hypocrisy, the Mask of Power, from Hobbes to Orwell and Beyond*, Princeton: Princeton University Press, 2008.

27. James Shinn, *Fires Across the Water, Transnational Problems in Asia*, New York: the Council on Foreign Relations Books, 1998.

28. C. Fred Bergsten, Bates Gill, and Nicholas R. Lardy, *China: The Balance Sheet, What the World Needs to Know Now About the Emerging Superpower*, New York: Public Affairs, 2006.

29. Kitty Kelley, *The Family, the Real Story of the Bush Dynasty*, New York: Doubleday, 2004.

30. Bill Clinton, *My Life*, New York: Alfred A. Knopf, 2004.

31. Warren I. Cohen, The *Cambridge History of American Foreign Relations*, Cambridge: the Cambridge University Press, 1993.

32. Alastair Iain Johnston and Robert S. Ross, *Engaging China, the Management of An Emerging Power*, New York: Routledge, 1999.

33. Glenn P. Hastedt, *American Foreign Policy*, United States: Pearson, 2011.

34. Zbigniew Brzezinski, *Strategic Vision, America and the Crisis of Global Power*, New York: Basic Books, 2012.

35. Henry Kissinger, *On China*, Toronto: Allen Lane Canada, 2011.

（二）英文论文

1. Paul Gray and Sam Allis, "Cover Stories: Whose America?" *Time*, July 8, 1991.

2. Minxin Pei, "The Paradoxes of American Nationalism," *Foreign Policy*, May/June 2003.

3. Walter Russell Mead, "The Return of Geopolitics," *Foreign Affairs*, May/June 2014.

4. G. John Ikenberry, "The Illusion of Geopolitics," *Foreign Affairs*, May/June 2014.

5. Kenneth M. Pollack and Ray Takeyh, "Near Eastern Promises: Why Washington Should Focus on the Middle East," *Foreign Affairs*, May/June 2014.

6. Kurt M. Campbell and Ely Ratner, "*Why Washington Should Focus on Asia,*" *Foreign Affairs*, May/June 2014.

7. Stephen E. Flynn, "America the Resilient," *Foreign Affairs*, March/April, 2008.

8. Thomas F. Farr, "Diplomacy in an Age of Faith," *Foreign Affairs*, March/April, 2008.

9. David C. Hendrickson and Robert W. Tucker, "The Freedom Crusade," *The National Interest*, Fall 2005.

10. Richard N. Haass, "The Case of Integration," *The National Interest*, Fall 2005.

11. Robert S. Ross, "Assessing the China Threat," *The National Interest*, Fall 2005.

12. Christopher Marsh, "Kings of the East," *The National Interest*, Fall 2005.

13. Stephen Sestanovich, "American Maximalism," *The National Interest*, Spring 2005.

14. Robert Cooper, "Imperial Liberalism," *The National Interest*, Spring 2005.

15. Arthur Schlesinger, Jr., "Has Democracy a Future?" *Foreign Affairs*, September/October 1997.

16. Josef Joffe, "How America Does It," *Foreign Affairs*, September/October 1997.

17. Samuel P. Huntington, "The Erosion of American National Interests," *Foreign Affairs*, September/October 1997.

18. Michael C. Desch, "America's Liberal Illiberalism: The Ideological Origins of Overreaction in U.S. Foreign Policy," *International Security*, Winter 2007/08.

19. Xiang Lanxin and David Shambaugh, "Is China a Status Quo Power? Survival," *The IISS Quarterly*, Autumn 2001.

20. Theo Farrell, "America's Misguided Mission," *International Affairs*, the RIIA, Volume 76, Number3, July 2000.

二、中文专著、译著与论文

（一）中文专著

1. 郝雨凡：《白宫决策：从杜鲁门到克林顿的对华政策内幕》，东方出版社 2002 年版。

2. 沈丁立、任晓主编：《现实主义与美国外交政策》，上海三联书店 2004 年版。

3. 许嘉：《美国战略思维研究》，军事科学出版社 2003 年版。

4. 周琪：《意识形态与美国外交》，上海人民出版社 2006 年版。

5. 钱满素：《美国文明》，中国社会科学出版社 2001 年版。

6. 龚洪烈：《基辛格的外交思想与战略》，南京大学出版社 2009 年版。

7. 钱皓：《美国西裔移民研究》，中国社会科学出版社 2002 年版。

8. 朱锋：《国际关系理论与东亚安全》，中国人民大学出版社 2007 年版。

9. 贾庆国：《棘手的合作：中美关系的现状与前瞻》，文化艺术出版社 1998 年版。

10. 阎学通：《中国国家利益分析》，天津人民出版社 1997 年版。

11. 阮宗泽：《中国崛起与东亚国际秩序的转型》，北京大学出版社 2007 年版。

12. 崔志鹰：《朝鲜半岛：多视角全方位的扫描剖析》，同济大学出版社 2009 年版。

13. 李效东：《朝鲜半岛危机管理研究》，军事科学出版社 2010 年版。

14. 沈志华：《朝鲜战争揭秘》，天地图书有限公司出版（香港）1995 年版。

15. 袁明：《国际关系史》，北京大学出版社 2005 年版。

16. 刘景华：《大国衰落之鉴》，人民出版社 2007 年版。

17. 徐新：《西方文化史》，北京大学出版社 2007 年版。

18. 牛军：《冷战与新中国外交的缘起》，社会科学文献出版社 2012 年版。

19. 胡德坤：《中日战争史研究（1931—1945）》，商务印书馆 2010 年版。

20. 黄仁宇：《放宽历史的视界》，中国社会科学出版社 1998 年版。

21. 阎学通：《国际政治与中国》，北京大学出版社 2005 年版。

22. 王玮、戴超武：《美国外交思想史（1775—2005）》，人民出版社 2007 年版。

23. 王立新：《意识形态与美国外交政策》，北京大学出版社 2007 年版。

24. 周柏林著：《美国新霸权主义》，天津人民出版社 2002 年版。

25. 倪世雄等著：《当代西方国际关系理论》，复旦大学出版社 2001 年版。

26. 资中筠主编：《冷眼向洋：百年风云启示录》，三联书店 2000 年版。

27. 徐步：《够了，战争：美国的国家特性及国际政治评论》，北京大学出版社 2012 年版。

28. 刘军宁：《保守主义》，中国社会科学出版社 1998 年版。

29. 李强：《自由主义》，中国社会科学出版社 1998 年版。

30. 刘澎：《当代美国宗教》，社会科学文献出版社 2001 年版。

31. 周琪：《美国人权外交政策》，上海人民出版社 2001 年版。

32. 王晓德：《美国文化与外交》，世界知识出版社 2000 年版。

33. 刘建飞：《美国与反共主义：论美国对社会主义国家的意识形态外交》，中国社会科学出版社 2001 年版。

（二）中文译著

1. （美）霍华德·津恩：《美国人民的历史》，许先春、蒲国良、张爱平译，上海人民出版社 2000 年版。

2. （美）埃里克·方纳：《美国自由的故事》，王希译，商务印书馆 2002 年版。

3. （美）约瑟夫·奈：《美国霸权的困惑》，郑志国等译，世界知识出版社 2002 年版。

4. （美）亨利·基辛格：《大外交》，顾淑馨、林添贵译，海南出版社 1998 年版。

5. 周建明、王成至主编：《美国国家安全战略解密文件选编（1945—1972）》，社会科学文献出版社 2010 年版。

6. （美）杰里尔·A.罗赛蒂：《美国对外政策的政治学》，周启明、傅耀祖等译，世界知识出版社 1997 年版。

7. （美）爱·麦·伯恩斯：《当代世界政治理论》，曾炳钧译，商务印书馆 1983 年版。

8. 中央编译出版社编译：《美国历届总统就职演说集》，中央编译出版社 1995 年版。

9. （美）詹姆士·罗伯逊：《美国神话美国现实》，贾秀东等译，中国社会科学出版社 1990 年版。

10. （美）塞缪尔·亨廷顿：《我们是谁——美国国家特性面临的挑战》，程克雄译，新华出版社 2005 年版。

11. （美）卢瑟·S. 路德克：《构建美国——美国的社会与文化》，王波、王一多等译，江苏人民出版社 2006 年版。

12. （美）乔治·桑塔亚那：《美国的民族性格与信念》，史津海、徐琳译，中国社会科学出版社 2008 年版。

13. （美）H. S. 康马杰：《美国精神》，杨静予等译，光明日报出版社 1988 年版。

14. （美）弗兰西斯·福山：《历史的终结》，本书翻译组译，远方出版社 1998 年版。

15. （美）罗伯特·基欧汉：《霸权之后》，苏长和、信强、何曜译，上海人民出版社 2001 年版。

16. （德）克劳塞维茨：《战争论》，军事科学院译，商务印书馆 1978 年版。

17. （美）戴安娜·拉维奇：《美国读本》，陈凯等译，国际文化出版公司 2005 年版。

18. （美）威廉森·默里：《缔造战略：统治者、国家与战争》，时殷弘等译，世界知识出版社 2004 年版。

19. （美）迈克尔·曼德尔鲍姆：《国家的命运：19 世纪和 20 世纪对国家安全的追求》，军事科学院外国军事研究部译，军事科学出版社 1990 年版。

20. （美）麦乔治·邦迪：《美国核战略》，褚广友等译，世界知识出版社 1991 年版。

21. （美）艾伦·布卢姆：《美国精神的封闭》，战旭英译，译林出版社 2011 年版。

22. （德）奥斯瓦尔德·斯宾格勒：《西方的没落》，吴琼译，上海三联书店 2006 年版。

23. （美）保罗·肯尼迪：《大国的兴衰》，梁于华、金辅耀等译，世界知识出版社 1990 年版。

24.（美）费正清：《美国与中国》，张理京译，世界知识出版社 1999 年版。

25.（美）费正清：《观察中国》，傅光明译，世界知识出版社 2001 年版。

26.（美）罗伯特·卡根：《美国缔造的世界》，刘诺楠译，社会科学文献出版社 2013 年版。

27.（美）大卫·哈伯斯姆塔：《最寒冷的冬天：美国人眼中的朝鲜战争》，王祖宁、刘寅龙译，重庆出版社 2010 年版。

28.（美）马修·邦克·李奇微：《朝鲜战争》，军事科学院外国军事研究部译，军事科学出版社 1983 年版。

29.（美）丹尼尔·贝尔：《资本主义文化矛盾》，严蓓雯译，江苏人民出版社 2007 年版。

30.（美）本杰明·富兰克林：《美国之梦》，李子丹译，希望出版社 2008 年版。

31. 马克思、恩格斯：《给美国人民的信》，冀如译，人民出版社 1953 年版。

32.（美）贝文·亚历山大：《朝鲜：我们第一次战败》，郭维敬译，中国社会科学出版社 2000 年版。

33.（美）威廉·曼彻斯特：《光荣与梦想：战争与和平》，朱协译，海南出版社 2009 年版。

34.（美）布鲁斯·琼斯：《权力与责任：构建跨国威胁时代的国际秩序》，秦亚青、朱立群等译，世界知识出版社 2009 年版。

35.（美）索尔·科恩：《地缘政治学》，严春松译，上海社会科学院出版社 2011 年版。

36. 梅孜编译：《美国国家安全战略报告汇编》，时事出版社 1996 年版。

（三）中文论文

1. 王缉思：《美国霸权的逻辑》，《美国研究》2003 年第 3 期。

2. 王缉思：《美国意识形态的新趋势》，《美国年鉴 2000》中国社会科学出版社，2000 年版。

3. 王缉思：《"中国道路"任重而道远》，《中国社会科学报》（专题对话）2009 年 8 月 25 日。

4. 倪世雄主编：《美国问题研究》第六辑，时事出版社 2007 年版。

5. 倪世雄主编：《美国问题研究》第五辑，时事出版社 2006 年版。

6. 徐步：《美国 2010 年人口普查反映出的一些重要动向》，《国际观察》2012 年第 3 期。

7. 徐步：《关于美国的战争特性及其影响》，《东北亚论坛》2014 年第 1 期。

8. 徐步：《宗教、族裔与美国总统大选》，《国际问题研究》2012 年第 3 期。

9. 徐步：《美战略界有关"美国衰落论"的辩论及其影响》，《现代国际关系》2014 年第 8 期。

10. 王希：《美国历史上的"国家利益"问题》，《美国研究》2003 年第 2 期。

11. 朱锋：《奥巴马政府"亚洲再平衡战略"与中美关系》，《中国国际战略评论 2012》，世界知识出版社 2012 年版。

12. 崔天凯：《新时期中国外交全局中的中美关系》，《中国国际战略评论 2012》，世界知识出版社 2012 年版。

13. （美）李侃如：《美国的亚洲战略》，《中国国际战略评论 2012》，世界知识出版社 2012 年版。

14. 卡拉·弗里曼：《奥巴马政府的大战略》，《中国国际战略评论 2013》，世界知识出版社 2013 年版。

15. 孙哲：《美国政治的塑造与走向》，《中国国际战略评论 2013》，世界知识出版社 2013 年版。

16. 楚树龙、应琛：《中美长期关系的两根支柱》，《现代国际关系》2013 年第 3 期。

17. 门洪华：《国际机制与美国霸权》，《美国研究》2001 年第 1 期。

后记

2024年11月6日,唐纳德·特朗普赢得总统选举,当选美国第47任总统。特朗普的竞选搭档、俄亥俄州联邦参议员詹姆斯·戴维·万斯(J. D. Vance)成为副总统。

"中国和美国可以一起解决世界上所有问题。你想一想,这非常重要。"2024年12月16日,在海湖庄园举行赢得总统大选后的首次新闻发布会上,特朗普发表了上述观点。这是特朗普重返华盛顿政治中心,对外传递的一个重要讯息。

特朗普的讲话似曾相识。我不禁想起十多年前曾经被热议的"中美两国集团论(G2)"[1]。2009年初,奥巴马总统上台前夕,美国前总统国家安全事务助理布热津斯基提出"中美两国集团论"。就在这年夏天,我有机会在华盛顿见到布热津斯基,当面听他纵论国际形势变化以及他提出"中美两国集团论"的深层思考。布热津斯基是美国政治家,也是著名的地缘战略家,曾为中美建立外交关系作出重要贡献。布热津斯基所谓"中美两国集团论"的核心观点是,鉴于美国和中国两个大国的实力、地位及影响,世界上的问题要得到有效处理和解决,离不开中美两国合作。基于中美关系联系的紧密性,当时美国学者曾创造出"中美国"(Chimerica)一词,

---

[1] 高翔主编:《以和谐的心态对待不和谐的外部舆论——访徐步教授》,转引自高翔主编:《中国话语》,人民出版社2010年版,第56—65页。

以体现中美已走入共生时代。

然而,历史发展不是一条直线,也没有回头路。把"中美两国集团论"与特朗普联系在一起,是一件令人不可思议的事。正是在特朗普第一个任期内,中美关系发生重大逆转,出现严重倒退。来自民主党的拜登上台后,基本上延续了特朗普的对华政策,视中国发展为对美国的威胁,突出对中国的战略竞争与打压。如何理解特朗普所言"中国和美国可以一起解决世界上所有问题",我认为可以从三个维度观察。一是特朗普作为一个精明的商人,清楚中国的综合实力、巨大市场及广阔机遇。二是过去八年中国妥善应对外部各种挑战,有效化解"风高浪急"种种险情。美国对华战略竞争陷入困境,可能意识到不得不改弦更张。三是美国政治人物不会善罢甘休,为了在今后一段时期极限施压,特朗普或许有意出牌试探摸底从而见机行事。可以说,在特朗普政府和拜登政府大力推动下,美国早已吹响对中国战略竞争的"集结号",但过去8年折腾下来,华盛顿的政治精英们越来越迷惘。

"如果我是特朗普,我会尝试一次'尼克松访华'式的行动——即美中和解。"这是《纽约时报》知名专栏作家托马斯·弗里德曼(Thomas Friedman)对特朗普提出的建议。弗里德曼认为,如果想要在21世纪保持稳定,中美必须携手合作,一旦竞争与合作完全让位于对抗,那么一个无序的21世纪将等待着双方。弗里德曼注意到,从人工智能到气候变化,再到全球混乱蔓延,这些问题都必须由中美两国合作应对才行。弗里德曼是《世界是平的》一书作者,该书于2005年出版,被认为是理解全球化的权威著作。应该说,在科技革命不断取得突破、数字及网络技术加速发展的背景下,不同国家、群体及个人之间各方面联系空前密切,世界政治、经济全球化趋势不可阻挡。过去20多年中,中美两国成为全球化的核心引擎,是全球化发展的关键所在。问题在于,面对中国快速成长崛起,美国越来越背离它原本大力推动的全球化进程，竭力谋求把中国排除在它企图重新主导的世界产业链和供应链之外。

特朗普是具有鲜明多重性格的政治人物。民粹主义、保守主义、孤立主义、实用主义掺杂交织，是特朗普的显著标签。他一边诉说"铁锈地带（Rust Belt）"乡下人的悲歌，一边高喊"美国第一""美国优先"及"让美国再次强大（MAGA）"等口号，大肆煽动美国公众。"铁锈地带"指的是美国东北部传统工业衰退的地区，这些地方原本因为水运便利、矿产丰富，钢铁、玻璃、化工、采矿、铁路等行业纷纷兴起，匹兹堡、芝加哥等一系列工业城市地位凸显。随着新技术革命迅速发展，世界性钢铁生产过剩，煤炭能源地位下降，特别是美国第三产业占据经济主导地位，产业空心化不断加剧，五大湖地区传统重工业衰败，很多工厂被废弃，机器布满铁锈。万斯所著《乡下人的悲歌》以回忆录的纪实写法，对美国普通白人家庭的贫穷、吸毒、颓废、痛苦作了生动叙述，对一大批人丧失美国梦的现象作了深刻思考，深入揭示了美国蓝领阶层所面临的困境与危机。然而，特朗普和万斯都企图通过转移视线、转嫁矛盾的方式处理美国自身问题，无疑是用错了药方。

特朗普的复杂性格是美国特性的缩影。他好斗、倔强、不服输，又出尔反尔、唯利是图。他说，人生之中不公平的事很多，困境让你更强大，你必须低下头，奋斗，奋斗，奋斗，永不放弃。"封口费案"和"占领国会案"一度对特朗普的选情造成严重冲击。2024年5月30日，纽约一家法院陪审团裁定，特朗普在"封口费案"中被指控的34项罪名全部成立。所谓"封口费案"指的是，根据纽约州检察官指控，特朗普2016年竞选美国总统期间，委托其时任私人律师科亨向艳星丹尼尔斯支付13万美元，确保她不再向外界透露2006年与特朗普有染的桃色往事，以免有关丑闻影响选情。特朗普为此伪造商业记录，以"律师费"名义分期返还科亨垫付款项，以掩盖其违反纽约州和联邦选举法规的行为。"占领国会案"则是特朗普在 2020 年 11 月美国总统选举失利后，鼓励支持者拒绝接受选举结果并组织抗议活动。2021 年 1 月 6 日，美国国会大厦遭到特朗普支持者暴力冲闯，致使多人死伤，特朗普因此被指控犯下煽动叛乱罪并被弹劾。

2024 年的美国总统选举很不寻常。时任总统拜登寻求连任，获得民主党党内提名。但随着拜登选情出现不利情况，民主党内部要求他退出竞选的呼声不断增大，他最终迫于压力让出总统候选人位置。一个已经被本党确定为角逐白宫宝座的候选人，在竞选过程中被本党抛弃而不得不放弃竞选，拜登是美国历史上第一位遭遇这种经历的政治人物。2024 年 7 月 21 日，拜登在其个人社交媒体上发信表示，他本打算寻求连任，但为了民主党和美国的"最佳利益"，他决定退出总统竞选，专注于完成任期内的总统职责。拜登宣布支持其副手时任美国副总统哈里斯作为民主党总统候选人。特朗普有罪在身，哈里斯曾任检察官，因此声称她与特朗普的竞争是"检察官与罪犯之间的较量"，一度呈现志在必得之势。然而几个回合斗下来，通货膨胀、非法移民、预算赤字等一系列问题把哈里斯压得透不过气来。在距离 2024 年美国总统大选还有约 3 个月时间，民主党临阵换帅，犯了兵家大忌。大选结果验证了特朗普的预测，他战胜哈里斯比战胜拜登更容易。

特朗普创造了美国政党政治历史新纪录。特朗普身背 34 项重罪指控，每一项指控如果成立，均可判处最高 4 年监禁，即他可能被判坐牢 136 年。特朗普拒绝接受相关指控，声称针对他的诉讼具有政治动机，是拜登政府为了伤害政治对手而指使所为。特朗普说，美国历史上没有一个政治家像他这样遭遇不公，特别是媒体的不公正对待。特朗普作为美国历史上首位在刑事案件中被裁定有罪的前总统，以压倒性优势战胜对手，无疑开创了美国选举政治的历史。他不仅再次入主白宫，而且其领导的共和党在参议院、众议院及最高法院取得全面优势地位。这突出表明了美国民众对目前政治现状极为不满，对华盛顿传统政治精英充满怨气。特朗普是继1892年民主党人史蒂芬·克利夫兰（Stephen Grover Cleveland）之后，美国历史上第二位连续3次参选，并在竞选连任失败后再度当选的总统。特朗普现年78岁，2025年1月就职时是美国历史上最年长的新任总统。特朗普第二次当选总统，按照美国现有法律规定，任期只有四年且不能连任。

特朗普把这次选举视为一场生死之战。特朗普带着诸多罪名参加竞选，在大选过程中多次遭遇"未遂刺杀"，特别是2024年7月13日18时15分，特朗普在宾夕法尼亚州举行竞选集会发表演讲时，一名枪手从距离特朗普约200米的一栋楼上向他发射了多达8发子弹。特朗普被一颗子弹击中右耳，导致右耳和脸颊受伤出血。这是1981年时任总统里根遭枪击以来，针对美国总统或总统候选人的最严重刺杀图谋。2023年3月4日，特朗普在马里兰州国家海港举行的保守派政治行动会议（CPAC）年度会议上发表竞选讲话时说："这是最后一战，他们知道，我知道，你知道，每个人都知道。就是这样了。要么他们赢，要么我们赢，如果他们赢了，我们就没有国家了。"这充分显示特朗普视民主党为劲旅大敌，决心孤注一掷。他清楚，由于身负多项罪名，如果输了大选，等待他的不是白宫而是牢房。

特朗普对拜登及民主党大加挞伐。他指责拜登政府治国无能，使得美国在许多方面已经成为一个第三世界国家。在他看来，拜登及其领导的政府对国家造成的损害比美国历史上最糟糕的五位总统所能造成的还要大。特朗普声称，美国在世界范围内不再受到尊重或被倾听，因为"我们是一个经济不景气的国家，供应链断裂，商店不再满员，快递不能送达，教育系统在每个名单上都排名垫底"。应当说，拜登政府对美国当前存在的问题难辞其咎，但特朗普所作所为对消除美国长期积弊也并无助益。特朗普把关税工具化、武器化，企图通过升级贸易战等做法讹诈其他国家，严重破坏国际经济贸易秩序，也必定动摇美国长期以来得以发展的根基。针对拜登政府的能源政策，特朗普批评民主党的行为使美国偏离了"能源主导"的道路，变成了一个"能源乞丐"。事实上，俄罗斯与乌克兰爆发冲突，同美国借助北约东扩挑事不无关联，而战争导致俄对欧洲石油及天然气贸易中断，使美大发能源横财。美国政治人物不愿承认的是，美国在世界上不再受到尊重，根本原因在于无论是拜登还是特朗普，都更加变本加厉地依托金融霸权盘剥其他国家，滥用"长臂管辖"打压其他国家，通过军事手段威胁其他国家，把美国的利益凌驾于别国利益之上。

把目光盯着社会底层不满群体是特朗普的制胜法宝。白人蓝领阶层是美国社会最主要的对现状不满的群体，"美国梦"对他们而言越来越遥不可及。经历200多年的变迁，美国仍然是一个以白人精英占据政治、经济及社会主导地位的国家。特朗普卷土重来，突出地表明美国白人正在全力以赴进行最后的挣扎，希望留住往昔帝国的荣光，找回日渐破碎的"美国梦"。"铁锈地带"是蓝领白人集中居住的地区，是特朗普支持者的大本营。白人男性占美国总人口近30%，但占全美公职人员比例达62%。有色人种虽占美国人口约40%，但仅占全美公职人员的13%。人口种族结构变化、经济产业严重空心化、贫富差距不断拉大、政治极化分裂加剧，以及大国竞争更加凸显等等，都使以盎格鲁—撒克逊文明为内核的美国白人文明受到冲击，美国白人对自身文明的危机感日益加重。特朗普在过去几年中改造了共和党，这一传统政党实质性沦为具有明显特朗普个人色彩的MAGA（让美国再次强大）政党。特朗普家族祖上是德国巴伐利亚移民，阿道夫·希特勒就曾为自己是巴伐利亚人感到自豪。特朗普特立独行的风格迎合了普通群体的喜好，非盎格鲁—撒克逊族裔文化背景也使他争取到不少有色人种的支持。

特朗普把交易特质当作与对手打交道的利器。漫天要价、极限施压、无中生有、夸夸其谈、蛊惑煽动等等都是他的惯用手段。应当看到，如果

后记

仅仅如此，他不可能得到广大民众的支持。他获得成功的关键还在于他既利用了普通民众求变求新的心态，同时也抓住了美国社会存在的要害问题，并为应对这些问题展示出不同寻常的雄心。在他列出的问题单中，平衡预算、削减赤字、遏制通货膨胀、打击非法移民、改革华盛顿政治、提振美国实体经济等等，都是棘手难题。很显然，对所有这些长期积累产生的复杂问题，不可能有简单的解决办法。特朗普对华盛顿的"深层政府（Deep State）"恨之入骨，决心对其大加清算。特朗普誓言要改造长期以来形成的美国官僚体制，要改革情报机构、缩短国会议员任期，把十万联邦政府官员迁出华盛顿这个"沼泽地"。对外政策方面，特朗普扬言要调停俄乌冲突、收购格陵兰岛、夺回巴拿马运河、把加拿大变成美国的第51个州，让其他国家都对美国进贡纳税。特朗普重返白宫及其开出的方子，是"美国病"的"解药"还是"毒药"，只能由时间给出答案。

美国正在经历一场深刻的政治变革。这是从自由主义转向民粹主义的变革，这是从开放主义转向保守主义的变革，这是从全球主义转向利己主义的变革。就在30多年前，美国学者福山大肆鼓吹"历史终结论"，认为冷战结束标志着自由主义取得了最终胜利。这位曾经预言历史终结的学者，如今认为美国政治变得十分腐败，对美国政治充满失望。从吹捧自由主义胜利到哀叹自由主义失败，是对西方政治制度的反思，是对历史发展进程的再思考。然而，如果美国政治人物及政治精英抱守"美国优先"观念，执意把美国的安全、发展及价值观利益凌驾于其他国家之上，美国正在行进中的历史倒车将越开越远。

徐步

2025年1月15日

图书在版编目（CIP）数据

鹰霾笼罩：美国国家特性及其 21 世纪战略影响 / 徐步著 . -- 北京：五洲传播出版社，2025. 5. -- ISBN 978-7-5085-5254-5

Ⅰ . D871.20

中国国家版本馆 CIP 数据核字第 2024D4Z352 号

鹰霾笼罩：
美国国家特性及其 21 世纪战略影响

著　　者：徐　步
出 版 人：关　宏
责任编辑：邱红艳
装帧设计：青心见画
出版发行：五洲传播出版社
地　　址：北京市海淀区北三环中路 31 号生产力大楼 B 座 6 层
邮　　编：100088
发行电话：010-82005927，010-82007837
网　　址：www.cicc.org.cn　www.thatsbooks.com
承　　印：中煤（北京）印务有限公司
版　　次：2025 年 5 月第 1 版第 1 次印刷
开　　本：710mm×1000mm　1/16
印　　张：19
字　　数：215 千字
定　　价：128.00 元